U0915616

福建省十四五规划课题“ 指向问题解决的高中化学实验项目式学习研究 ”（课题编号 FJJKZX22-673）研究成果。

福建省中青年教师教育科研项目（基础教育研究专项）“学科大概念视域下的化学实验单元整体教学评一体化研究 ”（课题编号 JSZJ21044）研究成果。

张建阳　王朝晖 ▶ 编著

真实情境下

高中化学实验项目式学习研究

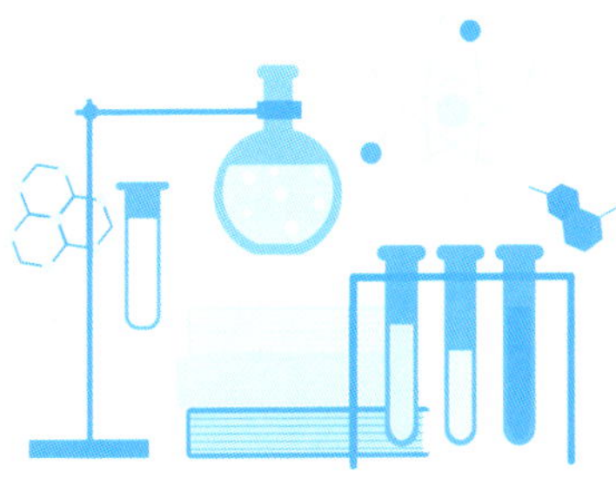

厦门大学出版社
XIAMEN UNIVERSITY PRESS
国家一级出版社
全国百佳图书出版单位

图书在版编目(CIP)数据

真实情境下高中化学实验项目式学习研究 / 张建阳，王朝晖编著. -- 厦门 : 厦门大学出版社，2023.11
ISBN 978-7-5615-9079-9

Ⅰ. ①真… Ⅱ. ①张… ②王… Ⅲ. ①中学化学课-教学研究-高中 Ⅳ. ①G633.82

中国版本图书馆CIP数据核字(2023)第151044号

出 版 人　郑文礼
责任编辑　郑　丹
美术编辑　李嘉彬
技术编辑　许克华

出版发行　厦门大学出版社
社　　址　厦门市软件园二期望海路 39 号
邮政编码　361008
总　　机　0592-2181111　0592-2181406(传真)
营销中心　0592-2184458　0592-2181365
网　　址　http://www.xmupress.com
邮　　箱　xmup@xmupress.com
印　　刷　厦门市金凯龙包装科技有限公司

开本　720 mm×1 020 mm　1/16
印张　17
插页　2
字数　316 千字
版次　2023 年 11 月第 1 版
印次　2023 年 11 月第 1 次印刷
定价　58.00 元

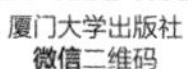

序 言

化学实验是高中化学课程的重要组成部分，是学生进行科学探究的重要方式，是培养学生“科学探究与创新意识”化学学科核心素养的主要途径。《普通高中化学课程标准(2017 年版 2020 年修订)》强调“要充分认识化学实验的独特价值，精心设计实验探究活动”。

化学实验能够创设生动活泼的教学情境，激发学生的化学学习兴趣，是转变学生学习方式的重要途径。新课标对化学实验的独特价值体现得更加充分，明确了 18 个必做实验，同时也增加了实验探究活动的数量。但是教材中实验安排较为零散，实验内容穿插在知识编排中，缺乏整体性、单元性，并且多为验证性实验，实验情境比较简单，实验操作比较单一，如果只让学生完成教材中的实验，还难以培养学生的创新能力。另外，部分教师在实验教学方式上，忽视化学实验的育人功能，“照方抓药”，忽视学生的科学探究过程，缺乏对实验设计、问题分析、问题决策、分工合作等重要能力的培养，与新课标提出的要求相差甚远。为充分发挥化学实验的独特价值，教师应积极创新实验教学方式，注重真实情境、注重问题导向、注重任务驱动，以不断提升学生的问题解决能力。

福建省厦门第六中学化学教师团队在高中教材实验的基础上，勇于开展高中化学实验教学模式创新并进行了十二年的研究探索，编写《真实情境下高中化学实验项目式学习研究》一书并正式出版，可喜可贺也很值得称赞！该书聚焦项目式教学与实验探究活动相结合，编写团队在课后拓展实验、研究性学习案例、高考试题、化学论文中精选的实验案例等多个涉及化学实验探究的教学领域，逐项开展化学实验项目式学习的教学探索和课堂教学实践，最终选择出 16 个典型教学案例，形成该书的主体内容。我认为，该书深化了高中化学实验教育的内涵，丰富并拓展了化学实验教育的外延，为一线教师提供了实际实验教学设计及实施的宝贵参考资源，对解决当前高中化学实验教育(教学)面对的诸多问题、促进核心素养为本的高中教学实施和落地，具有极好的推动和促进作用，值得向广大一线教师推荐。

《真实情境下高中化学实验项目式学习研究》一书具有如下的特点：(1)真实性。在课程标准规定的必做实验基础之上，结合真实的生产生活实际开发实验项目式学习，设计不同复杂度和陌生程度的问题解决活动，为学生的化学学科核心素养提供了真实的表现机会。(2)体验性。实验项目式学习以学生为主体，强调学生真正动手实验，主动参与问题解决过程，打破传统实验教学“纸上谈兵”的局限。学生既是实验设计的设计者，又是实施者，同时还是评判者。(3)创新性。将中学化学实验教学与科技前沿热点相结合，运用新技术、新方法，如手持技术等，开阔学生视野。充分利用学生认知冲突，引导学生从问题和假设出发提出观点，敢于质疑，敢于创新。(4)可操作性。每个实验案例均提供了详细的教案、学案以及实施后的教学评价、教学反思，可供一线教师复制和模仿，并能在一节课中完成。每个实验案例都聚焦实验探究过程，指向学生高阶思维发展。

之所以有上述特点，一是“源于教材，高于教材”，从教材出发并依据课程标准设计实验，是对教材的创造性使用及改编，也是对教材实验部分的进一步完善和发展。二是“多次实践，精雕细琢”。16个项目式实验活动经历多轮课堂实践，在福建省厦门第六中学化学教师团队共同努力下，反复修改，对一线教师实验教学具有较强的指导意义。三是“综合育人，因材施教”。化学实验项目式学习是培养学生化学学科核心素养的重要载体，将问题解决的第一权利交给学生，引导学生像科学家一样探究。教师在课堂中观察、分析学生参与实验的表现，综合评价每一位学生在实验项目式学习中体现出的对基础知识和基本技能的掌握情况、分析解决实际问题的能力、化学学科核心素养发展的水平，满足不同学生多样化的发展需要。

随着新课程改革的不断推进，提出了培养更多能担重任的新时代创新型人才的要求。化学教学更加注重学生对知识的主动建构过程,更加注重在真实情境下培养学生解决问题的能力,更加注重学生科学精神、创新能力、批判性思维的培养。开展真实情境下化学实验项目式学习,将会是未来教育研究的一大热点课题。期待福建省厦门第六中学化学教师团队的研究成果能对广大一线教师起到启发和可借鉴的作用,也期待在未来的教学实践中更加注重将科技前沿研究成果与中学化学教学进行有机融合,更加注重化学与其他学科进行交叉融合,使实验校本课程更加多样化、特色化,在实验项目式教学研究中取得更加丰硕的成果。

福建教育学院理科研修部主任、化学教育研究所所长

2023 年 4 月 25 日

目　录

第一章≫

基于真实情境的实验项目式学习的内涵

第一节　高中化学实验教学存在的问题及思考

实验是化学学科的基石，实验教学是教师传授知识的一项重要内容，也是培养学生科学思维的重要载体，是化学学科育人的重要渠道。我国著名的化学家傅鹰说过："实验是化学的最高法庭。"《教育部关于加强和改进中小学实验教学的意见》明确指出：国家课程方案和课程标准都明确规定实验教学作为教学内容的重要组成元素，是实现创新人才培养的重要途径。《普通高中化学课程标准(2017 年版 2020 年修订)》明确指出：化学实验是研究和学习物质性质、变化规律、用途的一种最基本的方法，也是学科探究的一种重要手段。教师在教学活动中要开展以化学实验为主的多种探究活动，让化学更加贴近生活、社会实际，充分调动学生学习化学的热情，激发学生参与课堂学习的主动性，实现学生学习方式的重大转变，不断实现核心素养的培养目标，培养学生的创新精神和实践能力。

化学实验是落实化学科学素养中"科学探究与创新意识"的重要载体，本质是学科理解与学科思维，发展的基本路径是学生的科学实践活动①，因此设计实施化学实验至关重要，实验是新时代教育改革中最受关注的话题之一。

目前的中学化学教学正处于以知识为本转向以素养为本的教学阶段，学生的主体地位得到明显加强，化学教学更加注重学生对知识的主动建构过程，更加重视在真实情境中培养学生解决问题的能力，发展学生的高阶思维能力。但是，个别老师由于受到陈旧教学理念的影响，对学生的培养急功近利，眼中只有

---

① 欧阳志斌，张贤金.将教科书习题转化成实验探究活动的设计与实施[J].现代中小学教育，2022(3)：42-47.

"分数",教学中仍存在"满堂灌"、知识机械重复训练的现象,同时也存在未能充分重视化学实验教学,忽视化学实验对学生高阶思维能力发展的重大意义的现象①。

一、高中化学实验教学存在的问题

(一)个别化学教师没有真正重视化学实验的育人价值

绝大多数化学教师从认知层面上对实验教学的重要性都是认可的,这是毋庸置疑的。可是在教学实践层面,很多老师就"知行不一"了,存在用"看实验""说实验""讲实验题"代替"做实验",没有让学生用手、用脑、用心体验实验,更没有让学生在实验情境中学习知识,培养能力。究其原因有如下几点:一是,实际教学课时紧,任务重,没有足够时间进行实验操作或分组实验,担心实验影响教学进度;二是,有些化学实验不容易成功,实验现象也不够明显;三是,误以为学生通过记忆化学反应原理、实验装置、操作步骤、反应现象、实验规律和实验设计等内容,同样可以达到掌握实验的目的;四是,有现成的实验视频,实验过程明了,实验现象清晰,操作简单,完全可以代替实验;五是,错误以为实验教学对学生的思维能力提高作用不大,有的仅仅提高学生的实验观察能力和动手能力;六是部分实验会产生有毒气体等污染物。

(二)教材实验比较偏向于对知识的建构

由于教材编写有严谨的系统性和完整性,教材中化学实验除了体现实践性外,更多是落实教材对知识教学的总体要求,比较关注于知识点本身,而对实验必备技能、实验信息分析、实验设计等实验关键能力训练兼顾不够。而且教材大多数为验证性实验和定性实验,探究性实验和量化实验较少。此外,教材实验也没有针对实验能力进行单元整合,对实验能力的锻炼缺乏系统规划,学生就很难形成完整的实验能力。

(三)学生缺乏真实解决问题的体验

在《普通高中化学课程标准(2017 年版 2020 年修订)》中,对化学实验的独

① 黄清辉,潘祥泰,张贤金,等.高中化学实验教学现状分析、模式创新及改进建议[J].中小学实验与装备,2021(5):19-21.

特价值的体现更加充分，明确了 18 个必做实验，同时也增加了实验探究活动的数量，这使得化学实验的有效落实得到了基本的保障。教材中的实验探究活动注重引发学生学习化学的兴趣，引导学生认识化学实验的基本程序和方法，培养学生通过实验建构知识的能力。但是，教材实验是穿插在知识的认识中的，存在比较零散、综合性不强、操作比较简单的问题，对于提升学生的分析、综合、创新等高阶思维的能力，显然还有不足，对课本中的实验方法和思维没有再进一步地应用和提升，使得学生碰到较复杂的实验情境还是措手不及、无所适从，许多学生表示在做高考题时，实验题难度最大。

（四）缺乏对化学实验考查的评价机制

高中化学实验能力的考查，目前主要是靠中学实验合格性考试和高考，前者是考查实验操作，考试几乎人人过关，实际上没有区分度；后者是考查实验素养、实验能力。中国高考评价体系在提出立德树人育人目标背景下，聚焦对学生核心素养的考核，尤其在对学生实验的考查上，也竭尽全力突出做好实验、有做实验与没做实验的区别，考查效果也日益明显。但是，用考试手段激发学生的学习主动性不是新课程改革所倡导的理念，在平时的实验教学中若能以项目式学习的方式进行，每个实验项目都可以进行评价，那么学生的学习兴趣必然更浓，学习效果必然更好。

二、高中化学实验教学的模式创新思考

针对以上高中化学实验教学中存在的问题，为了充分发挥实验教学的育人功能，实现学科核心素养的落地，笔者提出以下思考。

（一）基于真实情境，开发校本实验案例

在完成教材必做实验的基础上，基于生活生产真实情境，学校有必要开发综合实验课程，以学生自己动手实验为主，把教学的重点放在学生实验能力以及实验素质的提高上，以实验单元为统整，涵盖基本操作、物质制备、定性和定量测定、实验探究与设计，课程安排在高二和高三衔接的时间，较为系统和全面地提升学生的实验能力。实验教学采用项目式学习的方式，以任务完成为驱动，以问题解决为线索，以合作交流为形式，以成果展示为评价，形成较为完整的高中化学校本实验课程。

(二)注重实验设计,帮助学生建立思维模型

化学教育家宋心琦教授精辟归纳了化学实验的三要素——实验对象的物质体系、适当的仪器装备和安全措施、合理的实验步骤和规范操作,虽然三者都不可或缺,但是它们的重要性不是等同的,而是递减的①。显然基于实验目的对化学实验进行整体设计在学生的实验能力培养上至关重要。在教材中,实验设计方案基本上是现成的,许多实验过程就是“照方抓药”,学生缺失对科学探究过程的体验,没有很好地彰显化学实验的育人价值。而基于真实情境的综合化学实验,需要对化学概念、原理进行理解和应用,需要建立知识经验与现实问题的关联,还需要对实验进行假设、验证、优化、数据处理等。这些方面的训练,是落实学科核心素养的重要途径。

(三)激发学生参与,合作提升思维能力

合作交流是思维能力提升的最佳途径。在日常的高中化学课堂教学中,也有问题研讨的环节,但是由于时空限制,更多讨论问题是预设,以习题为多,而在综合化学实验的项目式学习中,是以学习小组为单位开展的,小组成员自始至终围绕项目的目标,这些问题是情境中真实的问题,这些问题涉及学科融合或本学科中模块的融合,不可能从教材中查到答案,大家必须通过分工合作,从实验方案制订、实验实施、数据处理中集思广益,求同存异,最后不断反思提升,达到思维不断优化的效果。

(四)融合多种因素,提升问题解决能力

当今社会科学发展日新月异,新业态、新理论、新技术层出不穷,中学化学教学也不能独善其身。化学实验也必然与时俱进,不断创新,以适应新形势的要求。教师在实验教学过程中,要根据高中化学实验教学存在的不足,对实验进行再优化,使得实验操作更简单,实验装置更简易,实验现象更直观,实验原理更易懂,从而进一步提升高中化学教学质量。改进化学实验可以从以下几个方面进行:一是反应原理的改进;二是反应条件的改进;三是反应装置的改进;四是实验操作的改进;五是借助现代化实验仪器;六是将实验改成趣味性实验;等等②。

① 宋心琦.化学实验教学改革建议之一[J].化学教学,2012(4):2-4.

② 黄清辉,潘国泰,张贤金,等.高中化学实验教学现状分析、模式创新及改进建议[J].中小学实验与装备,2021(5):19-21.

综上所述,高中化学实验能力的培养要有进阶式的规划,开发基于真实情境、基于学生发展水平的高中化学综合实验案例,以课程化的形式继续推进和深化化学实验教学,这对提升学生的解决问题能力、发展学生科学思维、落实学科核心素养有着重要的作用。

第二节 情境教学的内涵与教学价值

一、情境教学的起源与内涵

(一)情境教学的起源

在国外,情境教学一直是研究的热点,苏格拉底、卢梭、杜威等教育学家都倡导情境教学法。情境教学最早可以追溯至苏格拉底的"产婆术",他认为教师不可以将答案直接告诉学生,应让学生置于情境中去思考问题并找出解决方案,使学生完成由内而外学习的教育过程。法国的卢梭在《爱弥儿》中提出,要将自己置身于自然世界中观察自然现象,通过切身感受和体验理解知识,这种方法实际上就是情境教学法。杜威提出了"做中学",他的实用主义教学就强调问题情境教学,他认为在教学中应该将知识依托于问题情境,学生在问题情境中进行猜想和假设,经历思考分析的过程,最后解决问题。

在国内,情境教学的发源最早可以追溯到孔子时期。春秋时期孔子在《论语》中提到"不愤不启,不悱不发",他认为学生应该在教师创设的"愤"和"悱"的情境中思考学习。这也是我国启发式教学的开端。我国最早论述教育问题的著作《学记》中的"君子之教,喻也"也强调教师要注重创设情境、启发诱导。但我国对情境教学法系统的研究比较晚,在改革开放初期,小学语文的教学中最先应用了情境教学法。语文特级教师李吉林经过自己长期不断的摸索研究,提出了"情境教学",让学生在情境中,开拓思维,发展创造力和想象力,最终实现语文综合素质的提升。李吉林认为:由于情境课程以"美"为突破口,以"情"为纽带,以"思"为核心,以"儿童活动"为途径,以"周围世界"为源泉,即以美、情、思、儿童活动及周围世界,作为构成的要素,因此对儿童的学习和发展起着整合、熏陶、启智、激励的作用[①]。

(二)情境教学的内涵

情境教学就是运用教师的语言、情感、动作、教学的内容以及各种教学辅助工具和资料,创造一个广阔的心理场所,作用于学生的心理,以助于调动学生主动积极地投入学习[②]。情境教学是指教师通过有目的、有计划地创设教学情境,学生在课堂中可以很好地感受到在实践中学习。情境的创设也是基于学生的基本情况,在充分了解学生、了解教材之后,创设与当前学习主题相关的尽可能逼真的情境,增加学生的学习兴趣[③]。情境教学法的重点在于激发学生的学习兴趣,培养他们积极、主动地探究知识,形成发展的内在驱动力;情境创设的意义是可以将学生带到自然的环境中,学生们自己观察、思考、积累,通过情境去触及学生们的心灵,可以激发学生们自主学习的动力,在陶冶情操和培育情商方面也可以起到很好的效果。

美国的莫里斯·L.比格指出:“教学是以‘我不知道’的导言方式或者有问题的情境”,也就是说,学生面对着他们自己不能理解的问题时,教师应该创设适当的情境,让学生在具体、形象的情境之中,调动经验、情感、记忆,促使学生进一步构建已有的知识体系,同时将需要学习的知识纳入已有的知识体系之中,最终促进学生认知的发展[④]。传统教学强调的是知识的传授,教学过程是直接向学生灌输已经设计好的知识结论,这种直接从实践提出的理论知识,仍然处于分散状态。可以说,传统教学仅看中知识的传递,对于实际应用比较忽略;而情境教学看中的是理论和实践的结合,是对教学模式和学习方式的一种创新,使学生在学习上达到一种历练[⑤]。

二、情境教学法的意义和价值

我国的教育长时间处于应试教育的影响下,因此,忽视了能力的培养和非智力因素的教育。课堂教学也变成教师的“满堂灌”,学生就会越来越消极地去学习知识。化学又是科学性和实践性非常强的一门学科,要激发学生的学习兴

---

① 李吉林.情境教学实验与研究[M].成都:四川教育出版社,1990.

② 解凯彬.生物课程与教学研究[M].南京:南京师范大学出版社,2013.

③ 刘知新,王祖浩.化学教学系统论[M].南宁:广西教育出版社,1988:12.

④ 毛会娟.高中生物课堂中情境教学的实践研究[D].南京:南京师范大学,2011.

⑤ 罗蒂固.情境教学在中学化学教学中的实践研究[D].桂林:广西师范大学,2013.

趣，就得积极主动将本学科的主导地位凸显出来。在情境创设过程中，教师不仅可以更新教学观念，也能提高自身的教育理念水平；学生在创设的情境中，保持了浓厚的兴趣，甚至激发了探索化学世界的激情，从而能够将所学知识运用到实际问题的解决过程中，这是与新课标的要求不谋而合的。情境教学法的意义和价值主要体现在以下三个方面：

（一）最大限度地激发学生的主动性、积极性

爱因斯坦有句名言："兴趣是最好的老师。"可见，只有激发了学生的学习兴趣，引发学习欲望，才能起到好的学习效果。如何能够激发学习兴趣呢？教学情境的创设就是一种十分有效的教学方式。教师根据教材中的知识，深挖课本，通过和实际生活相互联系，创设有趣的教学情境，再通过教师的完美讲解，辅以现代技术手段，把学生的积极性调动起来，促使他们自己积极思考，进而主动地加入课堂教学中。通过情境创设—课堂教学—实际应用，学生们就会把知识内化到自己的认知体系中，不仅具备了学习的能力，也具备了解决问题的能力。如同将盐溶于汤中，使汤更加美味可口；化学知识融于情境中，更易被学生理解、掌握、吸收和运用。

（二）凸显学生的主体地位，有利于问题解决能力的培养

情境教学法符合"一切为了学生的发展"的指导思想，站在学生的角度思考问题，结合学生的实际情况充分了解学情，设置符合学生的情境激发学习兴趣，培养了学生主动学习的意识。情境教学法实施的过程充分地体现了学生的主体性，让学生在学习中积极主动地参与到设置的具体情境之中，感觉到自己是情境中的主角，学生在认同自己所扮演的角色（如在学习探究光合作用历程的时候，学生可以把自己当成一位科学家，融入情境中以科学家的身份探究光合作用的过程）中完成学习内容。这个过程中发挥教师引导作用的同时，特别强调学生学习的主体地位。

化学是实验性强、科学性强的学科，化学的学习绝不只在强调理论学习，重要的是能够将所学的化学知识运用到具体的生活中去，能够解决日常的问题。情境教学就是将知识放在各种生活情境、社会情境中，学生在学习知识的同时要建构自己的知识体系，能够进入到运用知识解决实际问题的应用领域。在化学情境—化学学习—社会情境这个过程模式下，知识的应用不再是纸上谈兵，学生解决实际问题的能力也会有所提高。

（三）有利于培养学生的科学素养

在进行情境教学的时候，学生可以根据创设的情境，结合自己的经历或者认知，实现新旧知识的碰撞，让学生从“必须思考”变成“我要思考”。学生主动地去了解探索新知识，在真实的情境中、在好奇心的驱动下，不断去学习，从而提高自身的科学素养。因此，情境教学的核心在于通过各种真实的情境激发学生的情感，使学生对知识产生一种认知或者说认同。其将社会实践和生活内容进一步提炼加工后作用于学生，比如用更加生动形象的语言为学生描述一些场景、课内游戏、角色扮演、欣赏音乐、参观旅游、观看影片等等，都是将教学内容置于一种具体的情境之中，在潜移默化中影响学生，使学生在情境之中学习知识，启发思维，建构认知体系。情境教学法的优势显而易见，通常在该模式下，教师起引导作用，学生是教学的主体，这就意味着在教学活动中，学生可以更加主动、积极地参与学习活动，不断进行自我学习和自我提高，在潜移默化中提升科学素养。

第三节　项目式学习的内涵与教学价值

一、高中化学项目式学习的背景

《普通高中化学课程标准(2017 年版 2020 年修订)》指出“真实、具体的问题情境是学生化学学科核心素养形成和发展的重要平台”。项目式学习正是让学生在面对和解决真实世界的问题中学习，其作为培育素养的一种重要手段，已在我国的基础教育实践中逐步开展。

高中化学项目式学习是指以高中化学学科的核心知识及能力为载体，学生调动所有的知识、能力、品质等创造性地解决富有挑战性的问题，形成有质量的研究成果的一种具有综合性和活动性的教育实践形态。在探索、解决复杂问题的过程中彰显化学知识的功能价值，使化学核心知识结构化，有助于学生化学学科核心素养的发展。

二、高中化学项目式学习的教学内涵

项目式学习主要由内容、活动、情境和结果四大要素构成。项目式学习综合性强，富有挑战性，需要学生综合运用学科知识和技能解决真实情境下的问题。因此，高中化学项目式学习的基本要素可包括：真实问题情境、学习活动实践、构建核心知识、发展高阶思维及展示学习成果。项目式学习指向学习的发生，聚焦学生在项目中的成长。对于教师而言，高中化学项目式学习设计的首要前提是聚焦高中化学学科核心知识及学科大概念，建立以项目式学习为内在逻辑的一套较为完整的教学设计体系。项目式学习需以学生为主体，学生自主合作探究完成项目任务，在解决真实问题情境中构建知识，形成能力，发展素养。因此，高中化学项目式学习需要教师进行系统综合的思考并在此基础上设计教学方案。

基于以上分析，我们确立了高中化学项目式学习的四个阶段，分别为：选定研究项目、规划项目任务、实施项目任务和项目总结评价。高中化学项目式学习设计以高中化学学科核心知识为载体，以“素养为本”为评价准则，融合学科核心知识、基本技能及学科思维方法，设计指向高阶思维的驱动性问题，引导学生持续地学习实践，形成指向驱动性问题解决的公开成果，实现核心知识的构建和创新能力的持续发展，培育和发展学生的化学学科核心素养和跨学科素养，促进学生全面而有个性地发展。

三、高中化学项目式学习的教学实施策略

高中化学项目式学习中，主题确定、问题驱动、活动实践、成果展示以及学习评价这几个环节至关重要。教师依据核心知识确立项目主题，引导学生实现核心知识网络的构建；提出富有挑战性的驱动性问题，发展学生的高阶思维，设计多样的学习实践，促进学生持续深入地探究、解决问题；明确凝练核心知识的学习成果，指向驱动性问题的解决，通过评价反馈，及时诊断与评价学习成果。

（一）确立项目主题，构建核心知识

高中化学项目式学习设计的首要步骤是寻找核心知识以确立项目主题。从课程标准和教材中寻找高中化学核心知识，明确与之相关的基础知识、技能

和学业质量水平，转化为合适的项目学习主题。同时，《普通高中化学课程标准（2017 年版 2020 年修订）》指出“教师应重视跨学科内容主题的选择和组织，加强化学与其他学科的联系”。挖掘不同学科间交叉融合的部分，渗透进项目化学习中，帮助学生拓宽视野、开阔思路，综合运用化学和其他学科知识分析解决项目任务，发展学生的跨学科素养。高中化学项目式学习聚焦高中化学核心知识，确立适合学生的项目主题，创造解决实际问题的机会，激发学生自主探究、创新创造的精神，在实践中掌握知识、技能和方法，并能灵活地迁移、运用到新的情境中，产生新知识，以促进核心知识的构建。

（二）以问题驱动发展高阶思维

新课标在课程目标中要求：学生能发现和提出有探究价值的化学问题，依据探究目的设计并优化实验方案，提出进一步探究或改进实验的设想。初步学会收集各种证据，对物质的性质及其变化提出可能的假设，对复杂化学问题情境中的关键要素进行分析，建立解决复杂化学问题的思维框架，培养独立思考、敢于质疑、勇于创新的精神。故而，有价值的化学问题的研究过程即是学生高阶思维的培养过程。高阶思维是指学生在高中化学学习中需要达成的心智活动和认知能力，其内涵可归纳为：创造性思维、批判性思维和复杂问题解决思维。基于真实情境的复杂问题解决思维是学生将知识灵活应用到分析、解决实际问题的思维方式。

知识的获得来源于对问题的认识和解决的过程。项目式学习设计的重要一环是创建真实情境下的驱动性问题，激发学生主动思考和探索，其质量直接影响项目式学习的实践过程和结果。高中化学项目式学习设计以蕴含高中化学核心知识的真实情境为出发点，挖掘与之相关的多学科交叉点，创建出具有挑战性、能引发高阶思维的驱动性问题，使学生主动参与探究，帮助学生形成“知识的结构化、解决问题的思路化”。

在真实情境中，基于学生已有的认知经验，驱动性问题的设计需要具有可行性，还有一定的挑战性：要能激发学生的主体性，以推动项目式学习的深入进行。同时，学生解决问题或完成任务的方案可以不唯一，有利于调动学生探索的积极性，需要学生自主探究，寻找证据，对提出的方案通过分析推理加以证实或证伪。

项目式学习是学生综合运用知识和资源来探索驱动性问题的深度学习过程，需要有意识地设计高阶认知策略。依据学生认知水平层次由低到高，设计层层递进的驱动性问题，整合学生的低阶学习思维和高阶学习思维。学生不仅需要运用“信息收集”“比较分类”“归纳演绎”等低阶思维，还能发展“实验探究”“问题解决”“创新创造”等高阶思维。

（三）设计实践活动，了解知识结构

学习素养的形成和发展是一个自我构建、不断提升的过程。项目式学习并不是让学生按部就班地完成任务，而是要让学生体验面对真实、复杂的情境时需经历的持续研究过程，体验螺旋上升的学习历程，最终将知识内化为能力和素养。高中化学项目式学习引导学生开展探究性实践、调控性实践等持续、多元的学习实践，融合多学科、多领域的知识、技能和方法，促进学生的认知发展。同时，项目式学习聚焦高中化学核心知识，体现学科思维方法，引导学生开展证据与推理、符号与表征等具有化学学科特质的学习活动。另外，学习实践的组织顺序遵循问题解决或项目成果完成的逻辑顺序，以学生主动的独立学习和小组合作学习的方式来开展。项目式学习最终获得有质量的学习成果，其表现形式可以是研究报告、论文、海报或者 PPT 演示，辅以视频、图片、方案、实验装置图等。但学习成果需要重点解决两个重要问题：一是解决真实情境的具体问题；二是体现对学科核心知识的深度理解。

（四）教学评一体化，诊断课堂教学

新课标在“课程性质与基本理念”中提到，依据化学学业质量标准，评价学生在不同学习阶段化学学科核心素养的达成情况，积极倡导“教、学、评”一体化，使每个学生化学学科核心素养得到一定程度的发展。这意味着在新课标理念下，教师的教、学生的学以及教学评价应具有高度的一致性和融合性，且需要紧密围绕化学学业质量标准予以实施，以促进学生学科核心素养的发展。

高中化学项目式学习需要保持学习目标、学习实践、学习成果与学习评价的一致性。首先，树立“素养为本”的评价准则，不仅关注学科知识和技能方法的掌握情况，更要关注化学学科核心素养的达成情况；其次，学习评价设置前置，将学习评价的内容与学习目标保持一致，实现学生素养形成的可视化；再次，设计覆盖项目式学习的多样化评价，客观、全面地评价学习过程和项目式学习成果；最后，强调多元主体参与评价，学生自评、同伴互评与教师评价相结合，促进学生主动学习、自我反思，激励学生更深层次地学习和成长。

通过实施高中化学项目式学习，学生可以更好地认识化学学科与生产、生

活和科技发展之间的密切联系，学生化学学习的视角和方法会发生显著变化。一方面，学生面对真实、复杂的问题情境，能主动学习、调动学科核心知识，从学科视角来探索和解决问题；另一方面，在持续、多样的学习实践中，学生能理解、迁移和应用知识，并能创造性、批判性地解决问题，这些学习过程会成为学生全面发展的基石，学生体验探索知识的过程，提升了科学探究能力、实践创新能力以及团队合作能力等，有效促进了核心素养的发展。

第四节　实验项目式学习是撬动中学实验教学的“支点”

一、中学化学课程的变革呼唤实验教学的创新

目前我国中学化学教学正经历从“知识传授”“能力培养”到“素养为本”的教学价值观的转变和飞跃。为使“素养为本”教学理念真正落实到课堂，最有效的教学策略是创设真实情境和设计驱动性问题，开展以化学实验为主的多种探究活动，促进学生学习方式转变，培养学生的创新精神和实践能力。化学实验作为化学学习特有的、重要的实践活动，是落实“科学探究与创新意识”核心素养的重要途径，具有不可替代的支撑作用。课程标准明确指出：化学实验对于全面发展学生的化学学科核心素养有着极为重要的作用。化学实验作为科学实践活动离不开科学认识活动的参与和指导，“宏观辨识与微观探析”“变化观念与平衡思想”“证据推理与模型认知”要求学生形成化学学科思维方法，这些都需要依托“化学实验”这种学科特有的实践活动来达成。化学实验是学生学习化学的重要工具，化学实验教学为其他四项学科核心素养发展提供基础支撑。中学化学实验创新需要从实验设计、实验方法、探究功能、教学价值、绿色化学等方面进行探索，并通过课堂教学培养创新人才。建构优质的化学实验课程体系，有助于发展学生的学科核心素养。

目前，项目式教学被认为是最具有核心素养融合发展效力的教学方式。教师可以通过开发真实而有意义的实验素材，充分发掘真实情境的作用，让学生在真实情境中运用化学学科思维进行思考和学习，培养他们的科学思想和思维方法，进而促进学生学习方式的转变和化学实验素养的提升。教师还能利用任

务驱动，创设问题让学生有更多自主面对和解决真实问题的机会，培养他们的探究精神和创新意识，锻炼学生的高阶思维能力。因此开发相应的课程显得尤为必要。本书在课程标准的引领下，通过围绕若干主题的一系列基于真实情境的实验微项目的研究和开发，重点突出课程内容和学习方式的优化，将“通过实验学化学”的思想贯穿其中，体现化学实验在学科育人中的重要地位。笔者力求将“基于真实情境的高中化学实验项目式学习研究”建设成高中阶段体现“科学探究与创新意识”培养的一门特色课程。

二、“基于真实情境的高中化学实验项目式学习研究”内容体系建构及学科特色探索

《普通高中化学课程标准(2017 年版 2020 年修订)》的选修课程“实验化学”分为“基础实验”“化学原理探究”“化工生产过程模拟实验”“STSE(科学・技术・社会・环境)综合实验”4 个主题。主要包括以下几个方面内容：一是围绕物质性质和反应规律的研究，包括物质的制备、物质的分离与提纯、物质的检测，认识解决这些类型的实验任务的一般思路和常用方法，掌握必需的实验操作技能；二是从化学核心概念或基本原理中提出并选择研究性问题，开展有关实验活动；三是以真实的化工生产过程为研究对象，借助相关资料对化工生产的原理、流程进行复原和模拟；四是围绕资源、能源、环境等与可持续发展密切相关的问题开展综合实验项目。上述内容突出对学生实验探究能力的培养，引导学生掌握科学探究的一般过程与方法，建立解决某类化学实验问题的特定思路与方法，促进学生发展动手能力和高阶思维能力。

经过十余年的理论和实践的摸索，厦门六中化学组全体教师共同努力完成了本书的编写。编写过程中立足学生的已有化学知识和经验，从生活、生产实际中选择真实情境；通过实验揭示化学基本原理，设置拓展实验培养学生迁移应用能力；融入化学实验研究方法，强化科学探究能力，着力培养学生实验设计能力及实事求是的科学态度，将化学学科核心素养贯通于各个专题中。编写中遵循学生的认知发展规律，切实发挥实验在化学学科育人中的重要作用。

从内容上看，本书将实验项目分成四个主题，每一主题下包含若干实验课题(见表 1-4-1)。

表 1-4-1 实验项目内容体系

序号	主题名称	实验课题
主题 1	基础实验	项目 1 硫酸亚铁铵晶体的制备 项目 2 制备乙酸乙酯实验的优化 项目 3 含碘盐的检验 项目 4 硫酸铜结晶水含量测定
主题 2	化学原理探究	项目 5 利用手持技术探究温度对溶液 pH 的影响 项目 6 化学反应速率的测定 项目 7 硫酸铜与氢氧化钠反应条件的探究 项目 8 自制燃料电池
主题 3	化工生产过程模拟实验	项目 9 肥皂的制备及其原理 项目 10 纯碱的制备及其原理 项目 11 电解法制备及其原理 项目 12 硫代硫酸钠的制备及其原理
主题 4	STSE 综合实验	项目 13 水中溶解氧的测定 项目 14 揭秘“鱼浮灵” 项目 15 补铁剂中含铁量的测定 项目 16 茶叶中咖啡因的提取

由表 1-4-1 可知,《基于真实情境的高中化学实验项目式学习研究》内容体系有明显的特点。

(一)采用“大单元”组织教学内容

以学科大概念为核心使化学知识结构化是学生化学学科核心素养形成和发展的重要途径。课题在进行实证案例研究时,发现“大单元、大概念、整体式”的实验教学设计更有利于学生实验思维的建构与培育。笔者团队设计的项目式实验活动,与传统的化学实验教材不同,不再以教材编排为序,而是以实验内容之间逻辑关系为编排顺序,也符合学生“循序渐进”的认知顺序。

(二)从生活、生产实际中选取实验内容

本书中的实验项目取材于真实的生产、生活情境。有的指向生产、生活中常见物质的制备,如肥皂的制备、硫酸亚铁铵晶体的制备;有的与环境检测有关,如水中溶解氧的测定;有的与人体健康有关,如含碘盐的检验、补铁剂中含铁量的测定。通过这些具体的学习任务的设定,旨在培养学生“通过实验解决

实际问题”的意识和能力。

（三）重视通过实验揭示化学基本原理

实验项目力图通过典型的实验现象启迪学生的思维，引导学生推理和归纳，加深对化学原理的理解。如乙酸乙酯制备的条件优化中，深入讨论实验条件的选择；利用手持技术的实验中，利用手持技术探究温度对溶液 pH 的影响使得实验现象更加直观和明显。

（四）设置拓展性实验培养发散性思维

每个实验项目设有拓展实验作为教学中学生自主选择的内容，是该实验项目的基本原理与设计思路在新实验中的拓展与延伸，可供学生进一步运用本项目的研究思路和方法去解决新的实验问题。

第二章≫

基于真实情境的实验项目式学习的教学模式和策略

第一节 基于真实情境实验问题解决的教学模式

一、化学实验问题解决的机制

教学情境是核心素养培养的载体，正如许多课程研究专家所言"无情境不命题；无情境不教学"。而在真实的情境中，只有经历问题的解决过程，才能发展能力，优化思维，进而培育核心素养。美国教育家詹姆士(James M Sawrey)曾经说过"学习的所有形式都可以看作问题解决的过程"。化学课程专家吴星教授提出：高中生化学核心素养的发展离不开化学课程的实施，离不开化学知识的学习，尤其离不开经历化学问题解决过程①。

(一)何为问题解决

问题解决是认知心理学和教学心理学研究的核心问题之一。多数心理学家认为问题包括三个基本成分：给定条件、目标和障碍。当学生面临一种真实情境，即学生可以利用的已有知识和经验与行动目标之间出现空缺时，根据情境的给定条件采取一定的转换方法或者说是一种迁移方式，去克服障碍达到目标，这就是问题解决。例如"粗盐的提纯"这一实验问题，就是利用"溶解、除杂、过滤、蒸发"等一系列转换手段消除"食盐中含有杂质"这一障碍，从而达到提纯食盐这一目标。

① 吴星.对高中化学核心素养的认识[J].化学教学，2017(5)：3-7.

(二)问题解决过程的思维

关于问题解决的思维过程,很多学者从事研究并提出了不同的模式。对于化学问题解决的过程,Ashmore 等人曾提出问题解决分为四个阶段:定义问题、选择信息、组合信息、评价①。根据现代认知心理学的理论,实验问题的解决过程,就是一个从实验的初始状态向目标状态搜索的过程。信息加工心理学强调问题解决者是主动的信息加工者,他不仅能在问题解决过程中不断缩小初始状态与目标状态之间的差距,实现二者之间的有效匹配,而且还能够对问题解决的过程和结果进行自我监控。

(三)化学问题解决的特点

化学学科在解决人类所面临的粮食生产、资源利用、环境保护等社会热点问题中,充分体现了广泛性、应用性。通过真实情境问题的解决过程培养学生的科学精神和社会责任感,使学生形成正确的价值观。化学问题解决是一种体验性的学习过程,需要学生通过自身的体验去领悟和感受;需要学生独立或与同伴合作,通过阅读、查阅资料、观察实验现象等方法获取、表征、领悟有关信息;需要学生寻找推理得到结论的证据,并对证据进行评价应用;需要学生基于化学学科观念和思维方式不断地寻求解决问题的方法。学生未来生活中所需要解决的问题往往是复杂的、综合的,甚至是不可预测的,综合复杂的问题具有体系开放、环境复杂、方案多样、结果不确定等特点,开放性化学问题解决需要学生对信息、证据进行选择和评价,独立地对问题情境中的众多因素进行多视角的分析和探索,对问题解决过程和结果产生怀疑,与同伴交流讨论众多解决问题的方案并做出选择和决策。

(四)化学实验问题解决的心理机制

化学问题解决过程分为 3 个相互联系的环节:审题活动、解析活动、实际解决活动。相应的化学基础知识、问题类型结构知识及有关的策略性知识在问题解决活动中发挥定向调节作用,各活动环节相对应的高级心智技能(自动化的

---

① 孙同明,李广洲.问题解决教学与中学化学实验[J].中学化学教学参考,2003(Z1):10-12.

程序性知识)对问题解决起执行调节作用(如图 2-1-1 所示)①。

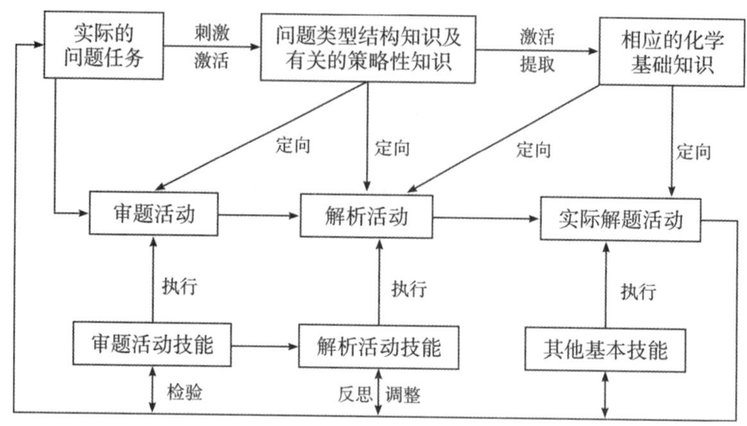

图 2-1-1　化学问题解决的一般思路

化学实验问题解决的一般思路(如图 2-1-2 所示),它由 5 个相互联系的环节构成,即问题表征、问题解析、设计实验方案、实施实验方案、检验反思与调整。其中问题解析、设计实验方案、实施实验方案是中心环节。而检验反思与调整环节在问题解决活动中也起着非常重要的作用,直接决定问题解决的质量与速度。图 2-1-2 中的原型匹配是子任务的进一步解析,代表一类具体实验问题解决的基本模式。

(五)影响化学实验问题解决的主要因素

影响中学化学实验问题解决的主要主观因素有:化学基础实验技能、化学基础知识(陈述性知识)、程序性知识、策略性知识。而学生头脑中储存的各类实验问题解决活动的原型在问题解决过程中的地位举足轻重,因此学生除了掌握实验基础知识和基本技能外,还要经历一定量真实情境的化学实验的实践。

二、实验问题解决教学模式

问题解决教学是通过教师精心设计问题,以问题贯穿整个教学过程,使学

① 王磊,胡久华.中学化学实验问题解决心理机制的初步研究[J].化学教育,2000(5):11-13.

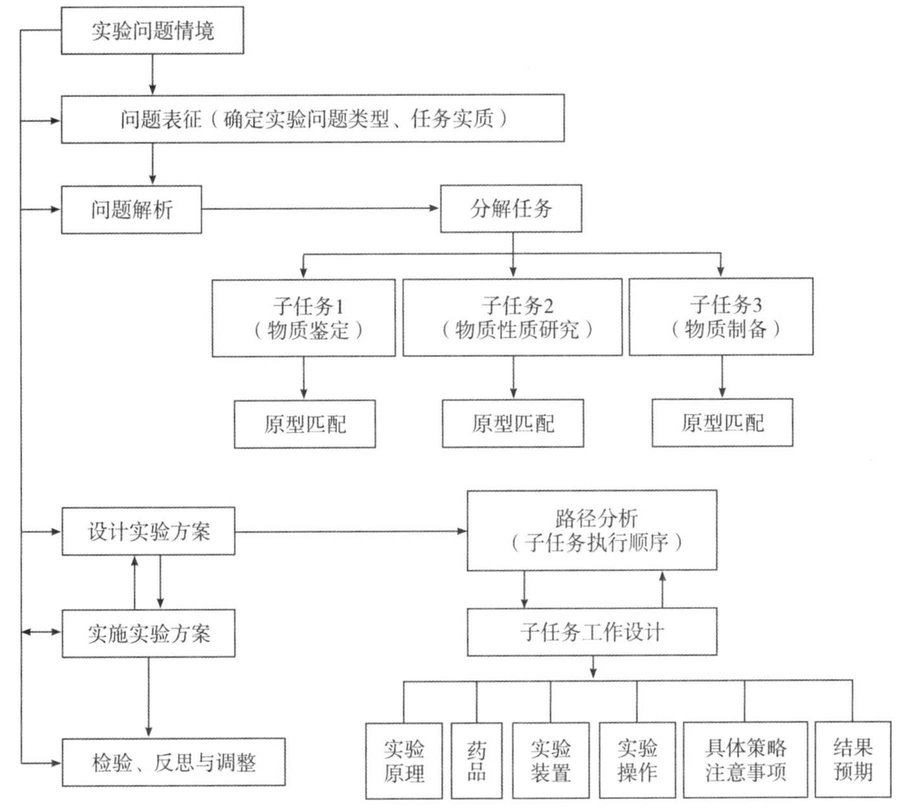

图 2-1-2　化学实验问题解决的一般思路

生在分析和解决问题的过程中学习知识和技能，逐渐形成解决问题的能力，掌握解决问题的思路和方法①。

（一）问题解决教学的思路

如何在问题解决教学中将情境、活动和问题解决融为一体呢？采用图 2-1-3 所示的大问题、大情境、大活动的问题解决教学设计思路能够较好地解决这一问题。教师根据课程标准、教材内容分析，形成教学目标，根据教学目标和学生已有的认知，提炼出本节课的核心大问题，进而选择或创设一个贯穿整个课堂的、与本节课学习内容相关的大情境②，形成本节课需要进行的学习活动。在解

① 惠海涛.化学课堂教学中驱动性问题的设计策略[J].化学教学，2018(10)：57-60.

② 王伟，王后雄.《普通高中化学课程标准(2017 年版)》中"情境素材建议"内容特点及使用建议[J].化学教学，2018(10)：15-19，26.

决复杂的大问题过程中,教师需要逐步剖析,创设层层递进、螺旋式上升的小问题链,每个小问题均在相应的有连贯性的小情境中呈现,进而组织不同阶段的小活动,各活动的指向性应一致,引导学生积极、深度地思考,最终使得大问题得以解决,从而强化核心素养的发展。

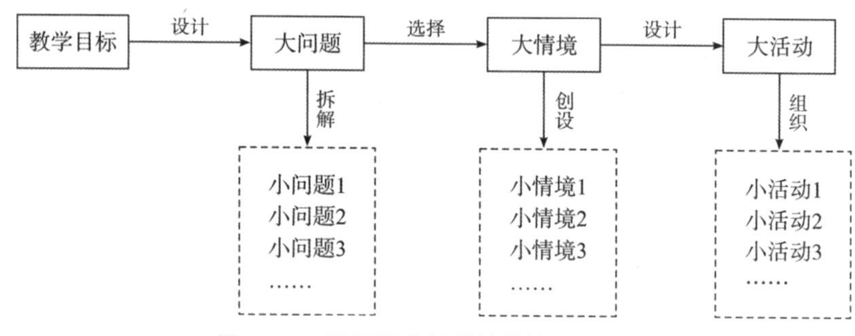

图 2-1-3 问题解决教学的整体设计思路

(二)化学实验问题解决的教学程序

化学实验教学在整个化学教学中占有重要的地位。实验教学不仅是提供直观素材的手段,也是培育各种技能的手段。通过化学实验问题的解决,不仅能为建立概念和发展思维提供丰富的素材,同时也为理论研究打下基础,化学实验问题解决教学的程序可以简单地用图 2-1-4 表示。

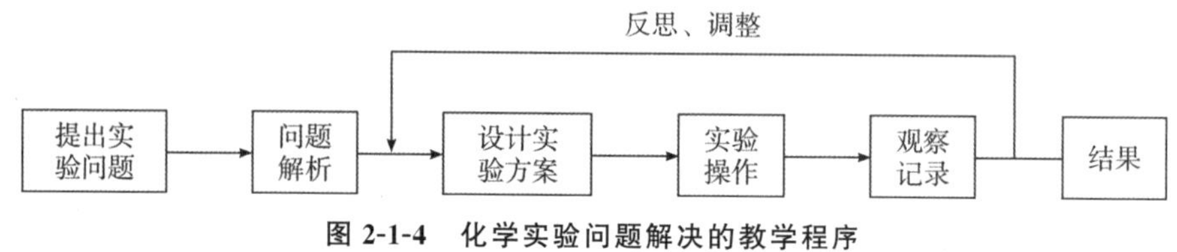

图 2-1-4 化学实验问题解决的教学程序

(三)基于真实情境实验问题解决的教学模式

化学实验教学应培育的关键能力包括:科学探究能力、问题解决能力和科学思维能力①。科学探究能力和科学思维能力是基础性的能力,最重要的关键能力是问题解决能力。在指向关键能力的培养中,广大化学教育工作者开启了各种实验教学方式创新的探索。项目式学习强调通过现实世界的驱动性问题

① 黄恭福,邹海龙.学科核心素养视域下的中学化学实验教学研究综述[J].化学教学,2020(2):25-29.

进行思考和实践，重视通过团队合作与持续不断的努力来发展创造性解决问题的能力，被认为是最具有融合核心素养发展效力的教学方式。

1. 化学实验项目式学习的设计要素

素养导向的学习设计的三个要素即学习情境、学习规则、学习工具。“学习情境”是指让学生产生真实化学问题和激发化学思维的生活、生产情境和实践任务，促进实现跨越情境的迁移；“学习规则”是指利于学生积极参与合作探究和主动表达的规则，形成师生共同的学习期待和自主的学习形态；“学习工具”是指给学生提供化学实验思维外显化和反省评价实验探究的学习工具，促进学习情境和学习规则的落实。

2. 化学实验项目式学习的进程设计

项目式学习的关键环节是在真实的驱动性问题情境中对问题展开探究，以小组合作的方式进行学习，运用各种工具和资源促进问题解决并产生成果。实验探究是化学实验项目式学习的核心活动，主要有以下基本环节：提出问题、建立假设、设计与开展化学实验、收集信息与数据、推理分析与论证、得出结论、反思与评价等。化学实验项目式学习是化学实验探究活动与项目学习的融合，凸显学习情境、学习规则、学习工具三个设计要素，化学实验项目式学习的进程如图 2-1-5 所示①。

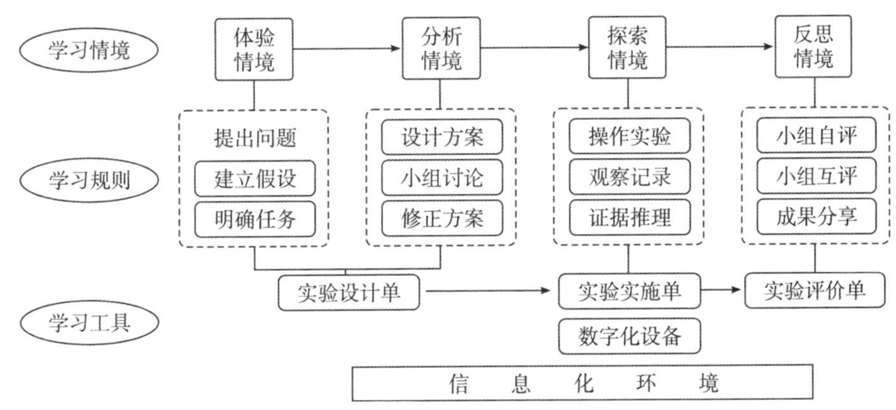

图 2-1-5　化学实验项目式学习的进程

3. 化学实验项目式学习的教学流程

结合新课标要求，从生活、生产实际中选取实验素材，重视通过实验揭示化

① 崔鹏，王祖浩.化学实验项目式学习的设计与实施：以“探究深、浅呼吸呼出气体中氧气含量的差异”为例[J].化学教学，2020(6)：30-35.

学基本原理，设计一系列基于真实情境的项目式高中化学实验教学活动，实验项目通过创设真实的驱动性问题和任务，促使学生深入思考，实现设计—评价—反思—修正—应用的进阶，将素养转化为持续的学习实践。形成的教学流程如图 2-1-6 所示。

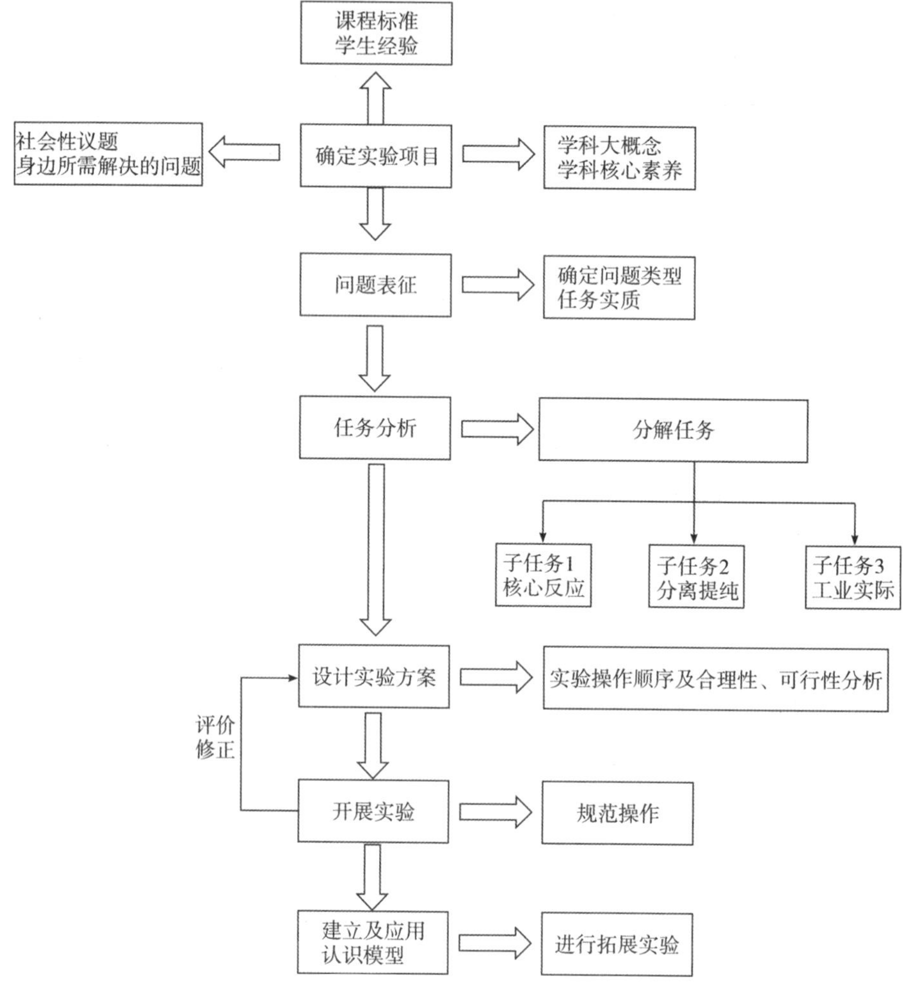

图 2-1-6　基于学科大概念的化学实验项目式学习教学流程

第二节　基于真实情境的实验项目式教学策略研究

一、基础实验教学策略

（一）化学实验技能的含义与内容结构

1. 化学实验技能的含义

化学实验技能，是由一连串动作组成的（包括心智动作和操作动作），经过训练以达成顺利完成化学实验任务的目的。其本质是一种通过学习训练而形成的合乎法则的活动方式①。

化学实验技能涵盖化学实验智力（心智）技能和化学实验操作技能两个方面。化学实验智力技能是经过训练巩固下来的、能使操作者顺利完成化学实验任务的智力活动。化学实验操作技能，是指在一定的化学知识和经验的基础上，经过实验操作练习巩固下来的、下意识的、完善的动作活动方式。两者虽是实验技能的不同方面，但二者是相互促进、相互依存的，智力技能需通过操作技能的执行得以展现，操作技能又需要心智技能来不断调控，因此只有将两者有机结合，才能更有效地培养学生的实验技能，并不断向实验能力转化②。

2. 化学实验技能的要求

根据《普通高中化学课程标准（2017 年版 2020 年修订）》，基础实验技能在高中阶段应达到"学会"（表 2-2-1），即独立正确地完成操作的水平，要求基础实验技能具有一定的熟练程度，甚至达到下意识，这体现了实验技能训练由低级到高级的上升性。

表 2-2-1　普通高中化学课程标准（2017 年版 2020 年修订）的相关要求

课程目标 （知识与技能）	1. 获得有关化学的基础知识和基本技能；学习实验研究的方法 2. 能设计并完成一些化学实验

① 朱立峰.谈谈化学实验技能的培养[J].化学教育，2002(Z1)：66-67，82.

② 范杰.化学教育学[M].杭州：浙江教育出版社，1992.

续表

实验技能要求	1. 体验科学探究的过程，学习运用以实验为基础的实证研究方法 2. 初步学会物质的检验、分离、提纯和溶液配制等实验技能 3. 树立安全意识，能识别化学品安全使用标识，初步形成良好的实验工作习惯 4. 能够独立或与同学合作完成化学实验，记录实验现象和数据，完成实验报告，并能主动进行交流 5. 初步认识实验方案设计、实验条件控制、数据处理等方法在化学学习和科学探究中的应用

3. 化学实验技能的内容结构(图 2-2-1)

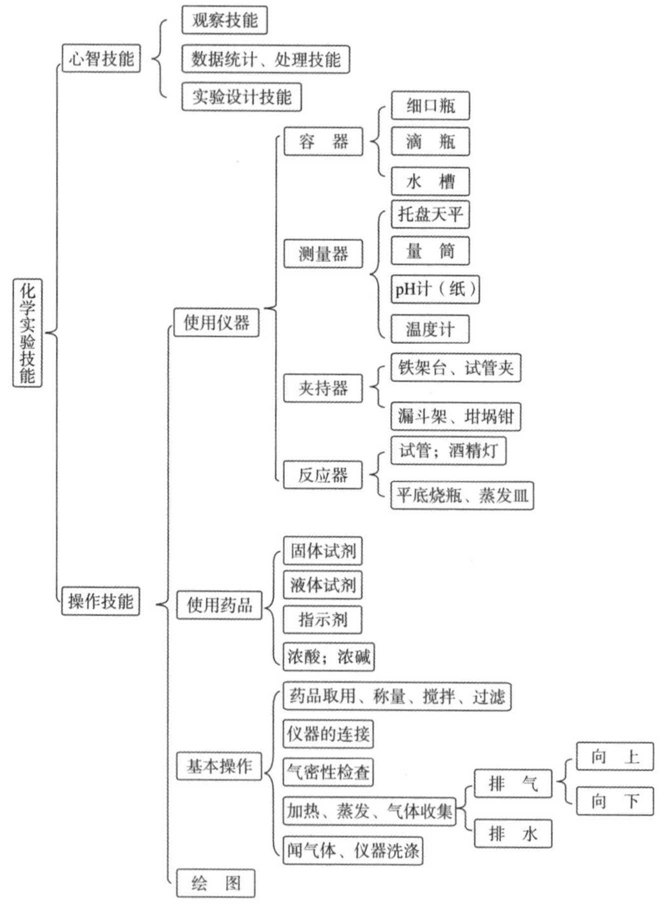

图 2-2-1　化学实验技能的内容结构①

① 康午生.中学生化学实验技能的形成与训练的研究[D].重庆:西南师范大学,2000.

(二)化学实验操作技能教学策略

中学化学实验中涉及的基本操作主要包括:溶解、振荡、搅拌、加热、过滤、倾泻、蒸发、结晶、萃取、溶液的配制、仪器的配置及气体的收集等。这些基本操作要达到“学会”和“熟练”的程度,都需要学生有计划、有步骤、反复多次地实践和练习。根据动手技能形成的阶段理论,可将实验操作技能的训练分为三个相互联系但要求有所不同的层次,即基本操作技能练习、单元操作的交替训练、结合实验内容的综合训练三个层次。基于此可以在以下方面进行实验操作技能训练。

1. 实验操作中的技能准备

学生在进行某项操作技能的训练前,首先要使学生具有必需的单元基础知识和基本操作技能,明确该技能的培训目的、操作原理、操作程序、注意事项和动作之间的迁移联系,以便学生能对该技能有一个较为全面的了解,做到心中有数。例如,“配制一定物质的量浓度的溶液”所需要的单元或单项的基本操作有:固体(或液体)药品的取用、托盘(或分析)天平的使用、量筒的使用、烧杯的使用、溶解和稀释、容量瓶的使用,其中任何一项单元或单项的操作障碍,都会导致新的技能学习活动不能顺利进行。因此,在一项新的复杂的操作技能的学习和训练过程中,必须首先对该操作技能的各个组成部分进行分解学习和训练,方可循序渐进。

2. 学生练习

技能学习不同于知识学习,必须通过练习来完成。但练习又不同于机械重复,而是学生有目的、有步骤、在教师指导下的积极的学习活动。因此,在练习过程中,师生应根据具体情况不断调整练习方法,确定合适的练习次数,遵循练习的规律。在学生练习过程中,通常可采取集中练习与分散练习相结合、整体练习与部分练习相结合的训练方法。

(1)集中练习与分散练习相结合。

集中练习是指在实验操作技能的学习中,练习采取连续进行的方法,持续一段时间,中间没有休息。分散练习是指在反复练习中适当穿插休息间隔的练习方法。当学生具有一定的操作技能水平,学习能力已相当高时,每次练习的时间就可以稍长一些,趋向于集中练习。这样,一方面有利于操作技能的系统培养,另一方面,因为结合某单元知识的系统实验,需要持续较长时间,如此安排也有利于学生全面系统地学习和理解知识体系。

(2)整体练习与部分练习相结合。

学生对某项实验操作技能的模仿,常常需要反复练习才能掌握操作要领。尤其是复杂的实验操作技能,通常都是由一系列单元操作构成的,各个单元操作虽彼此联系,但又各有一定的独立性,要使每一个单元操作都达到一定的精确性和定时性,就必须注意部分练习与整体练习相结合。整体练习有助于掌握动作之间的联系与协调,部分练习则有助于确切掌握各个动作方式的要领。在初学某项实验操作技能时,应各个击破,采用部分练习法,然后再进行整体练习;但单元内部的各个单项,由于相互紧密联系,应作为一个整体进行练习。

3. 教师指导

由于学生对一项新的实验操作技能的内容及其形成规律缺乏了解,甚至一无所知,因此,训练过程中教师对学生的指导是十分必要的。在教学中,教师的指导应遵循以下原则:

深入分析技能教学的内容,使学生有计划、有步骤地完成技能学习;充分了解学生,使技能的训练和教学更有针对性;创造条件,让学生亲自动手练习;使学生明确练习目的,充分发挥学生的主体作用。

教师在指导的过程中通常可以采用以下策略:

(1)示范与讲解结合。

任何一项技能的形成,首先要让学生知道做什么和怎么做,以在头脑中形成动作印象。让学生知道“做什么”的目的在于提高学生对整个操作过程的认识水平,了解整个操作的法则与原理。这时要先讲解后示范,示范配合讲解进行,以示范来引证讲解提出的原理与法则。让学生知道“怎么做”的目的在于使学生了解活动方式的结构,这时要先示范后讲解,讲解配合示范进行,用讲解来提示观察要点,分析所示范的各个动作的顺序及其联系。

(2)整体示范与分解示范相结合。

教师对实验操作技能的示范操作是学生模仿的范例,是学生形成动作印象的重要来源。整体示范有助于学生了解该项技能的全貌,分解示范有助于学生了解各个动作形成的幅度、顺序、力量等方面的特点,有利于学生进行模仿。为此,在学生操作技能的训练中,教师要注意这两种示范方式的结合。整体示范与分解示范相结合,一般的程序是由整体到分解,再由分解到整体。这样,不仅有助于了解整个活动方式的结构,而且也有助于了解各个动作的特点,从而使学生建立起较清晰、完备的动作印象。教学案例如图 2-2-2 所示。

【教学案例】粗盐的提纯

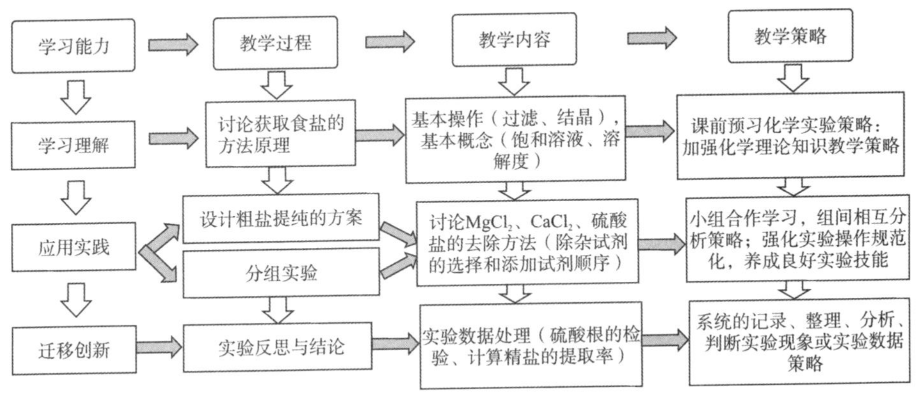

图 2-2-2　“粗盐的提纯”教学案例

【案例分析】粗盐的提纯实验是高中阶段的一个综合性实验，该实验涉及称量、加热、溶解、常压过滤、pH 测定、减压过滤、蒸发浓缩、结晶和干燥等操作，对培养学生动手能力、分析和解决问题等综合能力具有重要意义。

“粗盐提纯”这一学习内容，主要涉及结晶、饱和溶液、溶解度等概念，还包含海水晒盐、粗盐的提纯等化学工艺流程，以溶解度曲线、粗盐的提纯率的计算等锻炼数学分析能力。通过微观离子的反应来分析除去食盐中可溶性杂质的过程，帮助学生从微观变化的角度认识化学反应，理解复分解反应的微观实质。海水晒盐得到的粗盐往往含有 Na_2SO_4、$MgCl_2$、$CaCl_2$ 等可溶性杂质，以 SO_4^{2-}、Mg^{2+}、Ca^{2+} 的形式存在于溶液中，从阳离子和阴离子配合的角度来思考选择合适沉淀剂的思路，为将杂质离子除尽，加入的除杂试剂都要适当过量。在实验结束后，也可让学生将所学的关于溶液分离提纯的方法和操作进行迁移应用，例如分析含结晶水的晶体绿矾的提取，或是碱式碳酸铜的制备等等。总而言之，粗盐提纯的操作步骤，能够把很多与之相关的实验操作融合起来，既能锻炼学生的实验操作技能，又能提高学生知识迁移和灵活应用的能力。

二、化学反应原理教学策略

高中化学教学应着眼于培育学生核心素养的课程理念的实施，多角度、多举措打造连贯的内容体系，并介绍不同的课程模块。化学反应原理的内容具有理论性、复杂性和综合性的特点，学生学习起来较为困难，如何提高教学质量突破难点是至关重要的问题。对此，教师们需要改变现有的教学思路和教学策略，也要改变喜欢把知识点补充得更深更难的教学习惯，让学生通过自主理解，将微观和宏观联系起来，将难点和基础知识联系起来，将实验和课堂联系起来，应用现代化教学方式才能锻炼学生的自主学习能力和思维能力，让学生真正透彻地理解化学反应原理的知识。

（一）以化学史为载体设置情境线，发展学生实验探究能力

化学史是承载化学知识、科学方法、科学思维与科学精神的形成、发展及演变过程的真实情境素材，具有丰富的学科核心素养培育价值。例如合成氨的研究先后持续了一个世纪（如图 2-2-3 所示），由宏观到微观，从实验室到工业化，科学家攻坚克难、高度创新，这个发展历程中蕴含了丰富的教育价值。有关工业合成氨的研究先后三次获得诺贝尔化学奖，其过程包含着化学家富有创造性的科学思想。通过探究催化合成氨、探究工业合成氨的反应机理、设计合成氨电化学装置三个学习任务还原“真实”的合成氨研究历史，创设真实问题情境，让学生充分了解化学科学发展的主要线索，理解基本的化学概念和原理，认识化学现象的本质，理解化学变化的基本规律，形成有关化学科学的基本观念。

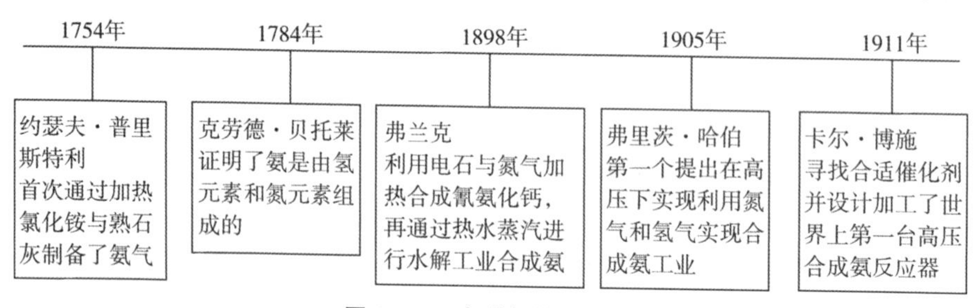

图 2-2-3 合成氨的化学史

（二）结合驱动性问题链，帮助学生建构化学的认知方式

宏观着眼，微观分析，符号表征是在原子分子水平上研究物质的结构和变化，学习更为抽象的化学概念、更为复杂的化学原理，也一样需要从宏观现象入手，再从微观层面做分析、研究，借助化学符号做描述。例如在进行“盐类的水解”教学时，教师应充分利用“宏观—微观—符号”三重表征系统，加强学生对水解反应本质的了解。以 NH_4Cl 溶液为例，教师可以依据学习电解质的思维方法（溶液中存在哪些微粒—哪些微粒间发生了相互作用—相互作用的结果怎样），分析微粒种类、相互作用及相互作用的结果，并通过分析 NH_4Cl 溶液的水解反应过程来分析和解释盐类水解的本质，帮助学生加深对微观粒子间相互作用的理解。如图 2-2-4 所示，第一、二个问题体现学生对 NH_4Cl 溶液水解的微

观理解；第二个问题针对有关方程式的书写，体现符号表征的运用；第三个问题体现宏观表征。如此构建三重表征系统，可促进学生逻辑思维能力的发展，建构化学学科的认识方式。

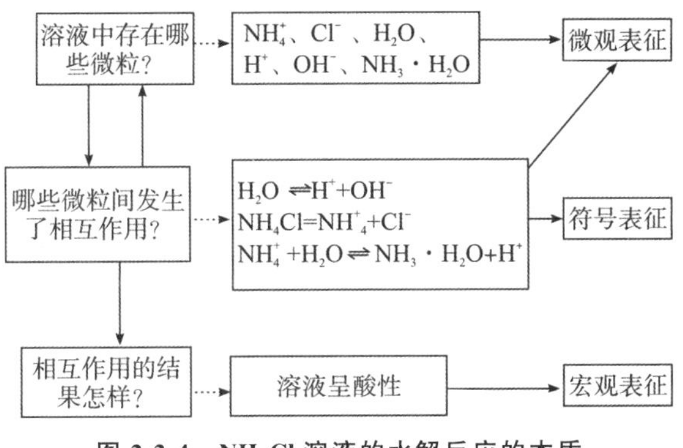

图 2-2-4　NH_4Cl 溶液的水解反应的本质

（三）在真实的情境中，设置驱动性的学习任务，开展项目式的探究学习

杜威曾指出："从别人那里听来的知识也许能使人产生某种行动，但这种知识不能培养个人的主动性和使他忠于他人的信念。"情境教学的核心就是知识，只有在它们产生及应用的情境中才能产生意义。项目式的探究学习是将核心知识情境化、转化成实际问题，激发学生探索发现、解决问题、形成作品的学习过程，其核心策略是真实情境下的问题解决、任务驱动，在活动中形成新的体验，深化已有认知，促进学生深度学习和高阶思维，培养学生在陌生情境中分析问题、解决问题的综合品质。

例如以"海上钻井平台的腐蚀原理和防护措施"作为真实情境，将实际的生产生活问题转化为项目任务，通过三个学习任务来开展，在学习任务的基础上，再拆解成化学问题，在问题解决的过程中建构金属的腐蚀原理及防护措施的模型，层层深入，开展深度学习。详细内容如图 2-2-5 所示。

三、模拟化工生产实验教学策略

化工生产是一个非常复杂的过程，同一个物质实验室的制备方法和工业上制备方法经常是大相径庭的，根本原因在于如何经济有效地大量制备是一个较为复杂的问题。它既考察了化学实验能力（包括科学观察能力、实验操作能力

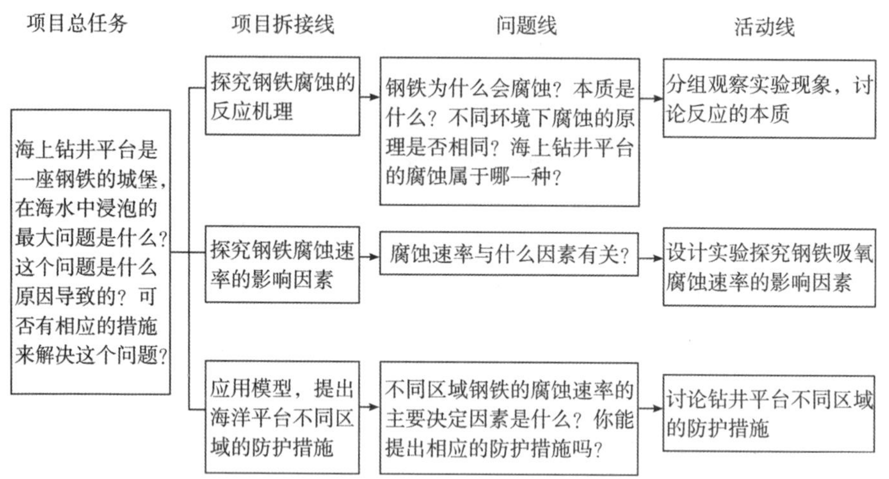

图 2-2-5　海上钻井平台的腐蚀原理和防护措施的项目任务

和理论思维能力)，还需要考虑实际生产过程中能产生的经济效益，并在绿色化学概念下多角度考虑问题。

(一)化学实验能力的培养

化学实验能力是一种综合性能力，是科学观察能力、实验操作能力和理论思维能力三种能力的统一体。在教学过程中，教师要培养和发挥学生的学习主动性、积极性、独立性和创造性，使他们全面地掌握实验方法，形成和提升化学实验能力。实验能力形成过程的思维模型如图 2-2-6 所示。

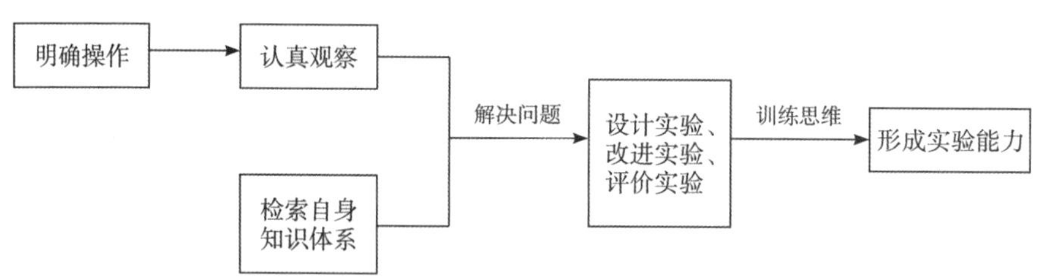

图 2-2-6　实验能力形成过程的思维模型

好的化学实验问题往往超越教材和学生已有知识，有一定难度，需要应用科学的思维方法加以反复思考才可解决。问题的解决，通常需要结合已学知识，将新知识迁移到新问题的分析和解答上，根据多角度设计实验方案，分析实验成果，改进实验路线，将化学知识与日常生活、工业生产等其他自然学科进行横向联系。

(二)化工工艺流程的问题分析

谈及工业生产,首先我们要对化工生产过程(工艺流程)有基础的了解,每个化工生产过程基本包括三个步骤,即原料的预处理、化学反应、产物的分离和精制。在这个过程中,由于化工生产是化学反应占主体的加工过程,故化工过程都是以化学反应过程为中心。化工过程主要分成两大板块:化学处理过程(如氧化、还原、加氢、脱氢、硝化、卤化等)和物理处理过程(如加热、冷却、蒸馏、过滤等)。

不论是哪个工艺过程或工艺流程,基本的构建思路都是将若干个单元过程按照一定的逻辑顺序组合起来,完成从原料变为目的产物的全过程。工艺流程基本组成示意如图 2-2-7 所示。

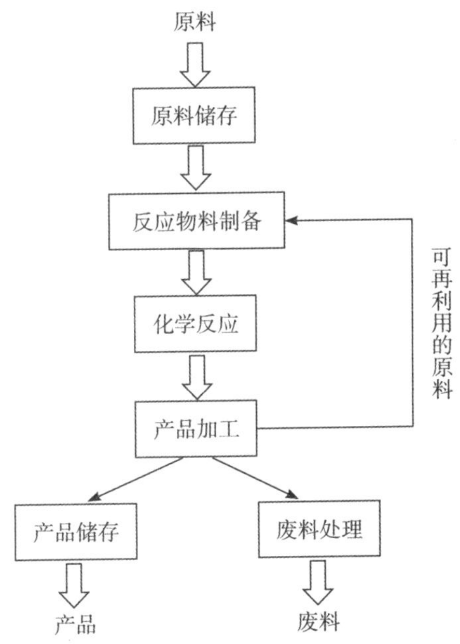

图 2-2-7　工艺流程基本组成结构

在整个工业流程中,有两个比较关键的点:①多角度设计实验。探讨问题,需要获得的产物很多时候不止一个反应途径,这几种反应途径往往都是可行的,区别在于原料问题、能耗问题、污染问题等等,对比这些不同的工艺流程,分析讨论出这些流程的优缺点,从中选择最优解。②绿色化学与经济问题。上述提到,获得产物往往不止一个反应途径,基于当今绿色化学的概念,排放废料尽量避免污染较多的,这就要求学生避免选择生成有毒有害物质的反应路线;基于经济问题，还要尽量选择较便宜的原料进行反应，甚至有时候为了达到经济效益，反应路线会更加烦琐。

接下来以《化工生产制备硝酸过程的模拟实验》的实验教学设计为例，简要地对化工生产过程模拟实验教学模式，展开进一步的说明与应用，如图 2-2-8 所示。

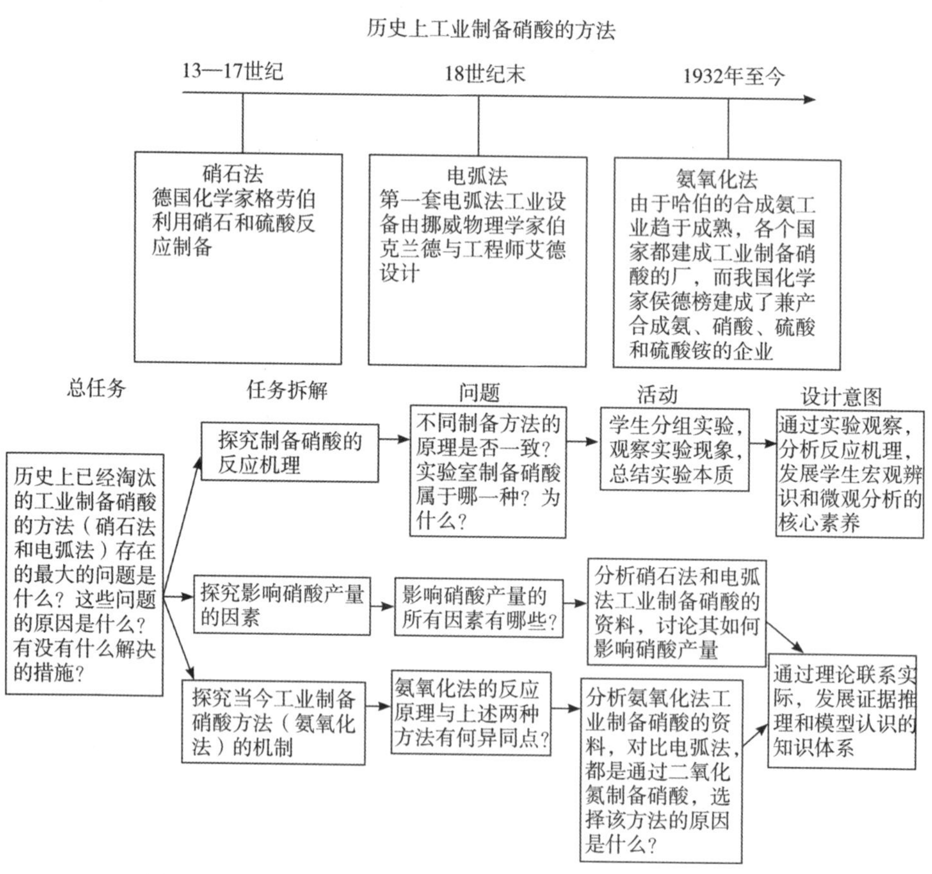

图 2-2-8 历史上工业制备硝酸的方法及实验教学的设计总思路

工业制备硝酸的方法有三大种：①硝石法。能通过大自然原料反应制备硝酸，但是硝酸在高温时会分解，此方法产量低，消耗硫酸多，又受到原料硝石产量的限制，因此逐渐被淘汰。②电弧法。工业上用强大的电源产生的电弧做加热器，温度可达 4000 ℃左右，当空气流迅速通过电弧时，空气受到强热，会生成少量的一氧化氮。然后立刻将混合气体冷却到 1200 ℃以下，再进一步冷却，混合气体中的 NO 与 O_2 化合而成 NO_2，最后用水吸收而成硝酸，该方法耗费大量的电能，同时由于 NO 的产率较低，此法也逐渐被淘汰了。③氨氧化法。该法成本低、产量高。整个过程是不断优化的，这也是化工工艺流程最主要的优点。

教师在授课过程中将单位课时的核心知识情境化、转化成实际问题，学生经历探索发现、解决问题、形成作品的学习过程。其核心策略是真实情境下的问题解决、任务驱动，在活动中形成新的体验，深化已有认知，促进学生深度学习和高阶思维，培养学生在陌生情境中分析问题、解决问题的综合品质。

本项目的教学中对学生的知识目标和素质目标分别为：①知识目标：了解硝酸合成的工业反应方程式、工业流程的特点。②素质目标：能分析解释社会生活中与化工生产相关的事件、现象，具备辩证唯物的思考能力。本书在后续章节将继续讨论化工生产过程的模拟实验在高中化学实验项目式学习中进行研究和实践的一些教学思考。

四、STEM 综合实验教学策略

STEM 是科学（science）、技术（technology）、工程（engineering）和数学（mathematics）四门学科的简称，强调多学科之间的交叉融合，目标是培养学生的 STEM 素养。STEM 素养是在综合把握科学、技术、工程和数学等理工科知识的基础上具有的独立提问、设计、分析、推断和运算的能力，是一种独立分析问题、解决问题的综合素养①。在中学阶段，发展学生 STEM 素养的培养方式主要以项目式学习及问题解决为主。

项目式学习作为一种课堂活动的模式，强调长期的、跨学科的、以学生为中心，真实问题和实践相融合的学习活动。其核心组成部分就是将分散的学科领域融合于具有挑战性问题的项目活动，这些问题驱使学生去面对并理解学科的核心概念和原则。STEM 尤其适合于使用基于项目的学习模式，因为科学、技术、工程和数学本来就有很亲密的关系。因此 STEM 项目式学习可以理解为以基于项目的学习为框架整合 STEM 内容的学习模式，是利用 STEM 领域的知识与技能解决现实问题的学习过程。

基于发展学生 STEM 素养的项目式实验教学模式研究，是 STEM、化学实验与项目式学习相结合的产物。这种教学模式为学生提供了融入真实情境的体验，鼓励学生运用科学、技术、工程和数学等领域的知识与技能解决在实际生产生活中遇到的与实验相关的化学问题。

---

① 秦瑾若，傅钢善.STEM 教育：基于真实问题情景的跨学科式教育[J].中国电化教育，2017(4)：67-74.

2015 年余胜泉等人构建了 STEM 跨学科项目设计模式①,该模式在对教学目标、教学内容和学习者特征进行细致分析的基础上,以“项目的问题解决”为核心,对项目活动或问题解决过程中所需要的学习工具与资源、学习支架、学习活动过程以及学习评价等关键环节进行设计,同时在完成项目活动后,通过相应的强化练习和学习总结促进学生对知识的掌握与迁移,这一模式与 STEM 教育理念下基于真实情境的高中化学实验项目式学习教学相契合。因此,我们通过对上述跨学科项目设计模式作适当调整,设计了一个新的教学模式,主要包括教学分析、项目设计、项目改进与优化及教学总结四部分内容(如图 2-2-9 所示)。

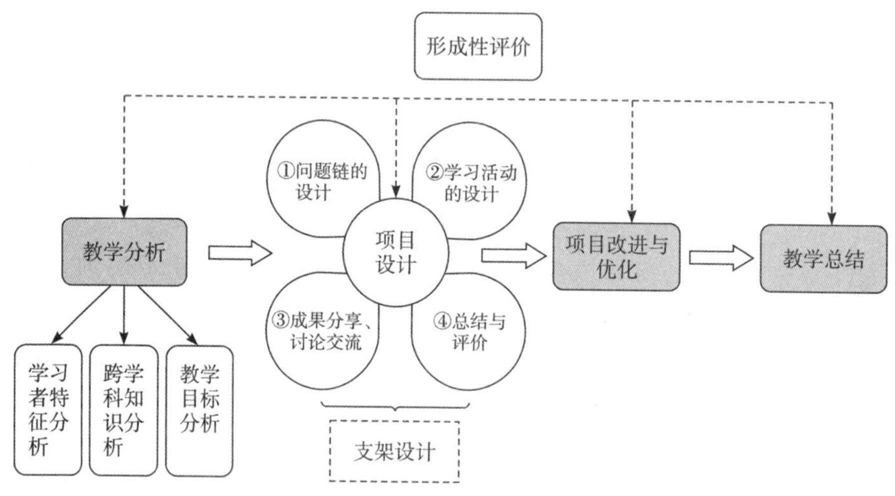

图 2-2-9　STEM 教育理念下的教学模式

在教学分析环节,应考虑基于 STEM 教育理念进行跨学科教学。在教学设计前期,需要从学习者特征、跨学科知识内容和教学目标三个维度进行教学分析,其目的在于了解学习者特征,分析在基于真实情境的高中化学实验项目式学习教学中所涉及的科学、数学、工程等跨学科知识内容,并在此基础上明确教学任务,为开发出适合学生能力和知识水平的基于真实情境的高中化学实验项目式学习奠定基础。

项目设计环节,主要包括问题链的设计、学习活动的设计、成果展示、反思与评价的设计。项目设计是具有挑战性和综合性的活动,往往需要以真实情境

① 余胜泉,胡翔.STEM 教育理念与跨学科整合模式[J].开放教育研究,2015,21(4):13-22.

下的问题链为导向,引导学生通过思考,自行设计问题解决方案并交流结果,对设计过程进行反思与评价。除了问题导引以外,教师在学生活动过程中通过设置支架来提供必要的教学支持,如工具与资源的支持、提供及时的反馈与帮助等。

项目的改进与优化环节,即在完成项目设计后,针对设计过程中各个环节出现的问题进行分析,进而对方案予以改进与优化的过程。

最后对整个教学设计进行评价与总结。在教学过程中,形成性评价会以行为观察、随机测试以及记录过程表等方式贯穿于教学的各个环节。

下面以"柠檬精油的提取工艺"①的实验教学设计为例,简要地对基于发展学生 STEM 素养的项目式实验教学模式展开进一步的说明与应用。

(一)教学分析

"柠檬精油的提取工艺"项目中以基础有机化学知识和基础实验操作训练为主,同时涵盖数学、生物、科学及工程设计等多个学科的相关知识,可以很好地实践 STEM 的教育理念来展开实验教学活动。

1. 学习者分析

本主题适用于学习《有机化学基础》之后,学生对重要典型的有机物性质有了一定的了解,掌握了基础的化学实验操作,如过滤、蒸馏、萃取和分液等,已经具备了一定的探究能力和合作意识,但还缺乏独立设计活动方案、自主进行探究的实践经验,因此,需要在教师的指导下完成本次的实验项目设计活动。

2. 跨学科知识分析

"柠檬精油的提取工艺"项目的跨学科知识分析见表 2-2-2。

3. 教学目标分析

了解柠檬精油的熔点、沸点、密度、状态以及溶解性等物理性质;巩固烯烃、醇、醛、酸、酯等重要有机物的基本性质以及过滤、蒸馏、萃取、分液等重要实验操作;掌握柠檬精油提取率的计算方法,熟悉通过建立坐标图分析不同变量之间的关系;通过小组协作的方式设计实验方案,真实体验整个科学探究的过程,熟悉常用的物质制备方法、控制变量法以及在探究中收集、整理和分析数据的方法;通过生活化、趣味化的精油提取实验,帮助学生激发学习兴趣、理解科学与生活的联系、培养对科学的积极态度。

---

① 卢苗苗,郑雅君,占小红.STEM 教育理念在高中有机化学教学中的渗透:以"柠檬精油的提取工艺"为例[J].化学教学,2018(7):45-50.

表 2-2-2 STEM 跨学科知识分析

学科类型	科学 (science)	数学 (mathmatics)	技术 (technology)	工程 (engineering)
涉及知识点	物理知识:柠檬精油的熔点、沸点、密度、状态以及溶解性等物理性质; 化学知识:烯烃、醇、醛、酸、酯等重要有机物的基本化学性质,过滤、蒸馏、萃取、分液等重要的实验操作; 生物、地理知识:柠檬类植物的特点、气候对其生长的影响;柠檬精油在日常生活中的作用以及与人类健康方面相关的功效	柠檬精油提取率的计算、通过建立坐标图分析不同条件(温度、时间、料液比)下精油提取率的变化曲线(分析变量间的关系)以及利用正交试验探究出最佳实验条件下的工艺参数	运用相关软件对实验中收集的数据进行处理,并通过形成的图形分析不同变量间的关系;化工实验中蒸馏、萃取等基础的实验操作	利用化学工程思维,针对怎样制取柠檬精油、影响精油提取率的主要因素是什么、怎样提高精油的提取效率等问题,设计合理的探究方案

(二)项目活动设计

1. 问题链与学习活动设计

基于发展学生 STEM 素养的化学实验项目设计,必须以有效的学习活动为中介衔接不同学科知识,以促进知识的内化,真正提高学生的学习效率。《柠檬精油的提取工艺》项目的教学主要包含柠檬精油成分的猜测和验证;设计实验探究料液比、浸泡时间、浸泡温度对精油提取率的影响效应;利用正交试验确定精油提取的最佳工艺参数以及在最优实验条件下制得精油成品等系列活动,具体过程如表 2-2-3 所示。

2. 成果展示与总结评价

学生将在教师的引导下建立起料液比—提取率、浸泡温度—提取率、浸泡时间—提取率的坐标图,通过小组讨论的方式分析图中不同变量与提取率之间的关系,找出每个因素的最佳变化范围;再通过正交试验确定优化后的最佳工艺条件,最终得到柠檬精油成品,并进行小组间的成果展示。在此过程中,教师以资料卡的方式呈现已有相关研究，引导学生对本组及其他小组的成果进行讨论、交流。

表 2-2-3　“柠檬精油的提取工艺”项目设计

<table>
<tr><td colspan="4">问题一：柠檬精油具有特殊的香味，能否根据其在生活中的各种用途来猜测其所含化学物质，并结合所学有机化学相关知识进行验证</td></tr>
<tr><td>活动一</td><td colspan="3">学生分成甲乙丙三组，用购买的柠檬精油进行实验，使用已学的检验各类官能团（烯烃、醇、酚、醛、酸、酯等）的方法验证各组的猜想；得出结果后以资料卡的方式展示柠檬精油的各组成成分及所占比例，再联系柠檬精油的作用进行解释。</td></tr>
<tr><td colspan="4">问题二：了解了柠檬精油的组成成分及广泛用途之后，大家能否尝试设计方案制备精油？并通过改变条件（料液比、温度、浸泡时间）来探究不同因素对精油提取率的影响？</td></tr>
<tr><td>活动二</td><td>甲组实验（探究料液比对提取率的影响）：称取 10 g 粉碎后的柠檬皮，分别在料液比为 1∶6、1∶8、1∶10、1∶12、1∶14（m∶V）条件下，常温浸泡 2 h，并在 85 ℃下蒸馏至溶剂不再流出为止，考察料液比对提取率的影响</td><td>乙组实验（探究浸泡时间对提取率的影响）：称取 10 g 粉碎后的柠檬皮，在浸泡温度 50 ℃、料液比为1∶12（m∶V）的条件下进行试验，分别浸泡 1、2、3、4 h，然后在 85 ℃下蒸馏至溶剂不再流出为止，考察浸泡时间对提取率的影响</td><td>丙组实验（探究浸泡温度对提取率的影响）：称取 10 g 粉碎后的柠檬皮，在料液比 1∶12（m∶V）的条件下，分别置于 10、20、30、40、50、60 ℃的水浴锅中浸泡 2 h，并在 85 ℃下蒸馏至溶剂不再流出为止，考察浸泡温度对提取率的影响</td></tr>
<tr><td colspan="4">问题三：能否以料液比、浸泡温度、浸泡时间为优化因素，设计实验，确定柠檬精油提取的最佳工艺参数？比一比哪组的精油产率最高</td></tr>
<tr><td>活动三</td><td colspan="3">学生选用 $L_9(3^3)$正交试验，以精油提取率为指标，通过优化料液比、浸泡时间、浸泡温度等影响因素，确定柠檬精油提取的最佳工艺参数并最终得到精油成品</td></tr>
</table>

（三）项目的改进与优化

“柠檬精油的提取工艺”主题项目设计活动实施之后，需要对各组在方案设计过程中的表现及技术方案的合理性进行评估，针对项目设计中出现的问题进行改进，从整体上对项目进行系统优化。如在学习活动的设计及实施环节，由于学生缺乏独立设计活动方案、自主进行探究的实践经验，因此在实验设计、数据收集及分析、小组分工等方面容易出现偏差，此时可通过调节资料卡的内容来提供适当的信息支持，并记录不同环节小组成员的表现，针对不同小组的实际情况进行分析，在此基础上对本组实验进行改进和优化。

（四）教学总结

本次教学主要是以教师引导下的学生活动“柠檬精油的提取工艺”为主，教师通过问题链和教学支架的设置来引导学生自主探究，将所学有机化学及其他相关学科的知识融入具体的实验实践中，改善传统的以教材为中心的教学方式，增强学生的化学实验探究能力。

STEM 教育作为一种全新的、跨学科式学习模式，在我国的发展尚处于起步阶段。目前，国内的相关研究还停留在 STEM 教育的概念辨析、国外模式借鉴以及课程研究等理论层面，还未形成成熟的、适合我国基础教育发展的本土化教育及实践模式。本书在后续章节将进一步深入讨论 STEM 教育在高中化学实验项目式学习中进行的研究和实践。

第三章≫

基于真实情境的实验项目式学习案例

第一节　基础实验

项目式学习的“基础实验”围绕物质性质和反应规律的研究、物质的制备、物质的分离与提纯、物质的检测等方面选取实验活动。认识解决这些类型的实验任务的一般思路和常用方法，掌握必需的实验操作技能。掌握开展实验探究必备的实验技能，掌握过滤(抽滤)、蒸馏(回流)、萃取、滴定等基础实验操作，初步掌握酸度计等仪器的使用方法，掌握实验装置组装的基本原则和技能。实验设计思路一般包含原料的选择、装置的选择、仪器的装配、气体的除杂、尾气的处理等步骤。实验方案设计应遵循原理正确、步骤简单，条件合适、操作方便，原料易得、价格低廉，产物纯净、产量较高，易于分离、污染物少等原则。

供参考的实验活动如下：

物质性质和反应规律的研究，如生活中常见物质的性质研究、有害气体的制备与性质实验的绿色化设计、水溶液中离子平衡的探究。

物质的制备，如硫酸亚铁铵的制备、胶体的制备与性质、乙酸乙酯制备反应条件的探究、对氨基苯磺酸的合成。

物质的分离与提纯，如海水的蒸馏、硝酸钾粗品的提纯、粗食盐水的纯化、层析分离甲基橙和酚酞(或铁离子和铜离子)。

物质的检测，如亚硝酸钠和食盐的鉴别、加碘盐的检验、食醋总酸量的测定、阿司匹林药片中有效成分的检验。

下面以几个化学实验项目式教学案例为例进行说明：

化学实验项目 1“硫酸亚铁铵晶体的制备——体验物质制备的过程”作为一个经典的无机化学制备实验，实验原理简单，必需的实验仪器一般实验室都能满足，其制备过程涵盖了加热、倾析过滤、洗涤、溶解、水浴加热、常压过滤、溶液转移、蒸发浓缩、结晶、减压过滤等一系列化学合成的基本操作，对帮助学生掌握实验室制备物质的一般方法和基本思路，培养学生解决问题的能力和掌握无机合成实验的基本操作规范及技能都有重要意义。同时本实验贴近生活，实验原料选用废铁屑，从环境保护的角度来说，属于变废为宝的环保型实验，可以让学生切身感受到化学变废为宝的魅力，有益于激发学生的实验兴趣和探索热情。

化学实验项目 2“制备乙酸乙酯实验的优化”是中学化学教材中一个重要的有机实验。第一轮行动研究在学生高一下学期学习《高中化学：必修第二册》时进行，教学的关注点更多在教材的显性知识内容上，重视达成教材中的知识与技能目标，实验主要是以协助课堂教学中知识的掌握而开展的活动。第二轮行动研究在高二下学期学习《高中化学：选择性必修 3 有机化学基础》时进行。在课堂上，学生通过复习合成乙酸乙酯的实验，巩固有机实验的基础实验操作；能以合成乙酸乙酯实验为例，从原理、药品、装置、提纯四个维度进行实验的优化与改进，提炼与建构有机物合成的一般思路；能基于熟悉的教材情境自主展开学习探索活动，提高运用控制变量法设计实验方案的实验思维能力；能基于宏观现象分析浓硫酸浓度对催化反应速率的影响，并结合微观视角分析浓硫酸催化乙酸乙酯合成的催化机理，做出合理猜测，提出新的问题并展开探究活动，发展化学学科核心素养。

化学实验项目 3“含碘盐的检验”选自苏教版《高中化学：选修 6》实验化学中的专题 3“物质检验与鉴别”中的课题 3-3“真假碘盐的鉴别”。含碘盐的检验是生产生活中常见的问题，该项目基于元素化合物认识模型来指导实验教学，以科学研究的内容“物质鉴别”为载体，从学生已有知识出发，根据物质组成、性质等角度设计物质鉴别方案，进行实验探究。该项目在教材的基础上进一步拓展了实验内容，让学生通过小组讨论，设计差异化的实验方案，从定性角度对含碘盐中碘元素的形式进行探究，从定量角度对碘元素的含量进行检测，最后以含碘盐的保存作为开放性问题锻炼学生思维，提升运用化学知识解决实际问题的能力，在活动和实践中促进五育并举与融合，培养能够探索并解决日常生活、学术科研、国家发展乃至人类社会所面临的各种问题的人才。

化学实验项目 4“硫酸铜结晶水含量测定”以“硫酸铜结晶水的测定”为载体，引领学生开展基于真实实验情境的项目式学习，主要体现以下四个特点：(1)探究性。从原教材实验存在的真实问题入手，学生经历问题确定、假说、证据推理、优化反思等问题解决程序，深刻体验“怎样做”“为什么这样做”“还可以如何做”的科学探究过程。(2)体验性。从分析硫酸铜的结构特点出发，让学生深刻理解结构决定性质的规律；从对热重实验的整体认识出发，让学生体验数据的处理过程;从质疑传统的实验方法出发,让学生体验实验的创新过程;从真实图表的阅读出发,让学生体验信息处理的过程;从多种实验方法的研究出发,让学生体验实验探究的过程。(3)活动性。实验教学的主体始终指向学生,从传统恒重问题的提出到加热方法的改进,从多种实验方法的实施到实验结果的评价等,学生既是设计者又是实施者,同时还是评判者。而教师只是资料的提供者、问题的共同思考者、活动研讨的组织者。(4)创新性。学生参考实验文献资料,分析图表数据,但是并非简单盲从,而是通过实验去验证结果;教师引导学生创新性使用沙浴和微波等加热方法,通过对各种实验结果的比对研究,进一步优化实验方案,极大激发学生的创造性思维。

综上所述,在新课标指导下的高中化学"基础实验"项目式教学,可以以学科大概念为统领来组织实验教学内容。教师在教学中能从更大的范围进行分析和思考,突出教学知识的整体性和学生认识的递进性,从关注具体知识点的碎片化教学转变为关注学生知识结构化教学。学生在学习过程中从"单一"学习变为"综合"学习,将"表层"学习变为"深度"学习,探索学科大概念本质,发现实验现象和微观结构的关联,构建知识体系,促进自身学习能力、思维能力与创新能力的发展。总之,实验情境是重要的教学情境,我们要不断开发适合学生认知特点的校本实验,基于真实的问题情境引领学生自觉应用知识解决实际问题,不断提升学生问题解决的能力,进而发展学科核心素养。

项目 1　硫酸亚铁铵晶体的制备
——体验物质制备的过程

一、项目内容分析

硫酸亚铁铵[$(NH_4)_2Fe(SO_4)_2 \cdot 6H_2O$]是一种蓝绿色的无机复盐,其俗名为摩尔盐,简称 FAS,是一种重要的化工原料,用途十分广泛。硫酸亚铁铵的制备作为一个经典的无机化学制备实验,实验原理简单,使用的实验仪器一般实验室都能满足,其制备过程涵盖了加热、倾析过滤、洗涤、溶解、水浴加热、常压过滤、溶液转移、蒸发浓缩、结晶、减压过滤等一系列化学合成的基本操作,对帮助学生掌握实验室制备物质的一般方法和基本思路,培养学生解决问题的能力和掌握无机合成实验的基本操作规范和技能都有重要意义。该实验一直被当作中学生化学奥林匹克竞赛的赛前培训典型代表实验。该实验贴近生活，实验原料选用废铁屑，从环境保护的角度来说，属于变废为宝的环保型实验，可以让学生切身感受到化学变废为宝的魅力，有益于激发学生的实验兴趣和探索热情①。

二、项目教学目标

(1)基于对硫酸亚铁铵的制备方法的探讨，学生学会从物质转化的视角思考铁元素的性质和转化，进一步发展"变化观念与平衡思想"的化学学科核心素养。

(2)通过硫酸亚铁铵晶体制备实验，让学生体验从问题和假设出发，确定探究目的，设计探究方案的过程，形成实验探究的核心能力。结合对制备实验的优化，完善物质制备的一般方法模型。

(3)通过硫酸亚铁铵晶体的制备，使学生掌握水浴加热、过滤(常压、减压)、蒸发、浓缩、结晶和干燥等技术。

三、项目式学习教学过程

任务1　实验室制备的理论分析及方案设计

活动1.1　硫酸亚铁的获取

[教师]实验室常见的含铁元素的物质有哪些？画出铁元素的价-类二维图。

【方法导引】

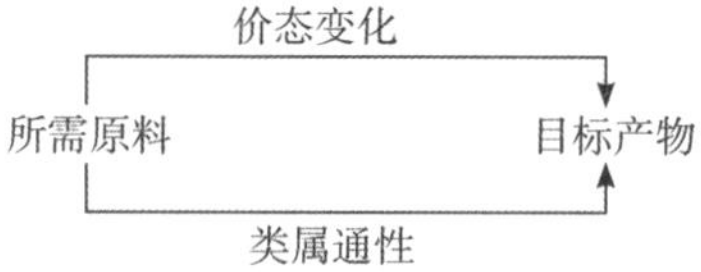

[学生]实验室常见含铁元素的物质有铁粉、绿矾($FeSO_4 \cdot 7H_2O$)、氯化铁晶体($FeCl_3 \cdot 6H_2O$)。

据此构成铁元素的价-类二维图如图3-1-1所示。

---

① 董志强，吕银云，任艳平.对"硫酸亚铁铵制备"实验的再认识：批判性思维教育的最好案例之一[J].大学化学，2018(9)：88-94.

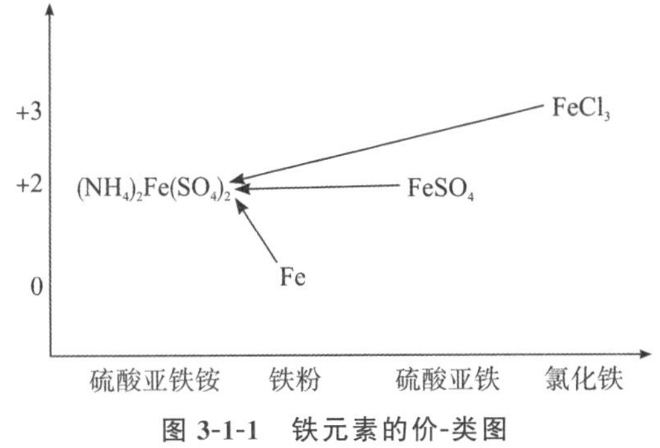

图 3-1-1　铁元素的价-类图

[教师]从“价-类二维”角度分析哪些物质可以作为硫酸亚铁铵制备铁元素的来源？

[学生]硫酸亚铁铵中 Fe^{2+} 的获取途径有：①铁粉的氧化；②绿矾溶于水；③$FeCl_3$ 溶液的还原。

设计意图：通过铁元素的价-类二维图的建构，学生不仅复习了铁及其化合物的性质，而且学会从类别和价态两个角度思考物质的转化，初步建立物质制备的基本途径和思维方法。

[教师]请同学们思考：

(1)从物质转化角度分析上述 Fe^{2+} 获取途径的合理性(提示：可从价格、获取的难易程度、是否对环境友好等方面着手)。

(2)从原料、操作流程角度进一步对比分析，选取合适的方案。

【资料支持】查阅资料获得相关原料价格如表 3-1-1。

表 3-1-1　铁原料价格

原料	绿矾	还原铁粉(脱氧剂)	废铁屑
价格/(元/吨)	200	4000	1500

[学生]

(1)Fe 和稀 H_2SO_4 反应：$Fe+H_2SO_4=FeSO_4+H_2\uparrow$。该方法操作流程简单、快捷，获取途径合理。

(2)铁粉氧化制备：$2Fe+6H_2SO_4(浓)\xlongequal{\triangle}Fe_2(SO_4)_3+3SO_2\uparrow+6H_2O$；$Fe_2(SO_4)_3+Fe=3FeSO_4$。存在耗能、消耗的浓硫酸量大、产生污染性气体 SO_2 等问题，获取途径不合理。

(3)将绿矾直接溶于水。这样获取 $FeSO_4$ 溶液操作流程简单、快捷、无污染，获取途径合理。

(4) $FeCl_3$ 溶液的还原：$2FeCl_3 + Fe = 3FeCl_2$。操作简单，但还原后的溶液还需要对 Cl^- 进一步处理，获取途径不合理。

表 3-1-2　获取 Fe^{2+} 途径比较

原料	缺点	操作流程	综合评价
绿矾	价格低廉；久置易变质	晶体溶解（简单）	适用于工业大量制备
还原铁粉	价格偏高	反应、过滤（稍复杂）	适用于实验室少量制备
废铁屑	价格偏低	洗去铁屑表面杂质、反应、过滤（稍复杂）	适用于实验室少量制备

设计意图：通过价格对比、获取的方法、对环境是否友好等角度综合分析，使学生学会多角度分析问题，在相对复杂体系中建构分析问题解决问题的思维模型，进一步提升思维品质。同时对比实验室制备与工业制备的不同要求，对于工业制备来说需要考虑成本、效率、环保等因素，学会正确评估制备方法的合理性，站在工程的角度思考问题。

活动 1.2　$(NH_4)_2Fe(SO_4)_2$ 的分离提纯

[教师]请同学们思考：从溶液中获取晶体有哪些途径和方法？

[学生]常见的有蒸发结晶和降温结晶。

[教师]请同学们思考这两种方法的区别和适用条件。

[学生]通过结晶和过滤的方法，可以从溶液中获取晶体。对于溶解度随温度变化小的盐溶液适合用蒸发结晶的方法；而对于溶解度随温度变化大的盐溶液则适合用降温结晶的方法。

【资料支持】硫酸铵、绿矾、摩尔盐 $[(NH_4)_2Fe(SO_4)_2 \cdot 6H_2O]$ 的溶解度曲线，如图 3-1-2 所示。

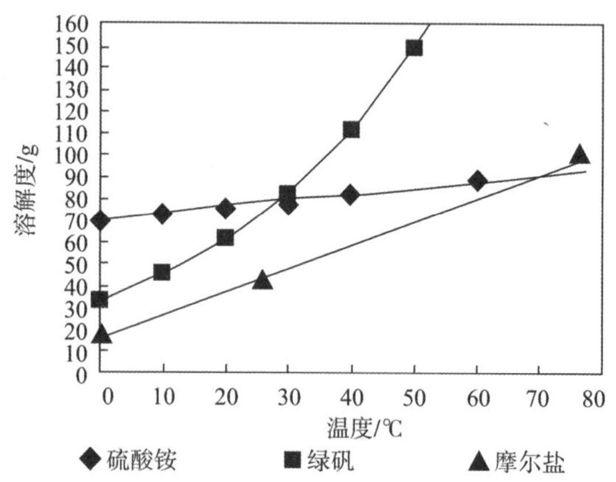

图 3-1-2　硫酸铵、绿矾、摩尔盐的溶解度曲线①

[教师]思考：从硫酸亚铁铵

① 余丽琼.乙醇-水-硫酸亚铁铵三元体系相图研究[J].太原师范学院学报(自然科学版)，2008(3)：119-120.

溶液中获得硫酸亚铁盐晶体该用哪种方法？

［学生］由溶解度曲线可知，摩尔盐的溶解度随温度变化大，且温度低于 70 ℃时，其溶解度相比硫酸铵、绿矾较小，所以应采取先蒸发浓缩，后降温结晶，该过程应控制温度低于 70 ℃。

设计意图：通过对溶解度曲线的分析，获得硫酸亚铁铵晶体获取的方法，培养学生查阅资料、分析图表、信息获取的能力。能基于对图表的分析得出相应的方法，培养学生证据推理的能力，让每一步的操作都有理可依，有据可查。

任务 2　制备过程中如何避免引入 Fe^{3+}

［教师］我们已经学过 Fe^{2+} 具有还原性，暴露在空气中十分容易被氧化，为了避免 Fe^{2+} 被氧化成 Fe^{3+}，请同学们思考：在制备过程中哪些环节有可能导致 Fe^{2+} 被氧化？该如何避免？

［学生］

(1)铁屑中含有氧化铁并溶于酸，也可能引入 Fe^{3+}。可以采用让铁屑稍过量点的办法。

(2)过滤过程长时间与空气接触，可能导致 Fe^{2+} 被氧化。

［教师］如何缩短过滤的时间呢？我们可采用抽滤装置加快过滤。下面一起来了解抽滤装置和原理。

【方法导引】抽滤装置如图 3-1-3 所示，其原理是利用抽气泵使抽滤瓶中的压强降低，达到加速固液分离的目的。

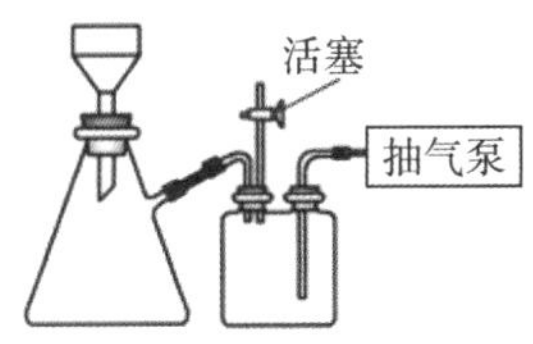

图 3-1-3　抽滤装置

［教师］采用水浴加热，控制温度不至太高，同时调节 pH＝1～2，可以减少 Fe^{2+} 被氧化。

设计意图：通过制备中避免 Fe^{2+} 被氧化的讨论，带领学生进行有序思维，培养学生从反应开始逐个环节思考如何优化。深入了解实验操作中的各个细节，借此掌握具体操作的要领，避免依葫芦画瓢不知其所以然。同时建立物质与环境的关系，能从环境的角度思考如何更好地制备物质。

［教师］下面请同学们依据刚才讨论的结果，利用提供的药品和仪器设计硫

酸亚铁铵晶体的实验室制备方案并进行实验。

所提供的实验药品：废铁屑（表面有油污）、10% Na_2CO_3 溶液、3 mol·L^{-1} 硫酸、硫酸铵、蒸馏水。

[学生]展示设计优化后的流程图 3-1-4：

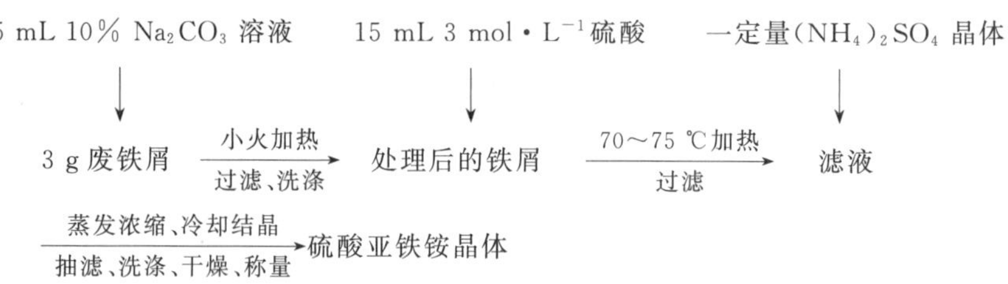

图 3-1-4　优化后的流程图

设计意图：通过前面的讨论，让学生体会物质制备不仅仅是简单的物质转化，还需要从多个视角综合分析、评价，优选最佳方案。从方案到具体实际操作还需思考反应条件、操作的先后顺序等细节，学会把一个方案具体化到可以操作的实验设计中来。

任务 3　如何提高硫酸亚铁铵的产率

活动 3.1　优化铵盐受热分解问题

[教师]经过实践发现上述分组实验中普遍存在的问题如下：蒸发浓缩时闻到刺激性气味，请同学们预测：刺激性气体是什么？如何检验？

[学生]可能是氨气，可以用湿润的红色石蕊试纸检验。

[教师]提出问题：蒸发浓缩过程中如何产生刺激性气体？如何优化该问题？

【资料支持】因蒸发皿局部温度过高，会造成该处硫酸亚铁铵分解。硫酸亚铁铵也和其他铵盐一样，具有受热易分解的性质。

[学生]改进方案：将直接加热浓缩改为水浴加热浓缩，采用加热温度不超过 100 ℃的水浴来进行加热浓缩。

直接加热和水浴加热两种浓缩方案比较如表 3-1-3 所示。

表 3-1-3　直接加热和水浴加热两种浓缩方案比较

方案	优点	缺点
直接加热浓缩	速度快、效率高	容易造成铵盐分解
水浴加热浓缩	效果好、避免铵盐分解	速度慢、效率低

综合比较两种方案，可以采用小火加热，时间控制在 30 min 内可以避免 Fe^{2+} 被氧化。

活动 3.2　用乙醇洗涤晶体

[教师]洗涤晶体后发现滤液呈淡淡浅绿色。滤液呈浅绿色是由于有少部分硫酸亚铁铵溶解于滤液中。如何减少洗涤晶体时的溶解损失？晶体该如何洗涤？

【资料支持】26 ℃时不同浓度乙醇-水溶液中硫酸亚铁铵的含量如表 3-1-4 所示。

表 3-1-4　26 ℃时不同浓度乙醇-水溶液中硫酸亚铁铵的含量①

乙醇-水体积比%	0	10	20	30	40	50	60	70	80	90	100
$c(Fe^{2+})/(mol\cdot L^{-1})$	1.065	0.750	0.488	0.300	0.064	0.055	0.044	0.024	0.009	0.003	0
$S_{摩尔盐}$ (g/100 g)	41.763	29.411	19.316	11.764	2.510	2.157	1.725	0.941	0.352	0.118	0
$W_{乙醇}/\%$	0	6.21	13.76	22.49	33.61	43.13	53.21	64.15	75.66	87.56	100
$W_{摩尔盐}/\%$	29.46	23.10	16.65	11.16	2.66	2.35	1.94	1.09	0.43	0.14	0
$W_{水}/\%$	70.54	70.69	9.59	66.35	63.73	54.52	44.85	34.76	23.91	12.30	0

[学生]通过分析表 3-1-4 可知，硫酸亚铁铵不能溶于乙醇，在洗涤时将水改为乙醇，可以减少硫酸亚铁铵的溶解损失，并利用乙醇的挥发性除去晶体表面附着的水分。为了增加硫酸亚铁铵晶体的析出，在得到饱和溶液时，可以向饱和溶液中加入乙醇。

设计意图：针对实验过程中出现的问题，引导学生提出猜想和假设，查阅资料，设计实验方案，动手实验，验证假设。培养学生实验探究能力和实验设计能力，通过实验方案对比培养实验评价能力，进而提升实验综合素养。

[教师]通过上述两点有助于提高硫酸亚铁铵晶体产率的讨论，请同学们根据讨论结果再次优化实验方案。

[学生]结合以上分析与优化，完成改进后的方案流程如图 3-1-5 所示。

① 余丽琼.乙醇-水-硫酸亚铁铵三元体系相图研究[J].太原师范学院学报(自然科学版),2008(3):119-120.

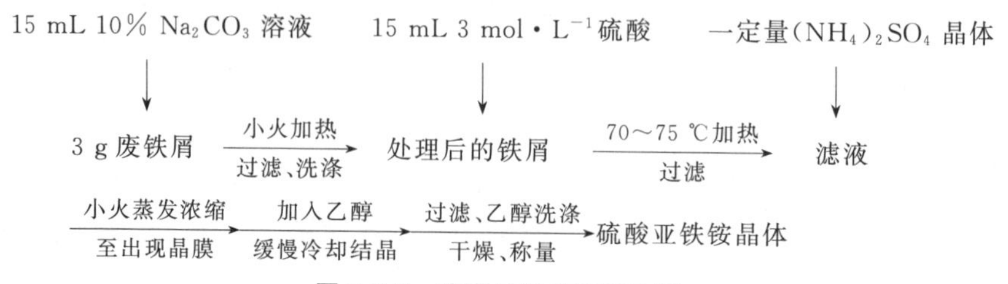

图 3-1-5 改进后的方案流程图

设计意图:通过任务驱动,对实验方案设计不断优化,由单一角度到复杂多角度综合评价,由抽象轮廓到具体可操作,要求由能制得物质到得到纯度高、产率高的产品,最后建立物质制备的一般思维模型。在这过程中,学生的思维以及实验能力和实验素养均得到提升。

分组实验:依据设计的实验方案进行实验获取硫酸亚铁铵晶体,展示实验成果。

项目教学流程图见图 3-1-6。

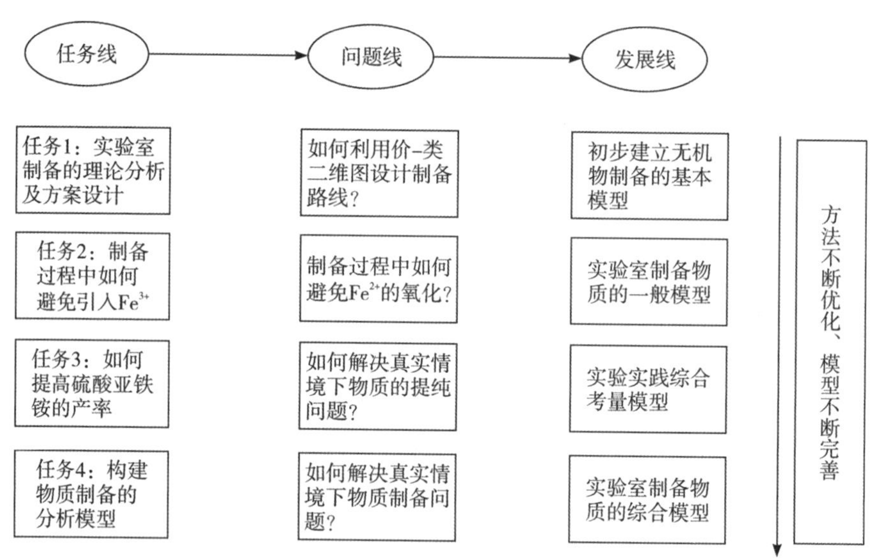

图 3-1-6 硫酸亚铁铵晶体项目教学流程图

四、教学反思

当前一些实验教学仍然存在教师预设好实验方案,学生"照方抓药"的现象,对于实验步骤为什么要这么做,学生不知其所以然。教学中教师对学生的实验方案设计能力训练不够,导致学生对解决实验问题体验不足,难以达到课标中提及的能力和素养要求。学习的目的是培养能力,尤其是培养"问题解决"这个关键能力。通过"硫酸亚铁铵晶体的制备"分设三个关键问题引导学生进行思考和设计实验,在不断完善实验方案中提升学生的实验设计能力,形成物质制备的一般思路。该项目的教学设计主要体现以下几个特点:

(1)通过认知诊断,充分了解学生存在的问题是前提。只有清晰地了解学生学习中存在的认知障碍,教师才能设计出适合学生的驱动任务,通过任务的驱动,引导学生有针对性地思考,培养学生解决问题的能力。

(2)大胆放手,给学生试错的机会是关键。教学中应当通过任务充分调动学生的思维,学生只有在不断尝试的过程中,不断地发现问题、分析问题、解决问题,才能自主建构知识网络,归纳总结出解决问题的一般思路。

(3)动手实验,增强学生的体验性是重点。实验教学中一定要给予学生充足的时间进行操作,让学生充分体会由理论分析到实际制备的过程。如此不仅能提高操作技能,增强动手能力,更重要的是能检验自己的设计方案,从中获得成就感。

总之,通过开发基于真实情境的校本实验项目,在实验教学中以任务驱动有效培养学生分析问题、解决问题的能力,提升学生的科学实验素养。

附录一　"硫酸亚铁铵晶体的制备——体验物质制备的过程"教材

- 任务 1　实验室制备的理论分析及方案设计
- 任务 2　制备过程中如何避免引入 Fe^{3+}
- 任务 3　如何提高硫酸亚铁铵的产率

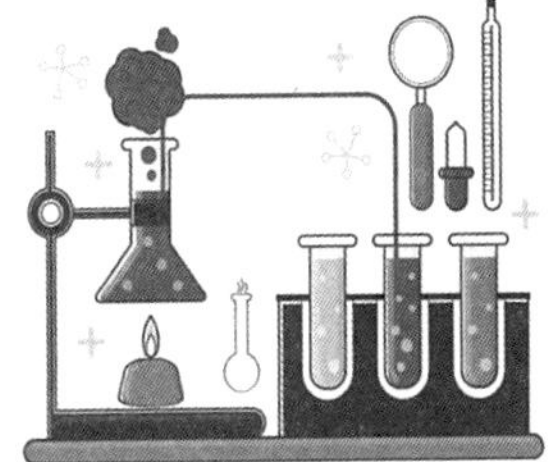

实验目标

(1)基本技能:掌握基本的实验操作方法,如加热、洗涤、溶解、水浴加热、常压过滤、溶液转移、蒸发浓缩、结晶、减压过滤等。

(2)实验研究方法:通过硫酸亚铁铵晶体制备实验,让学生体验从问题和假设出发,确定探究目的,设计探究方案过程,形成实验探究的核心能力。结合对制备实验的优化,完善物质制备的一般方法模型。

(3)实验安全意识：能遵守实验室规章制度，保持实验室整洁，对仪器、药品能合理使用和摆放有序，熟悉危险品的使用规范，知道突发事件的处理方法。

(4)科学精神与科学态度：培养学生严谨、实事求是的科学态度，让学生切身感受到化学变废为宝的魅力，有益于激发学生的实验兴趣和探索热情。

作为一个经典的无机化学制备实验，本实验对培养学生基础理论知识的应用能力和无机合成实验的基本操作规范及技能都有重要的意义。本实验贴近生活，实验原料通常选用废铁屑，从环境保护的角度来说，属于变废为宝、再生利用钢铁资源的环保型实验，而且大多数实验室的实验条件都能满足该实验开设的要求。

实验任务

任务1　实验室制备的理论分析及方案设计

硫酸亚铁铵[$(NH_4)_2Fe(SO_4)_2 \cdot 6H_2O$]，俗名为摩尔盐，简称 FAS，是一种蓝绿色的无机复盐。其俗名来源于德国化学家莫尔(Karl Friedrich Mohr)。硫酸亚铁铵是一种重要的化工原料，用途十分广泛。在无机化学工业中，它是制取其他铁化合物的原料，可用作印染工业的媒染剂，在制革工业中用于鞣革，在木材工业中用作防腐剂，在医药中用于治疗缺铁性贫血，在畜牧业中用作饲料添加剂等。用途如此广泛的硫酸亚铁铵晶体在实验室是如何制备得到的?

活动1.1　硫酸亚铁的获取

【回忆、思考】实验室常见的含铁元素的物质有哪些? 从“价-类二维”角度分析哪些物质可以作为硫酸亚铁铵制备铁元素的来源。实验室常见含铁元素的物质有铁粉、绿矾($FeSO_4 \cdot 7H_2O$)、氯化铁晶体($FeCl_3 \cdot 6H_2O$)。据此构成铁元素的“价-类二维”图如图1所示。

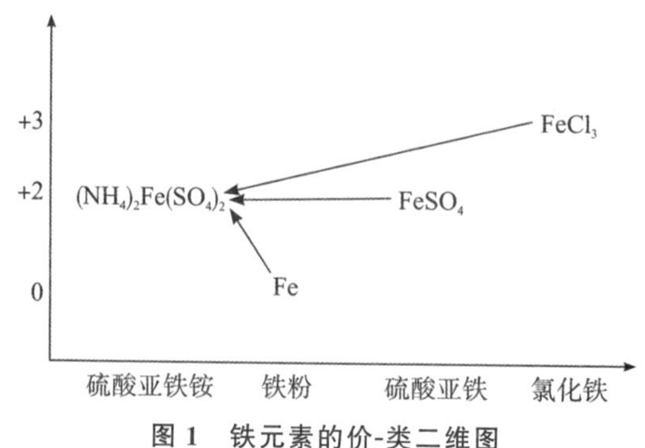

图1　铁元素的价-类二维图

活动 1.2　设计实验方案

从物质转化角度分析上述 Fe^{2+} 获取途径的合理性(相关信息详见表 1 和表 2)。

获取途径分析：

(1)由铁粉与稀硫酸反应制备：$Fe + H_2SO_4 = FeSO_4 + H_2\uparrow$。该方法操作流程简单、快捷，获取途径合理。

(2)由铁粉与浓硫酸反应制备：$2Fe + 6H_2SO_4 \xlongequal{\Delta} Fe_2(SO_4)_3 + 3SO_2\uparrow + 6H_2O$；$Fe_2(SO_4)_3 + Fe = 3FeSO_4$。存在耗能、消耗的硫酸量大、产生污染性气体 SO_2 等问题，获取途径不合理。

(3)将绿矾直接溶于水。这样获取 $FeSO_4$ 溶液操作流程简单、快捷、无污染，获取途径合理。

(4)$FeCl_3$ 溶液的还原。$2FeCl_3 + Fe = 3FeCl_2$。操作简单，但还原后的溶液还需要对 Cl^- 进一步处理，获取途径不合理。

表 1　铁原料价格

原料	绿矾	还原铁粉(脱氧剂)	废铁屑
价格/(元/吨)	200	4000	1500

表 2　获取 Fe^{2+} 途径比较

原料	缺点	操作流程	综合评价
绿矾	价格低廉；久置易变质	晶体溶解(简单)	适用于工业大量制备
还原铁粉	价格偏高	反应、过滤(稍复杂)	适用于实验室少量制备
废铁屑	价格偏低	洗去铁屑表面杂质、反应、过滤(稍复杂)	适用于实验室少量制备

从原料价格、操作流程角度进一步分析。设计实验方案的关键是原料易获取，步骤简单，过程符合绿色环保的要求。

活动 1.3　$(NH_4)_2Fe(SO_4)_2$的分离提纯

在 $FeSO_4$ 溶液中加入一定量$(NH_4)_2SO_4$ 固体(或饱和溶液)搅拌均匀，经蒸发、浓缩、结晶可得$(NH_4)_2Fe(SO_4)_2$晶体。依据溶解度曲线思考适宜的方法。

【资料支持】硫酸铵、绿矾、摩尔盐$[(NH_4)_2Fe(SO_4)_2 \cdot 6H_2O]$的溶解度曲线如图 2 所示。

结论：由溶解度曲线可知，摩尔盐的溶解度随温度变化大，且温度低于70 ℃

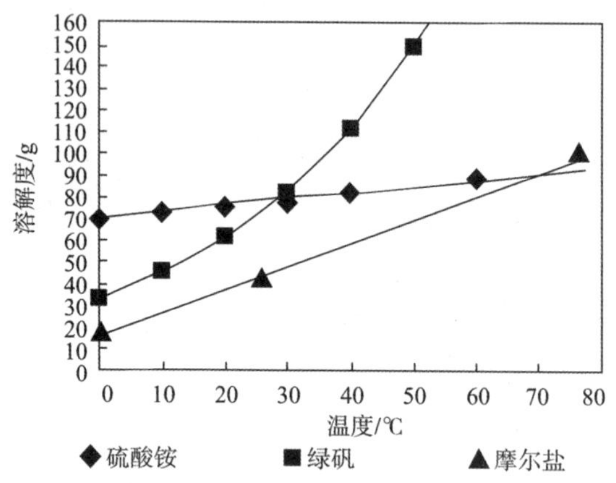

图 2　硫酸铵、绿矾、摩尔盐的溶解度曲线①

时，其溶解度相比硫酸铵、绿矾较小，所以应采取先蒸发浓缩，降温结晶过程应控制温度低于 70 ℃。

结合上述讨论，设计的实验探究方案如图 3 所示：

$$Fe \xrightarrow{稀\ H_2SO_4} FeSO_4 \xrightarrow[蒸发结晶]{(NH_4)_2SO_4\ 固体} 硫酸亚铁铵晶体$$

图 3　设计实验探究方案

Fe^{2+} 露置于空气中易被氧化为 Fe^{3+}，在制备中如何避免混入 Fe^{3+}？

实验任务

任务 2　制备过程中如何避免引入 Fe^{3+}

(1)铁屑中会混有 Fe^{3+}，因此与稀硫酸反应时铁屑稍过量，可以把 Fe^{3+} 还原为 Fe^{2+}。

(2)与酸反应时控制硫酸浓度，应该使用 3 mol·L^{-1} 的硫酸。浓度太大，有可能把 Fe^{2+} 氧化成 Fe^{3+}，同时还会有 SO_2 等污染物生成。浓度太低，反应速度太慢，同时形成的硫酸亚铁溶液浓度偏低，影响产率。

(3)对于活性强的铁粉，在与稀硫酸反应时可以采用水浴加热；活性弱的铁屑等，可以先在 200 ℃强热 5 min，然后利用余热反应，这样既可加快反应速度，避免亚铁溶液较长时间与空气接触，也可使铁粉充分反应。

① 余丽琼.乙醇-水-硫酸亚铁铵三元体系相图研究[J].太原师范学院学报(自然科学版)，2008(3)：119-120.

(4)过滤环节，使用抽滤装置，提高过滤速度，避免晶体与空气长时间接触。抽滤装置如图 4 所示，其原理是利用抽气泵使抽滤瓶中的压强降低，达到加速固液分离的目的。

图 4　抽滤装置

【展示交流】结合上述讨论，对实验方案进一步优化后的流程如图 5：

图 5　优化后的流程图

在物质制备过程中，我们不仅要得到较为纯净的产品，还需要尽可能多的产品，也就是需要提高产率。本实验中可以采取哪些措施提高硫酸亚铁铵的产率呢？

实验任务

任务 3　如何提高硫酸亚铁铵的产率

活动 3.1　优化铵盐受热分解问题

【资料支持】因蒸发皿局部温度过高，会造成该处硫酸亚铁铵分解。硫酸亚铁铵也和其他铵盐一样，具有受热易分解的性质。直接加热和水浴加热两种浓缩方案比较如表 3 所示

表 3　直接加热和水浴加热两种浓缩方案比较

方案	优点	缺点
直接加热浓缩	速度快、效率高	容易造成铵盐分解
水浴加热浓缩	效果好、避免铵盐分解	速度慢、效率低

综合比较两种方案，可以采用小火加热，时间控制在 30 min 内可以避免 Fe^{2+} 被氧化。

活动 3.2　用乙醇洗涤晶体

【回忆、思考】滤液呈浅绿色是由于有少部分硫酸亚铁铵溶解于滤液中。如何减少洗涤晶体时的溶解损失？晶体该如何洗涤？

查阅资料得到 26 ℃时不同浓度乙醇-水溶液中硫酸亚铁铵的含量如表 4 所示。

表 4　26 ℃时不同浓度乙醇-水溶液中硫酸亚铁铵的含量①

乙醇-水体积比/%	0	10	20	30	40	50	60	70	80	90	100
$c(Fe^{2+})$/($mol \cdot L^{-1}$)	1.065	0.750	0.488	0.300	0.064	0.055	0.044	0.024	0.009	0.003	0
$S_{摩尔盐}$/(g/100 g)	41.763	29.411	19.316	11.764	2.510	2.157	1.725	0.941	0.352	0.118	0
$W_{乙醇}$/%	0	6.21	13.76	22.49	33.61	43.13	53.21	64.15	75.66	87.56	100
$W_{摩尔盐}$/%	29.46	23.10	16.65	11.16	2.66	2.35	1.94	1.09	0.43	0.14	0
$W_{水}$/%	70.54	70.69	9.59	66.35	63.73	54.52	44.85	34.76	23.91	12.30	0

结论：通过分析上表可知，硫酸亚铁铵不能溶于乙醇，在洗涤时将水改为乙醇，可以减少硫酸亚铁铵的溶解损失，并利用乙醇的挥发性除去晶体表面附着的水分。不仅如此，为增加硫酸亚铁铵晶体的析出，在得到饱和溶液时，可以向饱和溶液中加入乙醇。

【展示交流】

结合以上分析与优化，完成改进后的方案流程如图 6 所示。

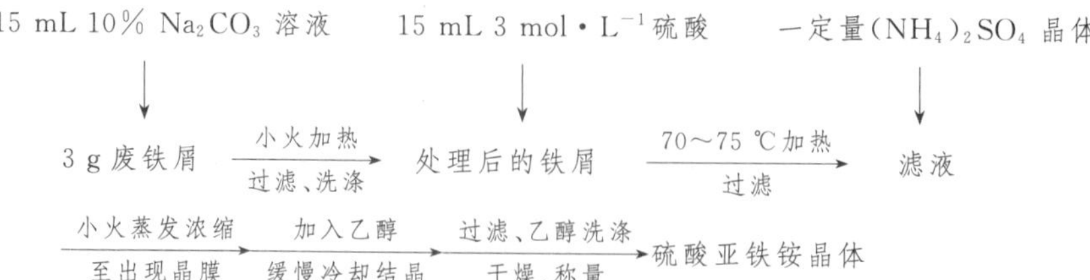

图 6　改进后的方案流程图

① 余丽琼.乙醇-水-硫酸亚铁铵三元体系相图研究[J].太原师范学院学报(自然科学版)，2008(3)：119-120.

通过上述硫酸亚铁铵晶体的制备，我们可以建立物质制备的一般思维模型如图 7 所示。

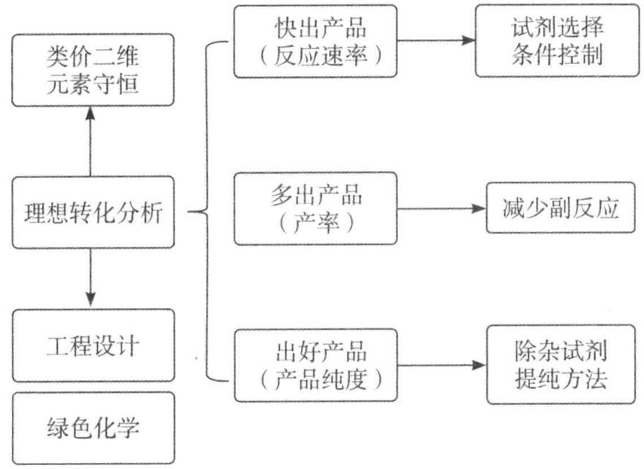

图 7　制备物质的一般思维模型

项目拓展

【实验原理】$2Fe(OH)_3 + Na_2CO_3 + 2H_4Y = 2[NaFeY \cdot 3H_2O] + CO_2\uparrow + H_2O$

【实验步骤】

①称取 2.7 g $FeCl_3$ 于烧杯中溶解，分批次加入适量浓氨水，搅拌、过滤、洗涤、干燥。

②将制得的 $Fe(OH)_3$、乙二胺四乙酸（H_4Y）、H_2O 加入三颈烧瓶（装置见图 8），搅拌，80 ℃水浴 1 h，用 Na_2CO_3 溶液调节 pH，经过一系列操作，过滤、洗涤、干燥得到产品。

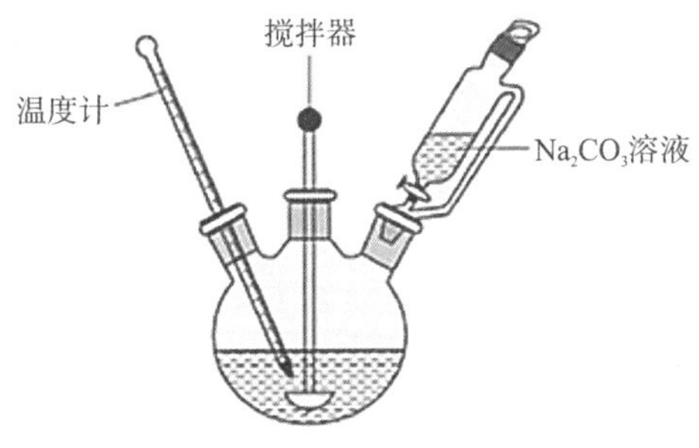

图 8　反应装置图

问题思考：

(1)“步骤①”为避免 $Fe(OH)_3$ 沉淀裹入过多杂质，采取的措施有____。

(2)判断“步骤①”中沉淀洗涤干净的操作为______。

(3)若将装置中的滴液漏斗替换成普通漏斗,实验中 Na_2CO_3 溶液可能无法顺利滴下,其原因为______。

(4)“步骤②”中的“一系列操作”为__________。若直接将溶液蒸干,会造成______。

A. 蒸发浓缩,趁热结晶

B. 蒸发至溶液表面出现晶膜,停止加热

C. 蒸发浓缩至大量晶体析出,停止加热

(该项目曾在中国化学会 2021 年第十五届全国基础教育化学新课程实施成果交流会上展示,由王朝晖老师提供)

项目 2 制备乙酸乙酯实验的优化

一、项目内容分析

在高中实验课程学习中,“合成乙酸乙酯”不仅是性质验证性实验,更是有机合成型实验的范本。该项目从合成性实验所蕴含的实验观念入手,围绕着产率、速率、纯度三方面展开探究活动。该项目适合高二下及高三学生,这时学生具备化学反应原理和基础有机化学的知识储备,可以从反应速率和化学平衡移动的角度展开分析,从药品选择、装置选择、方案设计、产品提纯等角度对合成酯实验进行优化改进,建构有机合成的思维模型。学生对实验中出现的异常问题,查阅资料了解浓硫酸的催化机理,试图寻找其他高效环保的催化剂,并应用控制变量思维设计实验方案,对新问题进行探究,兼顾实验的安全性和绿色环保等。

二、项目教学目标

(1)复习制备乙酸乙酯的基础实验内容,进一步巩固有机合成实验的基础实验操作。

(2)学生能以合成乙酸乙酯实验为例,从原理、药品、装置、提纯四个维度进行实验的优化与改进,建构有机物合成的一般思路。

(3)基于熟悉的教材情境自主展开学习探索活动，提高学生运用控制变量法设计实验方案的实验思维能力。

(4)学生能基于宏观现象分析浓硫酸浓度对催化反应速率的影响，并结合微观视角分析浓硫酸在乙酸乙酯合成中的催化机理，做出合理猜测，提出新的问题并展开探究活动，发展化学学科核心素养。

三、项目式学习教学过程

任务1　评价教材实验

【演示实验】完成教材中有关合成乙酸乙酯的实验。

[学生]观察到异常现象：试管内溶液颜色不断加深，最终变为棕褐色。

[教师]如何改进实验，制得较为纯净的乙酸乙酯？

[学生]对教材中实验装置及药品选择，做出合理评价。

学生1：课本上选择酒精灯加热，导致反应温度过高，改用水浴加热是否更好？

学生2：稀硫酸能否代替浓硫酸做催化剂？

学生3：想通过实验来验证饱和碳酸钠的作用，也可尝试使用其他试剂。

学生4：乙酸和乙醇的沸点较低，应选择效果更好的冷凝回流装置。

设计意图：重走教材实验，发现异常现象；重审教材实验，进行合理评价，培养学生勇于质疑、敢于创新的科学精神。

任务2　探究优化条件

【分组活动】分别对“加热方式”“装置改进”“药品选择”，以及“产品提纯”这四个角度展开探究活动，提出合理的解决思路，并设计探究方案。

[第一小组]探究合适的加热方式。学生采用水浴加热的方式进行实验，其他条件与教材实验相同。实验中发现耗时过多，并且试管内的分层现象也不明显，同时由于加热温度接近水的沸点，有大量水蒸气释放，较为危险，因此仍选择使用酒精灯加热。

[第二小组]改进实验装置。由学生自主选择实验仪器进行搭建，如三颈烧瓶、温度计、恒压滴液漏斗、球形冷凝管、分水器等，并向同学们解释所选仪器的作用。有同学提出从冷凝管的长度及其与水平面的夹角这些方面，探究对产率的影响。

[第三小组]探究不同浓度硫酸的催化效率。从实验中可以观察到硫酸浓度降低时，合成酯过程中溶液炭化现象减少，但硫酸浓度过稀时，分层现象逐渐不明显。

[第四小组]验证饱和碳酸钠溶液对提高产率的作用。完成加与不加饱和碳酸钠溶液的对照实验，比较所得油层高度；学生还设置了加 NaOH 溶液组别，观察到油层高度下降，验证了酯水解的性质。

设计意图：教师有意识地帮助学生对猜想进行分类，从“加热方式”“装置改进”“药品选择”“产品提纯”这四个方面展开探究活动，学生切实感受到科学家进行科学探究时“提出猜想”的思想过程。在探究加热方式的过程中，体会到反应条件控制的重要性。培养了学生的实验安全意识；在改进实验装置过程中，加深对仪器功能的理解，巩固实验的基础知识和基本技能；在探究硫酸浓度影响的过程中，感受“量变引起质变”的哲学思想；在探究碳酸钠作用的过程中，体会分离提纯操作的重要性，通过一系列有层次的探究活动，有意识地引导学生自主进行有机合成的思维建模活动。

任务 3 探究浓硫酸催化机理

【提出问题】实验中观察到，当硫酸浓度过浓或过稀时，分层现象都不明显，原因是什么？

【做出猜想】浓硫酸催化合成乙酸乙酯是否与 H^+ 浓度有关？

【查阅资料】浓硫酸催化乙酸乙酯制备的反应机理及反应过程中的能量图如图 3-1-7 及图 3-1-8 所示。

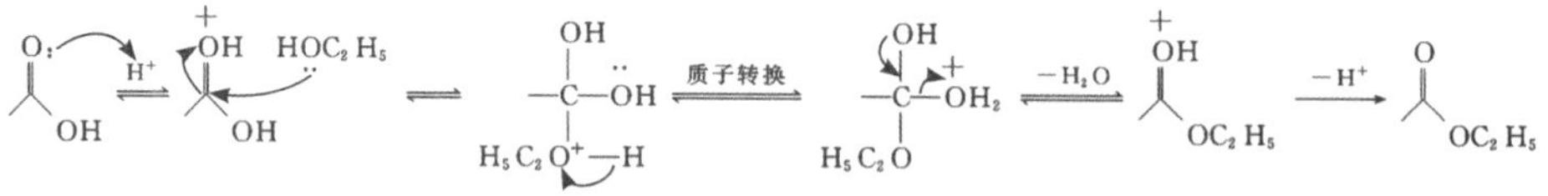

图 3-1-7 浓硫酸催化乙酸乙酯制备的反应机理①

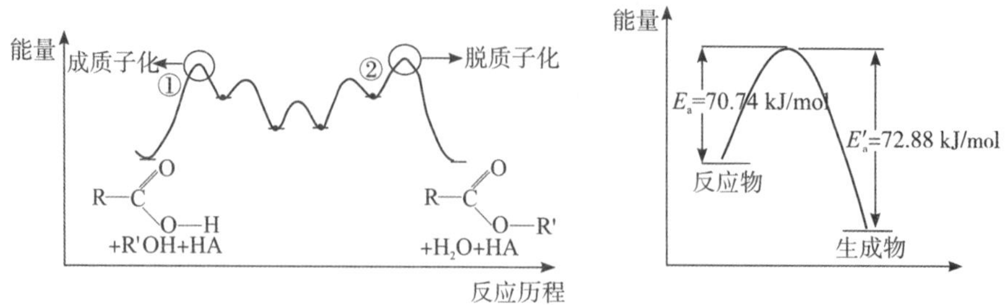

图 3-1-8 浓硫酸催化乙酸乙酯反应过程中的能量图②

① 曾昭琼.有机化学：下[M].4 版.北京：高等教育出版社，2004：9.

② 王海勋，薛德兴.乙酸乙酯制备中催化剂的探讨[J].化学教学，2009(10)：106-108.

【小组讨论】从图中可以看出成质子化这一步的活化能最高，是酯化反应的决速步骤。浓硫酸以分子形态为主，$c(H^+)$较小，随着硫酸浓度的降低，浓硫酸逐渐电离出大量的H^+，$c(H^+)$增大加快了决速步骤的反应速率，从而使酯化反应速率加快。而在硫酸浓度再进一步降低之后，硫酸的电离作用小于体积的稀释作用，$c(H^+)$减小使得酯化反应速率减慢。

【得出结论】在合成乙酸乙酯反应中，起催化作用的微粒是H^+。

【验证实验】采用教材中的实验装置，其他条件不变，分别加入饱和Na_2SO_4溶液、36.5%浓盐酸、8 mol · L^{-1}浓硫酸各 1 mL，反应相同时间，测量油层的高度。

【小组讨论】在实验中可观察到：用饱和Na_2SO_4溶液代替浓硫酸，反应一段时间后，仍然没有明显油层生成，排除SO_4^{2-}对酯化反应的影响；改用浓盐酸时，酯化反应的速率明显加快，通过对比实验，证实在酯化反应中起到催化作用的微粒为H^+。而用浓盐酸做催化剂的效果与浓硫酸相比，反应时间需要更长，得到酯层的高度也更小，这可能是由H^+浓度较低以及浓硫酸具有吸水性的原因导致。

任务 4 寻找新型催化剂

【提出问题】浓硫酸具有强氧化性，且使用过程有较大的安全隐患，根据浓硫酸的催化机理，是否可以找到其他绿色环保的催化剂？

【做出猜想】$NaHSO_4$固体可以做合成乙酸乙酯的催化剂。

【完成实验】与空白实验对照，$NaHSO_4 \cdot H_2O$可以加快酯化反应的速率。$NaHSO_4 \cdot H_2O$没有强氧化性和脱水性，副反应较少，且$NaHSO_4 \cdot H_2O$为固体，分离回收更容易，对环境更友好。

【查阅资料】可用于酯合成的催化剂种类还有很多，如加入少量$FeCl_3 \cdot 6H_2O$做催化剂，少量硅胶做吸水剂，反应效率很高。

【提出问题】$FeCl_3$并不能电离出H^+，催化反应的机理是什么呢？

【小组讨论】与浓硫酸催化机理对照，可能是Fe^{3+}吸引乙酸羧基上氧的孤对电子，使羰基的极性增强，从而使羰基容易被醇进攻发生加成反应。$NaHSO_4 \cdot H_2O$与$FeCl_3 \cdot 6H_2O$这些新型催化剂，催化效率高，无毒、无污染，很适合在课堂上制备乙酸乙酯。

设计意图：教材上用浓硫酸作为催化剂合成乙酸乙酯，但浓硫酸引起的副反应多，反应后的酸性废弃液不容易分离，易造成环境污染。学生在实验中发现了这个问题，进行拓展探究，从浓硫酸的催化机理到实验验证催化机理，再到寻找绿色环保的物质替代浓硫酸，展开一系列的探究活动。在任务3、4中，学生需要运用多模块知识来综合解决在实验探究中遇到的化学问题。如学生能从活化能的视角发现硫酸浓度大小对反应速率的影响因素，能从微粒结构的视角类比迁移 H^+ 与 Fe^{3+} 的催化反应机理，这些真实问题的解决过程有利于学生对不同板块知识的融会贯通。学生通过查阅资料，进行理论研究，设计验证性实验对理论研究加以证实，再从理论研究出发，展开新的探究活动，学生在其中充分体会到了科学研究的过程，感受到了理论研究和实验研究是科学研究的两个重要方面，二者相辅相成，互相推进。

四、教学反思

常规的实验教学，主要局限于教材内的实验知识，内容较为基础，受课时与知识储备的限制，常只能以验证性而非推导探究的模式开展学习活动，所以实验教学的主要功能是作为课堂教学的辅助手段而存在。在这样的教学观念下，学生动手实验的机会减少，学习化学的兴趣下降。课后访谈中，同学们谈道："对化学学习失去兴趣的主要原因是动手实验的机会越来越少，课堂上以老师演示或者观看视频实验为主，而且实验都是按照规定的实验步骤完成，无法将自己的一些想法付诸实践。大量的知识点记忆让化学不再有趣，学习变得枯燥。"

该实验作为"合成乙酸乙酯"教材实验的拓展探究，与教材实验课程构成了互补，让学生充分体验科学研究的过程，激发学习兴趣，强化探究意识，转变学习方式，在实践中培养学生的创新意识和实践能力。在课后观察中发现，面对这样的课题研究，学生的接受度很高，学习热情也空前高涨，通过小组成员之间互助式的研究讨论，同学们积极思考，踊跃发言，主动推动研究不断深入发展。课后访谈中，同学们谈道："原来化学课堂可以这么玩"，"原来化学实验也不一定要按照规定的实验步骤按部就班地操作，可以按照自己的想法来玩，太有趣了"，"我们高一学习乙酸乙酯的制备时对教材中的实验装置和内容没有任何质疑，居然教材的实验也可能有值得探讨和优化的方面"，"通过对乙酸乙酯合成实验的全方位探究，我对有机物合成制备有了一个大致的理解，对相关知识的理解更加深刻了"。还有学生谈道："原来浓硫酸并不是合成乙酸乙酯的唯一催化剂，我们可以从催化剂的机理出发寻找新的催化剂，这样的探究方式太吸引我了！"等等。

在日常的教学过程中，教师应重视教材实验，将教材实验中的有关问题转化为研究性学习的课题，指导并参与学生的研究，在使学生获得研究体验的同时，也了解了科学研究的一般过程和基本方法，对学生在学习中夯实基础知识、提升高阶思维能力、发展学科核心素养有着重要的意义，同时也为教师自身研究性学习能力的提升及专业发展提供了平台和动力。

附录二　制备乙酸乙酯实验的优化教材

- 任务 1　评价教材中制备乙酸乙酯的实验
- 任务 2　探究合成乙酸乙酯的条件的优化
- 任务 3　探究乙酸乙酯催化反应的机理

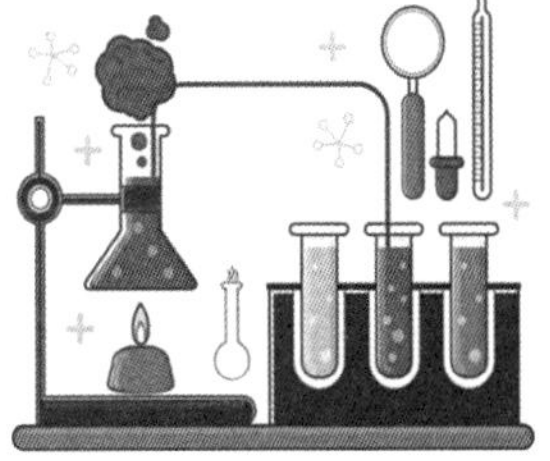

实验目标

(1)基本技能：复习制备乙酸乙酯的实验，巩固有机实验的基础实验操作；能以合成乙酸乙酯实验为例，从原理、药品、装置、提纯四个维度进行实验的优化与改进，提炼与建构有机物合成的一般思路。

(2)实验研究方法：能基于熟悉的教材情境自主展开学习探索活动，掌握运用控制变量法设计实验方案的实验思维能力。

(3)实验安全意识：在使用浓硫酸进行合成实验，及通过调控浓硫酸用量以控制浓硫酸浓度变化对实验的影响中，巩固使用浓硫酸等危化品的安全意识。

(4)科学精神与科学态度：能基于宏观现象分析浓硫酸浓度对催化反应速率的影响，并结合微观视角分析浓硫酸催化乙酸乙酯合成的催化机理，做出合理猜测，提出新的问题展开探究活动，发展化学学科核心素养。

“乙酸乙酯的制备”是高中有机化学学习的一个重要的演示实验。该实验充分体现了有机物制备实验的思想和方法，对学生后续深入学习有机化学具有很好的示范作用。在本项目活动中，将通过分析和评价现行教材中制备乙酸乙酯实验的优点和不足，提出改进方案，并运用单变量对照实验思维设计探究实验，从加热方式、催化剂用量、产品制备及产品分离提纯四个维度设计出更加符合学习实际的乙酸乙酯的制备实验，从而提高运用化学知识分析、探究和解决实际问题的能力。

实验任务

任务1　评价教材中制备乙酸乙酯的实验

【思考交流】

(1)教材中有关乙酸乙酯制取的内容为：在试管里加入 3 mL 乙醇，然后一边摇动，一边慢慢地加入 2 mL 浓硫酸和 2 mL 冰醋酸，用酒精灯慢慢加热，将产生的蒸汽经导管通到饱和碳酸钠溶液的液面上。该方法虽然操作简便，制得乙酸乙酯的时间较短，但是在实验中可以观察到试管内溶液颜色不断加深，最终变为棕褐色。那么在实验中可能发生哪些反应？如何改进实验方案，制得较为纯净的乙酸乙酯呢？

(2)在之前的学习中，你已经学习了如何用图1的实验仪器来制备乙酸乙酯，对这套实验装置及药品的选择，你有哪些看法？说一说它的优点与不足，并在课堂上向同学们展示。

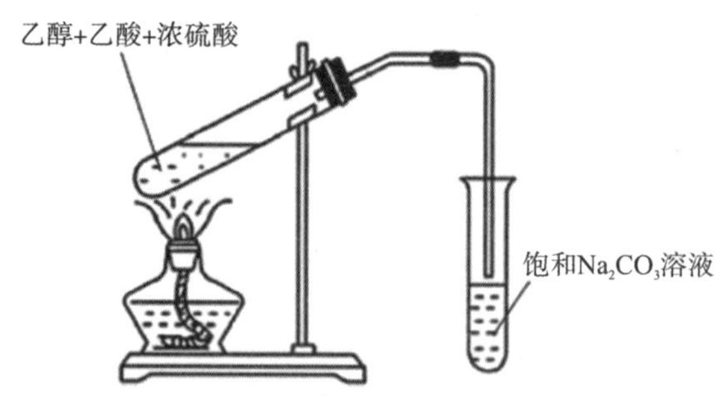

图1　制备乙酸乙酯装置图

【交流研讨】

(1)实验中采用了哪些方法提高乙酸乙酯的产率？

(2)实验中采用了哪些方法分离提纯乙酸乙酯？效果如何？

(3)实验有哪些不足之处？

【教师答疑】

可从药品的选择及用量、装置仪器的选择、方案的设计等角度进行分析和预测。

实验任务

任务2　探究合成乙酸乙酯的条件的优化

实验用品：冰醋酸、无水乙醇、浓硫酸、酒精灯、铁架台、试管、温度计、球形干燥管、导管、沸石。

【思考交流】

通过上一个活动的讨论，你是否想对教材中乙酸乙酯制备方案的不足之处进行改进？在这一个活动中，请同学们分别对“加热方式的选择”“催化剂的最佳用量”“反应装置的改进”“产品的分离提纯”这四个问题展开探究活动。分小组合作，任选其中一项内容进行探究，提出合理的解决方案，并设计探究实验方案。

【交流研讨】

通过设计单变量对照实验探究合适的浓硫酸用量，观察现象，记录在相同时间内收集到油层的高度装置如图 2 所示，数据记录于表 1。

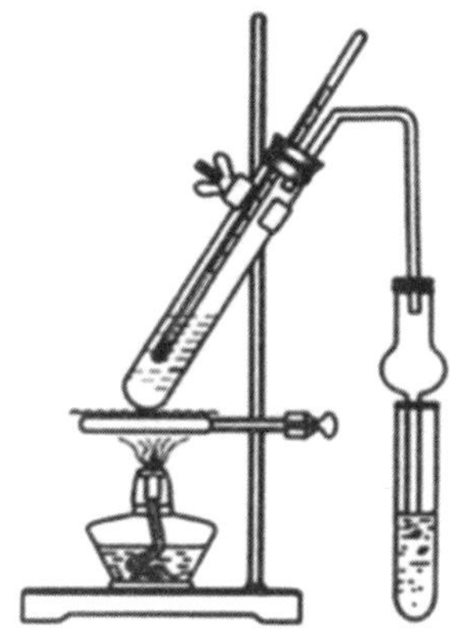

图 2　探究合适的浓硫酸用量装置图

表 1　相同时间内收集到油层的高度数据记录表

组别	98.3%浓硫酸体积/mL	水的体积/mL	时间/s	油层高度/mm
1	2.0	0		
2	1.8	0.2		
3	1.5	0.5		
4	1.0	1.0		
5	0.8	1.2		
6	0.5	1.5		
7	0.2	1.8		

【交流研讨】

(1)为什么同样的加热温度,水浴加热时间更长,且产率明显更低呢?

(2)浓硫酸具有吸水性,可以吸走产物中的水,提高反应转化率,但为什么实验中并不是硫酸越浓,产率就越高,速率就越快呢?

【教师答疑】

从实验中可以发现,浓硫酸的浓度并非越浓越好,而是有一个最适合的浓度。同时可以观察到硫酸浓度降低时,合成酯过程中溶液炭化现象减少,但硫酸浓度过稀时,分层现象逐渐不明显。

实验任务

任务3 探究乙酸乙酯催化反应的机理

实验用品:冰醋酸、无水乙醇、浓硫酸、酒精灯、铁架台、试管、温度计、球形干燥管、导管、沸石、饱和 Na_2SO_4 溶液、36.5%浓盐酸。

【思考交流】

我们发现用浓硫酸做催化剂,硫酸浓度并不是越浓越好,这又是什么原因呢?根据资料,提出合理的猜想,并设计新的实验方案对猜想进行验证。

【资料支持】浓硫酸催化乙酸乙酯制备反应的机理及反应过程中的能量图如图3及图4所示:

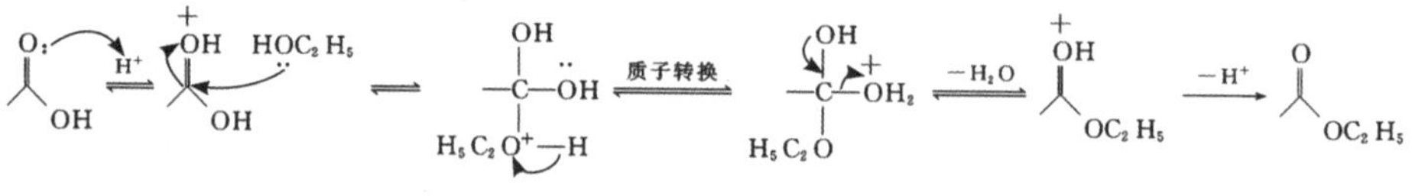

图3 浓硫酸催化乙酸乙酯制备反应的机理

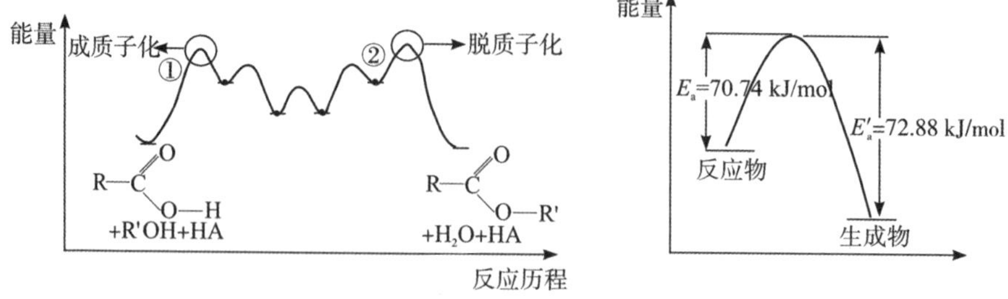

图4 浓硫酸催化乙酸乙酯反应过程中的能量图

【教师答疑】

酯化反应速率很慢且反应可逆，需要酸催化加快反应速率，浓硫酸可做该反应的催化剂和吸水剂，促使平衡向生成酯的方向移动。浓硫酸以分子形态为主，H^+ 浓度较小，随着硫酸浓度的降低，浓硫酸逐渐电离出大量的 H^+，H^+ 浓度的增大，使有机物分子中的羰基氧或羟基质子化，为反应提供了一个酸性活化中心，从而推动酯化反应的进程。而当硫酸浓度再进一步降低之后，体积的稀释作用大于硫酸的电离作用，H^+ 浓度减少导致酯化反应的进程变慢。

【思考交流】

在合成乙酸乙酯反应中，起催化作用的微粒是 H^+，设计实验进行验证，探究方案如表 2 所示。

表 2　合成乙酸乙酯反应探究实验数据记录表

组别	替代浓硫酸的物质及用量	反应时间/s	油层高度/mm
1	饱和 Na_2SO_4 溶液 1 mL		
2	36.5%浓盐酸 1 mL		

【教师答疑】

在实验中可观察到用饱和 Na_2SO_4 溶液代替浓硫酸，反应一段时间后，仍然没有明显油层生成，排除 SO_4^{2-} 对酯化反应的影响；再用浓盐酸做酯化反应的催化剂，加快了酯化反应的速率，进一步证实了是 H^+ 在酯化反应中起到催化作用。但从实验中可以看出，用浓盐酸做催化剂相比浓硫酸，反应时间更长，得到酯的高度也更小。这可能是由 H^+ 浓度及浓硫酸兼具吸水性的原因导致。

【交流研讨】

(1)除浓硫酸外，可用于酯合成的催化剂种类还有很多，比如加入少量 $NaHSO_4$ 为催化剂、少量硅胶为吸水剂，以这样的组合进行酯化反应，反应效率很高。查阅资料，$FeCl_3 \cdot 6H_2O$ 也可用作酯的合成的催化剂，原理是什么？如何设计实验方案进行验证？

(2)演示实验，需要操作简单、速率较快且现象明显，你将如何改进乙酸乙酯实验，使其更适合课堂演示？比如，在产物收集的试管中加入指示剂。

【成果展示】

(1)制作乙酸乙酯合成实验手册，对其他有机物的合成起到一定的借鉴作用。

(2)以改进合成酯的探究活动为例，说明改进有机合成实验的思路和方法，以及运用单变量对照实验思维探究物质性质及变化的一般思路。

【项目总结】

本项目以乙酸乙酯的制备为例，探讨了从药品选择、装置选择、方案设计、产品提纯等角度对酯的合成实验进行的优化改进，同时设计单变量对照实验对改进过程中发掘的新问题进行探究。同学们在学习生活中，可运用这样的思维方式解决与有机合成实验有关的问题。

（该项目为市级公开课，由王延老师提供）

项目3　含碘盐的检验

一、项目内容分析

本项目式学习主题选自苏教版《高中化学：选修6》实验化学中的专题3“物质检验与鉴别”中的课题3-3“真假碘盐的鉴别”。含碘盐的检验是生产生活中常见的问题，本项目基于元素化合物认识模型来指导实验教学，以科学研究的内容“物质鉴别”为载体，从学生已有知识出发，从物质组成、性质等角度设计物质鉴别方案，进行实验探究。本项目在教材的基础上进一步拓展了实验内容，让学生通过小组讨论，设计差异化的实验方案，从定性角度对含碘盐中碘元素的形式进行探究，从定量角度对碘元素的含量进行检测，最后以含碘盐的保存作为开放性问题锻炼学生思维，提升运用化学知识解决实际问题的能力，在活动和实践中促进五育并举与融合，培养能够探索并解决日常生活、学术科研、国家发展乃至人类社会所面临的各种问题的人才。

二、项目教学目标

（1）实验基本技能：能够用点滴板进行实验，能够掌握滴定实验的基本操作。

（2）实验研究方法：通过探究加碘盐中碘的形式，学会用化学方法鉴定物质的存在，定性观察辨别碘盐的真假；通过氧化还原滴定法定量测定食盐中的碘含量，体会定性与定量相结合的化学分析方法。

(3)科学精神与科学态度：能从价-类二维、物质类别、物质特性角度分析物质的性质，并设计实验方案进行物质鉴别和检验。在小组合作进行实验设计和实施的过程中，发现并提出有探究价值的问题，提高设计、评价、操作、处理等实验综合能力，培养学生问题解决能力和实验探究意识。

(4)实验安全意识：能遵守实验室规章制度，保持实验室整洁，对仪器、药品能合理使用和有序摆放，熟悉危险品的使用规范，知道突发事件的处理方法。

三、项目式学习教学过程

任务1　定性检验：探究含碘食盐中碘的形式

【资料支持】碘是人体必需的微量元素之一。若碘不足就可能引起心智反应迟钝、身体变胖等。由于外环境缺碘，人类需要长期适量补碘。食盐是补碘的最好载体。通过吃碘盐，能保证补碘适量及持久。

[教师]如何确定市售“碘盐”中含有碘？碘元素在碘盐中以什么形式存在？

[学生]假设猜想：碘元素在碘盐中可能以碘单质、碘化物(I^-)、碘酸盐(IO_3^-)的形式存在。

[教师]根据物质类别与价态构建碘元素的价-类二维图(如图3-1-9)，从物质转化的角度思考如何鉴定含碘盐中碘的存在形式。

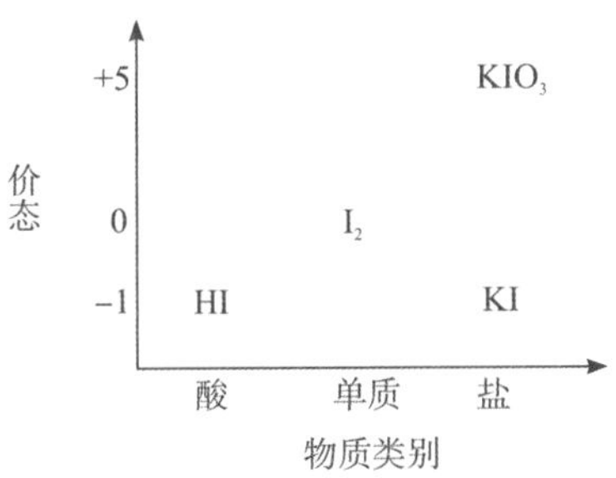

图3-1-9　学生绘制的价-类二维图

小组讨论：学生依据物质物理性质、化学性质，提出合理的实验方案(见表3-1-5)，选择简单易得的试剂，通过明显的实验现象进行实验的鉴别。

表 3-1-5　学生设计的定性检验方案

实验目的	实验方案	实验结论
鉴定是否为碘单质	直接往碘盐溶液中滴入淀粉溶液	溶液变蓝则证明含碘盐中碘以碘单质形式存在
鉴定是否为碘化物(I^-)	①用 Ag^+ 检验；②用氧化剂新制氯水、双氧水将 I^- 氧化成 I_2，再滴入淀粉溶液检验 原理：$I^- + Ag^+ = AgI\downarrow$（黄色）； $2I^- + Cl_2 = 2Cl^- + I_2$	①生成黄色沉淀则证明含碘盐中碘以碘化物(I^-)形式存在 ②溶液变蓝则证明含碘盐中碘以碘化物(I^-)形式存在
鉴定是否为碘酸盐(IO_3^-)	用还原剂 KI 溶液等将 IO_3^- 还原成 I_2，再滴入淀粉溶液检验 原理：$KIO_3 + 5KI + 3H_2SO_4 = 3K_2SO_4 + 3I_2 + 3H_2O$	溶液变蓝则证明含碘盐中碘以碘酸盐(IO_3^-)形式存在

定性检验：含碘盐成分探究。

提供实验仪器药品，让学生分组实验探究食盐中碘的主要存在形式。学生根据自主设计的实验方案，利用点滴板进行实验探究活动。实验发现含碘盐中碘主要以碘酸钾的形式存在。

实验仪器：点滴板、烧杯、玻璃棒、药匙、试管、滴管。

实验试剂：碘盐、蒸馏水、淀粉溶液、碘化钾(KI)溶液、稀硫酸、硝酸银($AgNO_3$)溶液、双氧水。

设计思路：以如何检测食盐中是否含碘作为切入点，将实际生活问题转化为课堂项目任务，再通过项目拆解帮助学生主动转化为化学问题，从而让学生在问题解决过程中构建含碘元素物质的价-类二维图，巩固含碘化合物基本知识内容。通过小组合作进行实验探究，让学生从定性角度认识物质检验的方法和手段，在动手进行实验的过程中提升实验素养，培养“宏观辨识和微观探析”核心素养。

任务 2　定量分析：检测含碘盐中碘的含量

资料阅读：碘酸钾的化学式为 KIO_3，相对分子质量为 214.00，白色结晶或粉末，无臭，味微涩。熔点为 560 ℃，易溶于水。国家有关部门规定，每千克食用碘盐中碘含量必须在 20～50 mg 之间。

活动 2.1　含碘盐含量检测方法探究

[教师]加碘盐中的碘含量是否合格？如何定量检测含碘盐中碘的含量？

资料阅读：中学阶段需要掌握的定量分析方法有三种：质量法、气体法、滴定法。

(1)质量法：根据单质或化合物的质量，计算出试剂中某物质含量的定量方法称为质量法(例如：测定硫酸铜晶体中的结晶水含量)。

(2)气体法：通过测量气体的体积，结合物质转换数量关系定量测定含量(例如：测定铁与盐酸反应生成氢气的体积，来确定铜铁混合物中铁的含量)。

(3)滴定法：将一种已知准确浓度的试剂溶液，滴加到被测物质的溶液中，直到所加的试剂与被测物质按化学计量比定量反应完为止，根据试剂溶液的浓度和消耗的体积，计算被测物质的含量(例如：利用滴定确定某种酸或碱的浓度)。

[学生]利用物质定量测定的基本方法，设计测定碘盐中碘酸钾的含量的基本思路，并从中选择可实施性较高的滴定法(碘量法)：先用过量的碘化钾与之反应，生成一定量的碘单质，用淀粉作为指示剂来指示。用已知浓度的硫代硫酸钠溶液来滴定碘单质。根据硫代硫酸钠的消耗量可推算出碘单质的量，进一步推算出碘酸钾的量，原理如图 3-1-10 所示。

$$KIO_3 + 5KI + 3H_2SO_4 = 3K_2SO_4 + 3I_2 + 3H_2O$$

$$2Na_2S_2O_3 + I_2 = Na_2S_4O_6 + 2NaI$$

$$6Na_2S_2O_3 \longrightarrow 3I_2 \longrightarrow KIO_3$$

图 3-1-10　滴定实验原理

[教师]定量检测中所发生的主要反应是什么？如何判断该滴定反应到达终点？

[学生]滴定反应到达终点的标志：用淀粉作为指示剂来指示，当滴入的硫代硫酸钠标准溶液滴定至溶液的蓝色恰好消失，且半分钟后不褪色，则达到滴定终点。

活动 2.2　定量实验：碘量法测定碘盐中碘酸钾的含量

提供实验仪器和药品，让学生分组进行实验测定碘盐中碘酸钾的含量，检测该市售加碘食盐中碘的标准值是否符合国家标准(国家有关部门规定，每千克食用碘盐中碘含量必须在 20～50 mg 之间)。

实验仪器:25 mL 酸式滴定管、铁架台、滴定管夹、烧杯、锥形瓶、25 mL 移液管、玻璃棒、滴管、容量瓶、托盘天平。

实验药品:硫代硫酸钠标准溶液(1×10^{-3} mol·L^{-1})、碘化钾溶液(0.1 mol·L^{-1})、市售食盐、稀盐酸溶液、淀粉溶液。

实验步骤:

(1)洗净 25 mL 的酸式滴定管,用硫代硫酸钠标准溶液润洗 2~3 次,装满 25 mL;

(2)取市售食盐 5 g,用适量水溶解转移到烧杯中,加入2 mL 碘化钾溶液,滴入稀盐酸,再加入 5 滴淀粉溶液,溶液变蓝;

(3)用硫代硫酸钠标准溶液滴定,重复 2~3 次并记录实验数据。

碘元素含量测定公式:$I(\text{mg/kg})=c_{Na_2S_2O_3}\times V_{Na_2S_2O_3}\times21.3\times1000/m$

活动 2.3 实验探究:优化定量实验

[教师]比较不同小组的实验数据,思考实验的关键步骤,讨论可以优化的实验过程。

[学生]发现碘化钾的质量、盐酸的量和反应时间是决定实验结果的关键参数。可对重铬酸钾与碘化钾的反应时间以及反应过程中的 pH(即盐酸的浓度)进行调整。优化实验条件,减少滴定实验所需的时间,提高实验成功率。

设计思路:学生在教师的引导下从所学的定量分析手段中,讨论选择出合适的方法检测含碘盐中碘元素的含量。小组实验对碘元素的含量进行定量检测,并对实验结果进行思考分析,举一反三地提出问题,由此培养学生尊重实验事实、科学处理实验数据的科学思想和科学精神,发展学生的创新意识和创新思维,培养了学生的动手操作能力。在教师的引导下,学生提出并优化了影响实验准确度和效率的重要因素,最终能够定量地测定未知碘盐中的碘含量,发展了学生的“证据推理与模型认知”“科学探究与创新意识”核心素养。

任务 3 应用实践:含碘盐的保存

资料阅读:1989 年之前,我国使用的是碘化钾碘盐,此后改用碘酸钾碘盐。

[教师]国家采用碘酸钾作为碘盐中碘元素主要来源的原因是什么?

[学生]可能原因有:碘化钾本身极不稳定,被氧化成碘后容易挥发;一些外界保存因素加剧了碘化钾的分解丢失,如南方湿热气候、食盐包装密闭性不好、物流缓慢以及居民使用食盐后不注意密封,碘化钾很快被潮解氧化成碘分子而

升华，短时间内导致碘离子大量丢失。

[教师]如何解决碘化钾稳定性差的问题以有效保存碘化钾含碘盐？

[学生]讨论：(1)添加保护剂——在添加碘化钾的食盐里适当添加碳酸钠或硫代硫酸钠等添加剂，就可以大大减少碘盐中碘的损耗。(2)改善包装——采用塑料袋小包装，使碘盐的碘损耗进一步下降。(3)缩短流通周期——缩短流通时间，减少流通环节的损耗。

设计思路：对含碘盐进行定性检测、定量分析后，结合实际生活应用，让学生对含碘盐的保存进行讨论，充分发展学生的发散性思维，引发学生对利用化学知识解决生活实际问题的关注，综合发展学生的"德育""智育"，培养学生的"科学态度与社会责任"核心素养。

四、教学反思

本项目式学习活动以学生为中心，为学生提供充分的实验探究条件、必要的理论指导，并引导学生将化学实验操作技能和理论知识应用到实际情境中。通过让学生在系列化和梯度化的问题解决活动中，巩固基于价态和类别的二维认识角度，将其进一步概括关联、内化和自觉化，形成比较稳定的无机化合物的认识模型(如图 3-1-11 所示)。通过对实验进行设计和反思，形成对物质进行定性检验、定量分析的思维模型和方法。在这一过程中，教师引发学生思考在操作过程中所遇到的不确定因素，鼓励学生举一反三。在课程结尾创设开放式探究结论，充分调动学生的积极性。

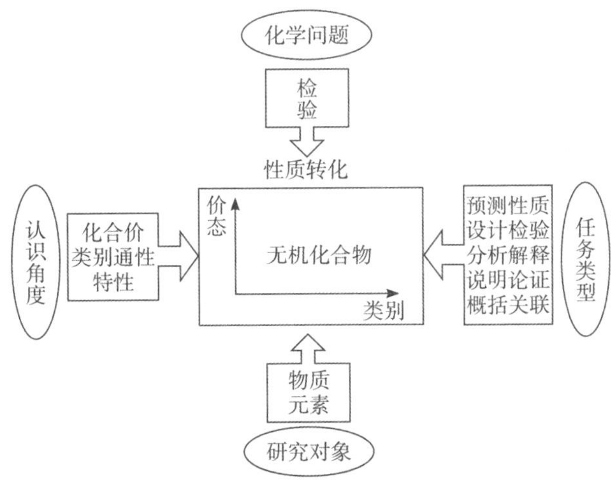

图 3-1-11　无机化合物的认识模型

附录三　含碘盐的检验教材

- 任务 1　定性检验:探究含碘食盐中碘的形式
- 任务 2　定量分析:检测含碘盐中碘的含量
- 任务 3　应用实践:含碘盐的保存

实验目标

(1)基本技能:能够用点滴板进行实验,能够掌握滴定实验的基本操作。

(2)实验研究方法:通过探究加碘盐中碘的成分,学会用化学方法鉴定物质的存在,定性观察辨别碘盐的真假;通过氧化还原滴定法定量测定食盐中的碘含量,体会定性与定量相结合的化学分析方法。

(3)科学精神与科学态度:能从价-类二维、物质类别、物质特性角度分析物质的性质,并设计实验方案进行物质鉴别和检验。通过实验设计和实验操作,提高设计、评价、操作、处理等实验综合能力。

(4)实验安全意识:能遵守实验室规章制度,保持实验室整洁,对仪器、药品能合理使用和有序摆放,熟悉危险品的使用规范,知道突发事件的处理方法。

含碘盐的检验是生产生活中常见的问题,本项目基于元素化合物认识模型来进行实验教学,以物质鉴别为载体,从学生已有知识出发,从物质组成、性质等角度设计物质鉴别方案,进行实验探究,感悟理论知识和实际价值,进一步提升运用化学知识解决实际问题的能力。

实验任务

任务 1　定性检验:探究含碘食盐中碘的形式

碘是人体必需的微量元素之一。人体内 2/3 的碘存在于甲状腺中,甲状腺可以控制新陈代谢,促进生长发育,提高中枢神经系统的兴奋性。因此,若碘不足就可能引起心智反应迟钝、身体变胖等。由于外环境缺碘,人类需要长期适量补碘。食盐是补碘的最好载体。通过吃碘盐,能保证补碘适量及持久。

【交流研讨】

如何确定市售碘盐中含有碘?碘元素在碘盐中以什么形式存在?

【假设猜想】

碘元素在碘盐中可能以碘单质、碘化物、碘酸盐(IO_3^-)的形式存在。

【思考交流】

根据物质类别与价态构建碘元素的价-类二维图(如图1所示),从物质转化的角度思考如何鉴定含碘盐中碘的存在形式。

物质定性检验应遵循的基本规律:依据物质的物理性质、化学性质,提出合理的实验方案,选择简单易得的试剂,通过明显的实验现象进行实验的鉴别。

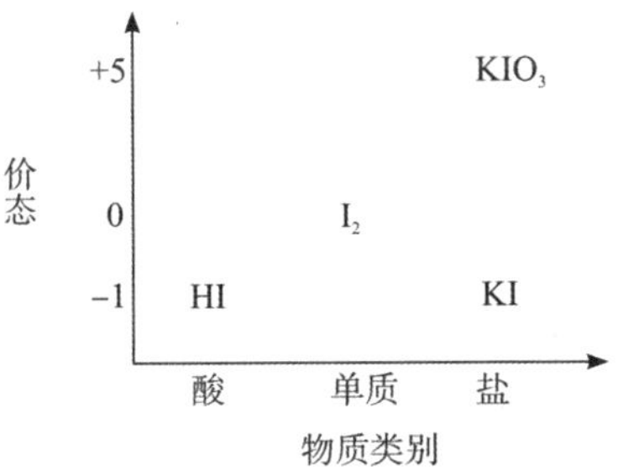

图1　碘元素的价-类二维图

设计的定性检验方案如表1所示。

表1　设计的定性检验方案

实验目的	实验方案	实验结论
鉴定是否为碘单质	直接往碘盐溶液中滴入淀粉溶液	溶液变蓝则证明含碘盐中碘以碘单质形式存在
鉴定是否为碘化物(I^-)	①用 Ag^+ 检验;②用氧化剂新制氯水、双氧水将 I^- 氧化成 I_2,再滴入淀粉溶液检验 原理:$I^- + Ag^+ = AgI\downarrow$(黄色);$2I^- + Cl_2 = 2Cl^- + I_2$	①生成黄色沉淀则证明含碘盐中碘以碘化物(I^-)形式存在 ②溶液变蓝则证明含碘盐中碘以碘化物(I^-)形式存在
鉴定是否为碘酸盐(IO_3^-)	用还原剂KI溶液等将 IO_3^- 还原成 I_2,再滴入淀粉溶液检验 原理:$KIO_3 + 5KI + 3H_2SO_4 = 3K_2SO_4 + 3I_2 + 3H_2O$	溶液变蓝则证明含碘盐中碘以碘酸盐(IO_3^-)形式存在

实验仪器:点滴板、烧杯、玻璃棒、药匙、试管、滴管。

实验试剂:碘盐、蒸馏水、淀粉溶液、碘化钾溶液、稀硫酸、硝酸银溶液、双氧水。

学生根据自主设计的实验方案，利用点滴板进行实验探究活动，实验发现含碘盐中碘主要以碘酸钾的形式存在。

实验任务

任务2　定量分析：检测含碘盐中碘的含量

查阅资料发现：碘酸钾的化学式为 KIO_3，相对分子质量为214.00，白色结晶或粉末，无臭、味微涩。熔点为560 ℃，易溶于水。国家有关部门规定，每千克食用碘盐中碘含量必须在20～50 mg之间。

【交流研讨】

加碘盐中的碘含量是否合格？如何定量检测含碘盐中碘的含量？

中学阶段需要掌握的定量分析方法有三种：质量法、气体法、滴定法。

质量法：根据单质或化合物的质量，计算出试剂中某物质含量的定量方法称为质量法(例如：测定硫酸铜晶体中结晶水的含量)。

气体法：通过测量气体的体积，结合物质转换数量关系定量测定含量(例如：测定铁与盐酸反应生成氢气的体积，来确定铜铁混合物中铁的含量)。

滴定法：将一种已知准确浓度的试剂溶液，滴加到被测物质的溶液中，直到所加的试剂与被测物质按化学计量比定量反应完为止，根据试剂溶液的浓度和消耗的体积，计算被测物质的含量。(例如：利用滴定确定某种酸或碱的浓度)。

利用物质定量测定的基本方法，设计测定碘盐中碘酸钾的含量的基本思路，并从中选择可实施性较高的方法。滴定法(碘量法)：先用过量的碘化钾与之反应，生成一定量的碘单质，用淀粉作为指示剂来指示。用已知浓度的硫代硫酸钠溶液来滴定碘单质。根据硫代硫酸钠的消耗量可推算出碘单质的量，进一步推算出碘酸钾的量。原理如图2所示。

【思考交流】

定量检测中所发生的主要反应？如何判断该滴定反应到达终点？

滴定实验原理如图2所示。

$KIO_3+5KI+3H_2SO_4=3K_2SO_4+3I_2+3H_2O$

$2Na_2S_2O_3+I_2=Na_2S_4O_6+2NaI$

$6Na_2S_2O_3\longrightarrow 3I_2\longrightarrow KIO_3$

图 2　滴定实验原理

滴定反应到达终点的标志:用淀粉作为指示剂来指示,当滴入的硫代硫酸钠标准溶液滴定至溶液的蓝色恰好消失,且半分钟后不褪色,则达到滴定终点。

【讨论探究】

提供实验仪器和药品,让学生分组进行实验测定碘盐中碘酸钾的含量,检测该市售加碘食盐中碘的标准值是否符合国家标准(国家有关部门规定,每千克食用碘盐中碘含量必须在 20~50 mg 之间)。

实验仪器:25 mL 酸式滴定管、铁架台、滴定管夹、烧杯、锥形瓶、25 mL 移液管、玻璃棒、滴管、容量瓶、托盘天平。

实验药品:硫代硫酸钠标准溶液($1\times10^{-3}\,mol\cdot L^{-1}$)、碘化钾溶液($0.1\,mol\cdot L^{-1}$)、市售食盐、稀硫酸溶液、淀粉溶液。

实验步骤:

(1)洗净 25 mL 的酸式滴定管,用硫代硫酸钠标准溶液润洗 2~3 次,装满 25 mL;

(2)取市售食盐 5 g,用适量水溶解转移到烧杯中,加入 2 mL 碘化钾溶液;

(3)滴入 5 滴稀硫酸,再加入 5 滴淀粉溶液,溶液变蓝;

(4)用硫代硫酸钠标准溶液滴定,重复 2~3 次记录实验数据。

碘元素含量测定公式:$I(mg/kg)=c_{Na_2S_2O_3}\times V_{Na_2S_2O_3}\times 21.3\times 1000/m$

【实验记录】

各小组对实验数据进行记录与处理,展示计算结果。

相关数据记录于表 2。

表 2　实验记录

物质	实验一	实验二	实验三
$V(Na_2S_2O_3)/mL$			
碘含量/($mg\cdot kg^{-1}$)			

实验任务

任务3　应用实践:含碘盐的保存

【思考交流】

资料卡片:1989年之前,我国使用的是碘化钾碘盐,此后改用碘酸钾碘盐。讨论国家采用碘酸钾作为碘盐中碘元素主要来源的原因。

一是碘化钾本身极不稳定,被氧化成碘后容易挥发;二是一些外界保存因素加剧了碘化钾的分解丢失,如南方湿热气候、食盐包装密闭性不好、物流缓慢以及居民使用食盐后不注意密封,碘化钾很快被潮解氧化成碘分子而升华,短时间内碘离子大量丢失。

如何解决碘化钾的稳定性差的问题以有效保存碘化钾含碘盐?

添加保护剂——在添加碘化钾的食盐里适当添加碳酸钠或硫代硫酸钠等添加剂,就可以大大改善碘盐中碘的损耗问题。改善包装——采用塑料袋小包装,使碘盐的碘损耗进一步下降。缩短流通周期——缩短流通时间,减少流通环节的损耗。

【项目总结】

本项目作为一节实验教学课,教学目标定位于:通过让学生在系列化和梯度化的问题解决活动中,巩固基于价态和类别的二维认识角度,将其进一步概括关联、内化和自觉化,形成比较稳定的无机化合物的认识模型。通过对实验进行设计和反思,形成对物质进行定性检验、定量分析的思维模型和方法,如图3。

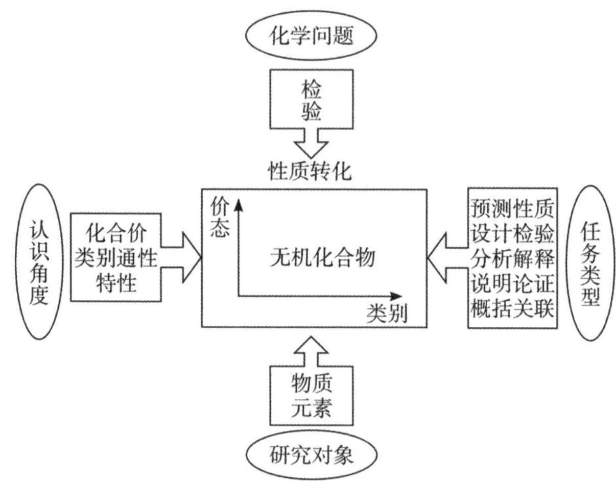

图3　无机化合物的认识模型

(该项目由陈素婕老师提供)

项目 4　硫酸铜结晶水含量测定

以实验为基础是化学的学科特质，实验能够帮助学习者更好体验研究化学世界的程序和方法。《普通高中化学课程标准(2017 年版 2020 年修订)》指出：要深刻地认识实验在化学学科中的地位和对化学学习的重要性，掌握基本化学实验的技能和方法，进一步体验实验探究的基本过程，进一步发展学生解决综合实验问题的能力。

学习的目的是培养能力，尤其是培养解决问题的关键能力。然而当前一些实验教学仍然存在着教师预设好实验方案，学生“照方抓药”的现象，教师对学生的实验方案设计能力训练不够，导致学生对实验的问题解决体验不足，难以达到较高的能力要求。

项目式学习是学生围绕特定的学习项目自主研究方案，通过学习、探究、展示、评价等环节，实现问题解决和知识建构的过程。实践证明，在完成教材实验要求的基础上，开发校本实验案例，开展基于真实实验情境和实验问题的项目式学习，对提高学生的解决问题能力有一定的帮助。据此，本项目以“硫酸铜结晶水的测定”为载体自主研发校本实验项目式学习课例，以提升学生基于真实情境的解决问题能力，促使学科素养落地。

一、项目内容分析

该项目式学习主题选自原人教版《高中化学：必修一》的选做实验。首先分析教材中实验存在的优点和缺点；其次从物质结构的角度进行理论分析并在文献阅读的基础上提出改进的方向；再次让学生进行差异性的实验方案设计并进行实验研究；最后经过实验成果展示，提出适合中学实验“硫酸铜结晶水的测定”的最佳实验条件。学生在实践、合作、质疑和创新过程中加深对热重法的理解，不断优化问题的解决策略。

二、项目教学目标

(1)讨论原教材中“硫酸铜结晶水的测定”实验的优点和不足，引导学生观察实验现象，深入阅读文献资料，通过条件控制，探究最佳条件，提升综合分析、批判质疑、解决问题等关键能力。

(2)通过小组合作，优势互补，培养团队合作的能力。

(3)通过在文献阅读、图表分析、分组汇报中提高学生信息提取、分析和处理能力。

(4)通过“结构分析—发现问题—提出假设—设计方案—实验验证—得出结论—交流评价”，体会科学探究的过程，培养证据意识和严谨的科学态度。

三、项目式学习教学过程

任务1　认识硫酸铜晶体的结构

[教师]根据硫酸铜晶体的结构图(图3-1-12)，写出硫酸铜配合物的化学式，并判断晶体中水的种类。

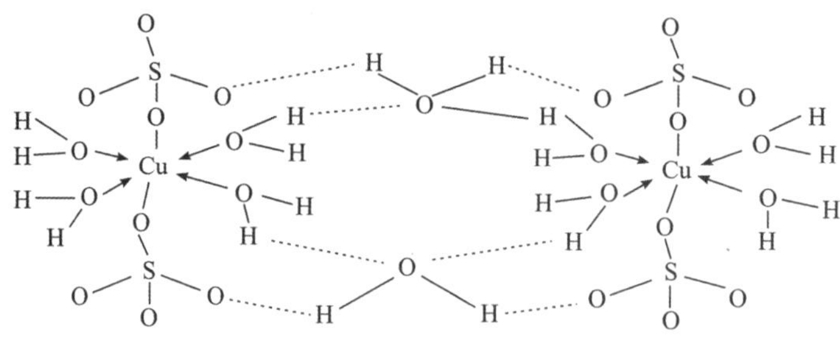

图3-1-12　硫酸铜晶体的结构图

[学生]$[Cu(H_2O)_4]SO_4 \cdot H_2O$，晶体中有3种水分子，即不连接氢键的配体水分子、连接氢键的配体接水分子和连接氢键不做配体的水分子。

【资料展示】教师展示如下资料，请学生阅读，然后归纳硫酸铜晶体脱水的温度。在不同的资料中，硫酸铜晶体分步脱水的温度不一样，并且数据相差很大。以下是其中摘自实验论文的数据：

$CuSO_4 \cdot 5H_2O \rightarrow CuSO_4 \cdot 3H_2O + 2H_2O$(102 ℃)

$CuSO_4 \cdot 3H_2O \rightarrow CuSO_4 \cdot H_2O + 2H_2O$(113 ℃)

$CuSO_4 \cdot H_2O \rightarrow CuSO_4 + H_2O$(280 ℃)

[学生]因为含有3种水分子，所以晶体脱水的温度应该有3个数据，即在102 ℃时失去没有连接氢键且作为配体的两个结晶水，113 ℃时失去连接氢键且作为配体的两个结晶水，280 ℃时失去作为非配体的结晶水。

设计意图:通过该学习任务引导学生形成认识物质性质的学科观念,即从结构视角理解硫酸铜晶体分解反应的不同阶段,为掌握实验原理和制定实验方案提供理论基础,以此培养学生宏观辨识和微观探析维度的核心素养。

任务2　归纳热重法测定硫酸铜结晶水的原理

[教师]测定硫酸铜结晶水的实验方法有哪些?

[学生]热重法、沉淀法、中和滴定法。

[教师]若用热重法,用电子天平至少测量几次?

[学生]至少4次,分别为:洁净干燥的坩埚质量(m_1)、装有硫酸铜晶体坩埚的质量(m_2)、晶体变为白色后物质和坩埚的质量(m_3)、重复加热后坩埚的质量。

[教师]请计算硫酸铜晶体中结晶水的含量。

[学生]假设硫酸铜晶体的化学式为 $CuSO_4 \cdot xH_2O$,那么

$(m_3-m_1)/M_{CuSO_4} : [(m_3-m_2)/M_{H_2O}]=1 : x$

设计意图:通过该学习任务引导学生认识实验原理,关注热重法实验的重要步骤和重要数据,掌握该实验数据处理的方法,为下一步实验方案的制定提供重要的支架,以此培养学生的证据意识和实验数据处理能力。

任务3　分析原教材实验的不足之处及改进方向

原教材采用酒精灯对盛有硫酸铜晶体的坩埚进行加热,直到硫酸铜晶体完全变白,并且不再有水蒸气逸出为止。

教师演示教材中“硫酸铜结晶水的测定”实验。

[教师]通过观察实验,评价教材实验有何优缺点?

[学生]优点:都是实验室常见仪器,使用方便简单。缺点:加热时间太长;酒精灯加热温度高低不好控制;加热过程中坩埚外底部因为酒精不完全燃烧而变黑,使得坩埚增重;加热不均匀会引起晶体飞溅。

[教师]本实验操作中,你认为最关键的环节是什么?

[学生]恒重环节中,晶体是否完全脱水,硫酸铜晶体加热的温度多高和时间多长,能使晶体从蓝色变为白色。

[教师]实验不足主要归纳为两点:酒精灯加热温度不好控制、酒精因不完全燃烧而碳化附在坩埚上。可以从哪个方向进行改进呢?

[学生]主要从加热的方式去改变,可否采取水浴加热?

[学生]不能,因为常压下水浴加热的温度只能在100 ℃以下。可否采取油

浴加热?

[老师]油浴加热的温度上限是 200 ℃。

[学生]因为硫酸铜完全脱去结晶水的温度超过 200 ℃,所以不能用油浴。我还听说过有一种叫沙浴的加热方式,可否用沙浴加热呢?

[教师]沙浴加热温度在 250~350 ℃。

[学生]采取沙浴加热比较合适,并且温度还可以控制。

[学生]微波炉是一种常用的加热器,可否用微波炉加热呢?

[教师]微波加热的原理是用微波和水分子作用,使水升温。

[学生]那用微波炉加热是可以的,关键是微波炉的功率大小和时间长短问题。

分组实验:采用两种加热方式,用沙浴加热器和微波炉加热,分为 8 个小组,进行实验。第 1 组到第 4 组用沙浴加热,采用不同的温度和不同的时间;第 5 到第 8 组用微波炉加热,采用不同的功率和不同的时间。

设计意图:从评价原教材的实验方法入手,培养学生的质疑精神,提高对实验的评析能力;引导学生聚焦实验存在的问题,进行思维的发散和碰撞,根据实验的特点,创新性提出用微波加热和沙浴加热等加热方式,从而达到培养学生的实验设计能力的目的。

任务 4 实验方案的设计和实践

活动 4.1 沙浴加热器恒重的条件探究

(1)不同温度下加热所需时间探究。

【资料 1 阅读】

综合许多文献资料,硫酸铜晶体加热的温度一般控制在 260~300 ℃,但是不同温度下固体从蓝色变为白色的时间是不同的。

【小组讨论】综合图 3-1-13 和表 3-1-6 数据,分加热温度 280 ℃、加热时间分

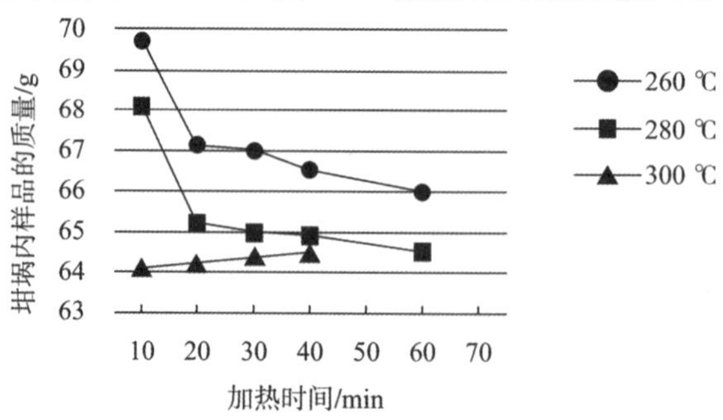

图 3-1-13 不同温度下坩埚内样品质量随时间的变化

别为 10 min 和 12 min，加热温度 300 ℃、加热时间分别为 10 min 和 12 min，进行分组实验。

表 3-1-6　硫酸铜结晶水在不同加热温度和时间下的含量

温度	10 min	20 min	30 min	40 min	60 min
260 ℃	3.89	4.35	4.37	4.46	4.54
280 ℃	4.16	4.74	4.76	4.79	4.85
300 ℃	4.95	4.95	4.94	4.93	—

(2)沙浴加热中坩埚加和不加坩埚盖对样品质量变化的影响的探究。

【资料 2 阅读】

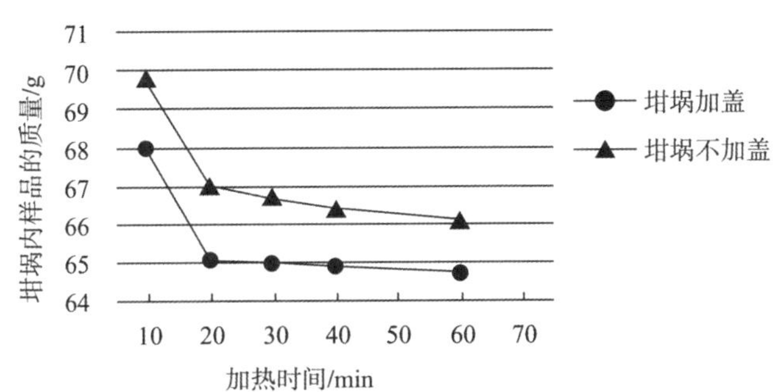

图 3-1-14　在 280 ℃ 时加和不加坩埚盖对坩埚内样品质量变化的影响

小组讨论：加坩埚盖质量下降较快，不加坩埚盖质量下降较慢。主要原因是坩埚盖起着保温的作用。

(3)实验方案。

恒重坩埚：将一洁净的坩埚及坩埚盖置于泥三角上，小火烘干后，用酒精喷灯氧化焰将其灼烧至红热，将其冷却至略高于室温，再用坩埚钳将其移入干燥器中，冷却至室温，取出，用电子天平称量。重复加热、称量，直至恒重。

称量：用电子天平准确称量干燥的瓷坩埚的质量，并用这个坩埚称取3.000 g硫酸铜晶体。

加热：把盛有硫酸铜晶体的瓷坩埚放在沙浴加热器(图 3-1-15)上，使其 3/4 的体积埋入沙中，将温度计插入沙中，将沙浴的温度分别升温至 280 ℃和300 ℃，加热时间分别为 10 min 和 12 min。然后用坩埚钳把坩埚放在干燥器中冷却至室温。

称量：待瓷坩埚在干燥器冷却后，用滤纸将坩埚的外部擦干净，放在电子天

图 3-1-15　沙浴加热器

平上称量，记下瓷坩埚和无水硫酸铜的质量。

加热再称量：把盛有无水硫酸铜的瓷坩埚再加热，放在干燥器里冷却再称量，记下质量，直至连续两次称量的误差不超过 0.005 g 为止。

计算：由实验得到的数据，计算硫酸铜结晶水的含量。

活动 4.2　微波炉加热恒重的条件探究

(1)微波功率和时间的关系探究。

【资料 3 阅读】

在不同微波功率下恒重时间见图 3-1-16。从曲线可看出，当功率为 80%(720 W)时，恒重时间为 8 min 左右；当功率为 60%(540 W)时，恒重时间为 12 min 左右；而当微波功率为 40%(360 W)时，则时间为 16 min 左右。在实际应用中，我们可以根据需要，选择不同的微波功率和时间。

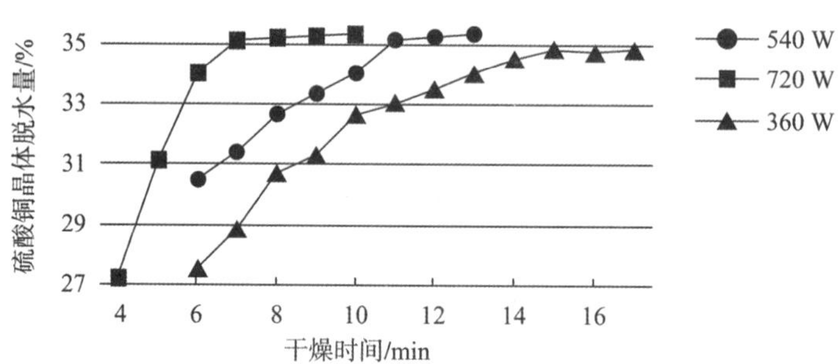

图 3-1-16　不同微波功率时硫酸铜晶体脱水量

小组讨论：取试样 3.000 g，功率为 720 W 时，时间分别取 8 min 和 10 min；功率为 540 W 时，时间分别取 10 min 和 12 min，分组进行实验。

(2)实验方案。

恒重坩埚：将一洁净的坩埚及坩埚盖置于泥三角上，小火烘干后，用酒精喷灯氧化焰将其灼烧至红热，将其冷却至略高于室温，再用坩埚钳将其移入干燥器中，冷却至室温，取出，用电子天平称量。重复加热、称量，直至恒重。

称量：用电子天平准确称量干燥的瓷坩埚的质量，并用该坩埚称取大约 3.000 g 硫酸铜晶体。

加热：把盛有硫酸铜晶体的瓷坩埚放在微波炉中，分别用 540 W 和 720 W 高火，加热时间分别为 8 min 和 10 min。然后用坩埚钳把坩埚放在干燥器中冷却至室温。

称量：待瓷坩埚在干燥器冷却后，用滤纸将坩埚的外部擦干净，放在电子天平上称量，记下瓷坩埚和无水硫酸铜的质量。

加热再称量：把盛有无水硫酸铜的瓷坩埚再加热，放在干燥器里冷却再称量，记下质量，直至连续两次称量的误差不超过 0.005 g 为止。

计算：由实验得到的数据，计算硫酸铜结晶水的含量。

设计意图：通过阅读教师提供的真实数据和图表，培养学生信息的提取、分析和处理能力；通过小组合作讨论实验方案，培养学生自主合作的能力；通过选定加热条件、实施方案、发现问题、调整方案、处理数据等步骤，逐步提升学生解决问题的能力。

任务 5　汇报实验并提出最佳条件

(1)在化学课代表的主持下，每个小组先汇报实验的数据，数据汇总如表 3-1-7 所示。

表 3-1-7　不同条件下硫酸铜结晶水含量测定结果

组别	加热方式	温度或功率	加热时间	样品质量	恒重质量	结晶水含量
1	沙浴	300 ℃	10 min	3.000 g	1.927 g	4.95
2	沙浴	300 ℃	12 min	3.000 g	1.928 g	4.94
3	沙浴	280 ℃	10 min	3.000 g	2.048 g	4.13
4	沙浴	280 ℃	12 min	3.000 g	2.037 g	4.20
5	微波炉	720 W 高火	8 min	3.000 g	1.926 g	4.96
6	微波炉	720 W 高火	10 min	3.000 g	1.930 g	4.93
7	微波炉	540 W 高火	8 min	3.000 g	2.074 g	3.97
8	微波炉	540 W 高火	10 min	3.000 g	2.042 g	4.17

(2)请对 8 个组的实验做出评价。

[学生 1]沙浴加热，温度比较高，反应速率较快，条件为 300 ℃、加热 10 min

比较合适。

[学生 2]微波加热,微波火力大,反应速率较快,条件为微波功率 720 W、加热时间 8 min 比较合适。

设计意图:从实验成果展示汇报中,提升学生参与解决问题的获得感与自豪感;从评价不同种实验方案和实验结果中,优化解决问题的策略。

四、教学反思

本项目以“硫酸铜结晶水的测定”为载体,引领学生开展基于真实实验情境的项目式学习,主要体现以下四个特点:

(1)探究性:从原教材实验存在的真实问题入手,学生经历问题确定、假说、证据推理、优化反思等解决问题程序,深刻体验了“怎样做”“为什么这样做”“还可以如何做”的科学探究过程。

(2)体验性:从分析硫酸铜晶体的结构特点,让学生深刻理解结构决定性质的规律;从对热重实验的整体认识,让学生体验数据的处理过程;从质疑传统的实验方法,让学生体验实验的创新过程;从真实图表的阅读,让学生体验信息处理过程;从多种实验方法的研究,让学生体验实验探究的过程。

(3)活动性:实验教学的主体始终指向学生。从传统恒重问题的提出到加热方法的改进,从多种实验方法的实施到实验结果的评价等等,学生既是设计者又是实施者,同时还是评判者,而教师只是资料的提供者、问题的共同思考者、活动研讨的组织者。

(4)创新性:学生虽然通过参考实验文献资料分析图表数据,但并非简单盲从,而是分别通过实验去验证结果;教师引导学生创新性使用沙浴和微波等加热方法,在对各种实验结果的比对研究下,进一步优化实验方案,极大激发了学生的创造性思维。

总之,实验情境是重要的教学情境,我们要不断开发适合学生认知特点的校本实验,基于真实的问题情境引领学生自觉应用知识解决实际问题,不断提升学生解决问题的能力,进而发展学科核心素养。

附录四　硫酸铜结晶水含量测定教材

- 任务 1　硫酸铜晶体结构探究
- 任务 2　分析原教材实验的不足之处及改进方向
- 任务 3　实验方案的设计和实施
- 任务 4　最优实验条件探究

实验目标

(1)基本技能:掌握使用电子天平称量、沙浴加热、物质干燥等实验技能。

(2)实验研究方法:应用热重法测量硫酸铜结晶水;通过文献阅读、图表分析、分组汇报,不断优化实验方法。

(3)实验安全意识:能遵守实验室规章制度,保持实验室整洁,对仪器、药品能合理使用和摆放有序,熟悉危险品的使用规范,知道突发事件的处理方法。

(4)科学精神与科学态度:通过结构分析—发现问题—提出假设—设计方案—实验验证—得出结论—交流评价,体会科学探究的过程,培养证据意识和严谨的科学态度。

该项目式学习主题选自原人教版高中化学必修一的选做实验。首先分析教材中实验存在的优点和缺点;其次从物质结构的角度进行理论分析并在真实文献阅读的基础上提出改进的方向;再次让学生进行差异性的实验方案设计并实施实验;最后经过实验成果展示,提出适合中学实验“硫酸铜结晶水的测定”的最佳实验条件。学生在实践、合作、质疑和创新过程中加深对热重法的理解,不断优化问题的解决策略。

实验任务

任务 1　硫酸铜晶体结构探究

实验用品:电子天平、研钵、滤纸、铁架台、泥三角、瓷坩埚、坩埚钳、干燥器、酒精喷灯、温度计、沙浴加热器、微波炉。

活动 1.1　硫酸铜晶体结构探究

【思考交流】

(1)图 1 是硫酸铜晶体的结构图。根据硫酸铜的结构图,写出硫酸铜配合物的化学式。

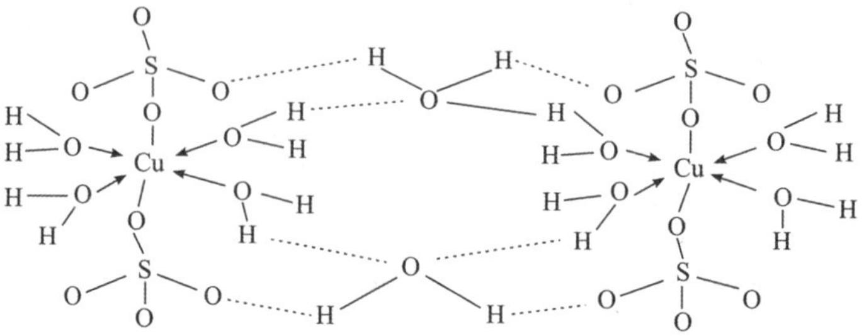

图1　硫酸铜的结构图

(2)根据硫酸铜晶体结构，试预测晶体脱水的温度可能有几种？

(3)要测定硫酸铜结晶水的个数，加热到完全失去结晶水的实验现象是什么？加热的温度可以无限高吗？

【展示交流】

(1)$[Cu(H_2O)_4]SO_4 \cdot H_2O$，晶体有3种水分子，即为作为配体不连接氢键的水分子、作为配体且连结氢键的水分子、连接氢键不做配体的水分子。

(2)因为含有3种水分子，所以晶体脱水的温度应该有3个数据。在不同的资料中，硫酸铜晶体分布脱水的温度不一样，并且数据相差很大。以下是部分摘自实验论文的数据①。

$CuSO_4 \cdot 5H_2O \rightarrow CuSO_4 \cdot 3H_2O + 2H_2O$(102 ℃)

$CuSO_4 \cdot 3H_2O \rightarrow CuSO_4 \cdot H_2O + 2H_2O$(113 ℃)

$CuSO_4 \cdot H_2O \rightarrow CuSO_4 + H_2O$(218 ℃)

(3)固体从蓝色变成白色。不能无限高温，因为硫酸铜在高温下会分解成氧化铜。$2CuSO_4 \xlongequal{\triangle} 2CuO + 2SO_2\uparrow + O_2\uparrow$。

活动1.2　硫酸铜晶体结晶水测定原理

【交流研讨】

若用热重法，用电子天平至少测量几次？硫酸铜结晶水含量如何计算？

【展示交流】

(1)至少4次，分别为：洁净干燥的坩埚质量(m_1)、装有硫酸铜晶体坩埚的质量(m_2)、晶体变为白色后物质和坩埚的质量(m_3)、重复加热后坩埚的质量。

(2)硫酸铜结晶水含量的计算，假设硫酸铜晶体的化学式为$CuSO_4 \cdot xH_2O$，那么$(m_3-m_1)/M_{CuSO_4} : (m_3-m_2)/M_{H_2O}=1 : x$。

① 林敏.硫酸铜晶体结晶水含量的测定实验的改进[J].化学教学，2020(1):13-14.

实验任务

任务2　分析原教材实验的不足之处及改进方向

原教材用酒精灯对盛有硫酸铜晶体的坩埚进行加热，直到硫酸铜晶体完全变白，并且不再有水蒸气逸出为止。

【思考质疑】

(1)通过观察实验，评价教材实验有何优缺点？

(2)本实验操作中，你认为最关键的环节是什么？

(3)可以从哪个方向进行改进呢？

(4)可以用水浴加热吗？联系日常生活思考还有哪些加热方式？

【教师答疑】

(1)教材实验优点为所需仪器都是实验室常见仪器，使用方便简单；缺点有加热时间太长、酒精灯加热温度不好控制、加热过程坩埚外底部因为酒精不完全燃烧而变黑、使得坩埚增重、加热不均匀会引起晶体飞溅。

(2)本实验关键环节为恒重环节，晶体是否完全脱水，硫酸铜晶体加热的温度多高和时间多长，能使晶体从蓝色变为白色。

(3)本实验可以从加热方式方向去研究。

(4)结合硫酸铜晶体的分解温度，不能水浴加热或油浴加热；结合日常生活经验，可以采用沙浴加热和微波加热的方式。

实验任务

任务3　实验方案的设计和实施

活动3.1　沙浴加热实验方案设计

【展示交流】

综合许多文献资料，硫酸铜晶体加热的温度一般控制在260～300 ℃，但是不同的温度下，固体从蓝色变为白色的时间是不同的。

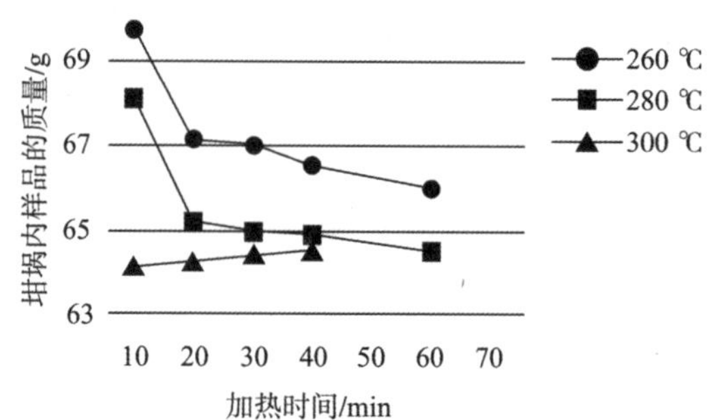

图 2 不同温度下坩埚内样品质量随时间的变化

表 1 硫酸铜结晶水在不同温度和加热时间下的含量

温度	10 min	20 min	30 min	40 min	60 min
260 ℃	3.89	4.35	4.37	4.46	4.54
280 ℃	4.16	4.74	4.76	4.79	4.85
300 ℃	4.95	4.95	4.94	4.93	—

【交流讨论】

(1)根据以上图表,采用沙浴加热的合适条件是什么?

(2)沙浴加热中是否加坩埚盖对样品质量变化有影响吗?

【方法导引】

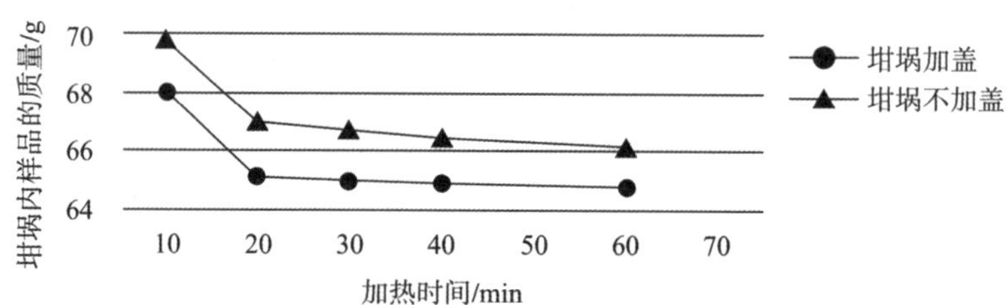

图 3 在 280 ℃ 时加和不加坩埚盖对坩埚内样品质量变化的影响

【展示交流】

(1)综合图和表数据,加热温度 280 ℃加热时间分别为 10 min 和 12 min;加热温度 300 ℃加热时间分别为 10 min 和 12 min,进行分组实验。

(2)加坩埚盖质量下降较快,不加坩埚盖质量下降较慢。主要原因是坩埚盖起着保温的作用。

活动 3.2　沙浴加热实验

【分组实验】

恒重坩埚：将一洁净的坩埚及坩埚盖置于泥三角上，小火烘干后，用酒精喷灯氧化焰将其灼烧至红热，而后冷却至略高于室温，再用坩埚钳将其移入干燥器中，冷却至室温，取出，用电子天平称量。重复加热、称量，直至恒重。

称量：用电子天平准确称量干燥的瓷坩埚的质量，并用这个坩埚称取 3.000 g 硫酸铜晶体。

加热：把盛有硫酸铜晶体的瓷坩埚放在沙浴加热器上，使其 3/4 的体积埋入沙中，将温度计插入沙中，将沙浴的温度升温至 300 ℃，加热时间大约 10 min，直至硫酸铜晶体从蓝色变为浅蓝色最后变成灰白色。然后用坩埚钳把坩埚放在干燥器冷却至室温。

称量：待瓷坩埚在干燥器冷却后，用滤纸将坩埚的外部擦干净，放在电子天平上称量，记下瓷坩埚和无水硫酸铜的质量。

加热再称量：把盛有无水硫酸铜的瓷坩埚再加热，放在干燥器里冷却再称量，记下质量。到连续两次称量的误差不超过 0.005 g 为止。

计算：由实验得到的数据，计算硫酸铜结晶水的含量。

活动 3.3　微波加热实验方案设计

【方法导引】

在不同微波功率下恒重时间见图 4，从曲线可看出，当功率为 80%(720 W)时，恒重时间为 8 min 左右；当功率为 60%(540 W)时，恒重时间为 12 min 左右；而当微波功率为 40%(360 W)时，则时间为 16 min 左右。在实际应用中，我们可以根据需要，选择不同的微波功率和时间。

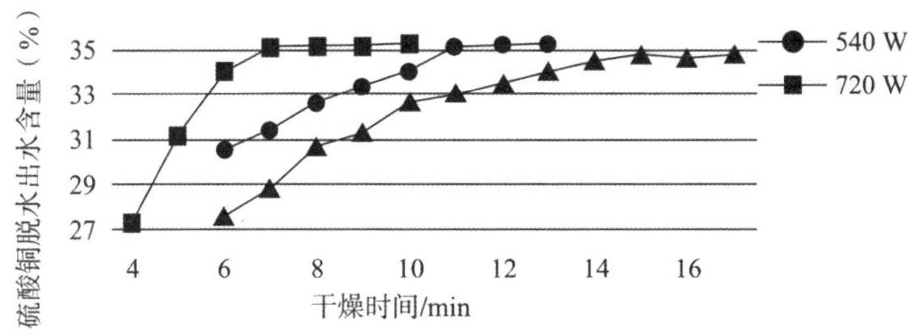

图 4　不同微波功率时硫酸铜晶体脱水量

【展示交流】

取试样 3.000 g，功率为 720 W 时，时间分别取 8 min 和 10 min；功率为 540 W 时，时间分别取 10 min 和 12 min，分组进行实验。

活动 3.4　微波加热实验

【分组交流】

与活动 3.2 相似,只有加热的步骤有改变,改为:

加热:把盛有硫酸铜晶体的瓷坩埚放在微波炉中,用 720 W 高火,加热时间大约 8 min,直至硫酸铜晶体从蓝色变为浅蓝色最后变成灰白色。然后用坩埚钳把坩埚放在干燥器冷却至室温。

实验任务

任务 4　最优实验条件探究

【展示交流】

在化学课代表的主持下,每个小组先汇报实验的数据,数据汇总如表 2。

表 2　不同条件下硫酸铜结晶水个数测定结果

组别	加热方式	温度或功率	加热时间	样品质量	恒重质量	结晶水含量
1	沙浴	300 ℃	10 min	3.000 g	1.927 g	4.95
2	沙浴	300 ℃	12 min	3.000 g	1.928 g	4.94
3	沙浴	280 ℃	10 min	3.000 g	2.048 g	4.13
4	沙浴	280 ℃	12 min	3.000 g	2.037 g	4.20
5	微波炉	720 W 高火	8 min	3.000 g	1.926 g	4.96
6	微波炉	720 W 高火	10 min	3.000 g	1.930 g	4.93
7	微波炉	520 W 高火	8 min	3.000 g	2.074 g	3.97
8	微波炉	520 W 高火	10 min	3.000 g	2.042 g	4.17

【评价优化】

请对 8 个组的实验做出评价。

(1)沙浴加热,温度比较高,反应速率较快,条件为 300 ℃、加热 10 min 比较合适。

(2)微波加热,微波火力大,反应速率较快,条件为 720 W 高火、加热 8 min 比较合适。

【项目总结】

以“硫酸铜结晶水的测定”为载体,引领学生开展基于真实实验情境的项目式学习,主要体现以下三个特点。

(1)体验性:从分析硫酸铜的结构特点,让学生深刻理解结构决定性质的规律;从对热重实验整体认识,让学生体验数据的处理过程;从质疑传统的实验方法,让学生体验实验的创新过程;从真实图表的阅读,让学生体验信息整理过程;从多种实验方法的研究,让学生体验实验探究的过程。

(2)活动性:实验教学的主体始终指向学生。从传统恒重问题的提出到加热方法的改进,从多种实验方法的实施到实验结果的评价等等,学生既是设计者又是实施者,同时还是评判者,而教师只是资料的提供者、问题的共同思考者、活动研讨的组织者。

(3)创新性:学生虽然通过参考实验文献资料分析图表数据,但并非简单盲从,而是分别用实验去验证结果;教师引导学生创新使用沙浴和微波等加热方法,对各种实验结果进行比对研究,进一步优化实验方案,极大激发了学生的创造性思维。

项目拓展

绿矾是含有一定量结晶水的硫酸亚铁,在工农业生产中具有重要的用途。某化学兴趣小组对绿矾的一些性质进行探究。

(1)在试管中加入少量绿矾样品,加水溶解,滴加 KSCN 溶液,溶液颜色无明显变化。再向试管中通入空气,溶液逐渐变红。由此可知:____。

(2)为测定绿矾中结晶水含量,将石英玻璃管(带两端开关 K_1 和 K_2,设为装置 A)称重,记为 m_1 g。将样品装入石英玻璃管中,再次将装置 A 称重,记为 m_2 g。按图 5 连接好装置进行实验.

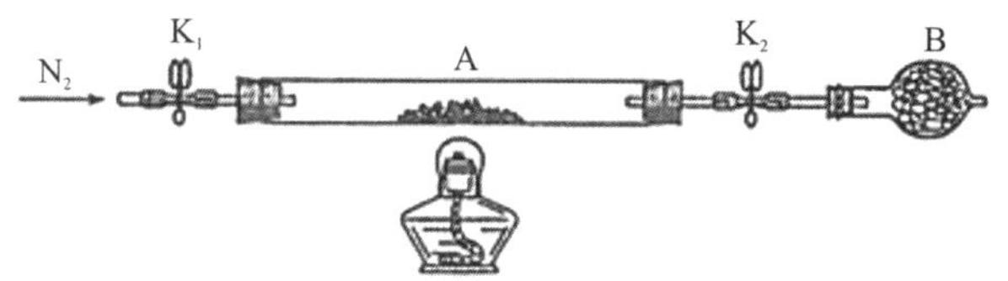

图 5　实验装置图

①仪器 B 的名称是________。

②将下列实验操作步骤正确排序________(填标号);重复上述操作步骤,直至 A 恒重,记为 m_3 g。

a.点燃酒精灯,加热　　b.熄灭酒精灯　　c.关闭 K_1 和 K_2

d.打开 K_1 和 K_2,缓缓通入 N_2　　e.称量 A　　f.冷却至室温

③根据实验记录，计算绿矾化学式中结晶水数目 $x=$ ________________（列式表示）。若实验时按 a、d 次序操作，则使 x __________（填"偏大""偏小"或"无影响"）。

(3)为探究硫酸亚铁的分解产物，将(2)中已恒重的装置 A 接入图 6 所示的装置中，打开 K_1 和 K_2，缓缓通入 N_2，加热。实验后反应管中残留固体为红色粉末。

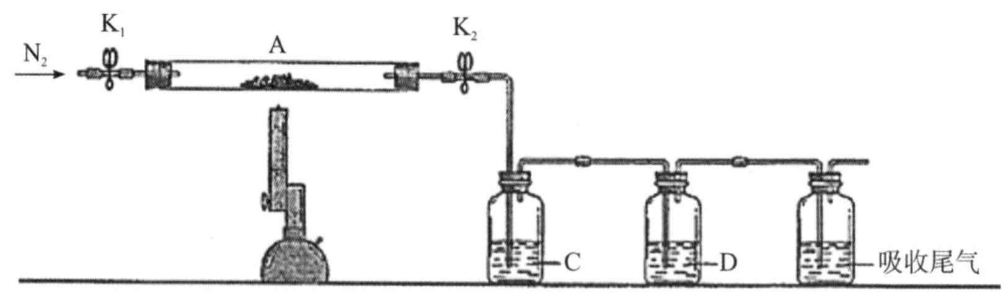

图 6　实验装置图

①C、D 中的溶液依次为________（填标号）。C、D 中有气泡冒出，并可观察到的现象分别为______________________________________。

a.品红　　b.NaOH　　c.$BaCl_2$　　d.$Ba(NO_3)_2$　　e.浓 H_2SO_4

②写出硫酸亚铁高温分解反应的化学方程式：________________________________。

（该项目由张建阳老师提供，张建阳老师是厦门市专家型教师、卓越型教师培养对象、正高级教师）

第二节　化学原理探究

项目式学习的"化学原理探究"是指学生围绕某个知识问题提出假设和猜想，然后设计实验方案，通过实验得出结论，并反思、评价实验结果的一种探究学习方式。从化学核心概念或基本原理中提出并选择研究性问题，开展有关实验活动。例如，阿伏伽德罗常数的测定，配位平衡的研究与平衡常数测定，反应条件对化学平衡的影响，硫代硫酸钠与酸反应速率的影响因素，燃料电池、干电池、浓差电池等的模拟实验，铝的阳极氧化等。从当代化学科学研究成果中选择内容，简化设计成实验活动。例如，振荡反应的探究，纳米材料的制备与性质探究，离子液体的制备，化学发光反应的探究等。借助化学软件、实物模型进行分子结构理论计算、分子结构模型搭建。例如，利用有关软件绘制分子的空间结构和分子轨道图形、模拟分子的各种谱图。

项目式学习的"化学原理探究"需要经历提出问题，设计、评价和优化实验方案，开展实验活动，收集实验现象、数据等相关证据，根据证据进行分析推理，以及得出结论等环节。使学生知道在实验设计和实施过程中如何控制相关变量，如何对实验数据进行分析，能分析产生误差的原因，初步形成定量研究的意识，认识比较、归纳、分析、综合等方法在分析推理过程中的应用。在此基础上，发展学生运用化学知识和实验方法开展综合项目研究的能力。

化学实验项目 5"利用手持技术探究温度对溶液 pH 的影响"通过电离平衡移动、水解平衡移动、盐的热稳定性与氧化还原性等理论分析温度对不同电解质溶液 pH 的影响。引导学生建构多因素、多角度综合分析多重平衡体系的基本思路。通过文献阅读、数据图表分析、分组汇报等形式提高学生信息提取、分析和处理信息的能力。

化学实验项目 6"化学反应速率的测定"以高锰酸钾和草酸反应为载体，探究化学反应速率的测定及影响反应速率的因素，以期通过真实复杂实验探究过程，培养学生科学探究的思维和能力，发展学生的化学学科核心素养。该项目实施过程中，在探究高锰酸钾与草酸反应速率变化趋势时，出现与学生预测不同的异常现象，引导学生在复杂体系中分析可能的原因并验证。学生在实验过程中，应用所学知识，寻找可能的原因，再通过实验验证排除，再次寻找可能的原因并设计实验验证，这个过程形成和发展了学生的解决问题思维、批判性思维、创新思维等高阶思维。

化学实验项目 7"硫酸铜与氢氧化钠反应条件的探究"从学生身边很普通的实验出发，在学生自主发现异常现象后深入探究，从宏观的实验验证到反应机理的探查，再到深入验证产物的生成，从单一反应物生成单一生成物到单一反应物的用量不同可以生成多种生成物，丰富了学生认识化学变化的视角，深入认识了化学反应的条件，同样的反应物在不同条件下生成不同的生成物。整个实验的过程中，充满着小组的合作、实验、探究、质疑、讨论，让学生充分体会科学探究的过程，培养了学生的实证精神，帮助学生深入理解了化学学科的本质。

化学实验项目 8"自制燃料电池"借用生活中的 9 V 电源、2B 铅笔芯、海绵等为实验素材，方便快捷地让学生感受到在实验过程中发生的能量转化。金属燃料电池更是仅用一小片金属、一小叠滤纸、一根铅笔芯就带动了电子表，极大地激发了学生的学习兴趣。数字化实验探究影响燃料电池性能的因素，化定性为定量，化静态为动态。借助电压传感器实时监测燃料电池放电过程中电压随时间的变化，通过计算机直接绘制出相应的曲线，帮助学生更直观地感受不同燃料电池放电的差异，了解影响燃料电池性能的因素。

综上所述，项目式学习的"化学原理探究"主题教学策略如下：一是要发挥典型实验的探究作用，积极将验证性实验设计成探究型实验，积极挖掘实验的探究功能与价值。二是积极选取真实的、有意义的、有趣味性的、视觉效果好的、有冲击力的，能提高学生注意力的实验，让学生在真实情境中主动提升自己的实验能力。三是积极引导学生思考，改变注重动手但缺乏深度思考，重视实验操作但是忽略实验体系与环境、方法与原理分析的情况，重视实验设问的逻辑性、可思考性，强调高阶思维，倡导深度学习。四是积极倡导教材实验与日常生活相结合，使得实验的分析与结论能与生活紧密相连，突出实验探究的实用性。五是积极改进和创新实验，积极发展学生的思维，培养学生的创新能力。六是注重教材实验的二次设计，关注实验体系设计的系统性、整体性、完整性。七是积极倡导“教学评一体化”原则，强调评价的客观性、指导性、整体性、科学性、发展性原则。八是积极利用信息技术与实验教学相融合，促进学生对实验的整体理解。

项目 5　利用手持技术探究温度对溶液 pH 的影响

一、项目内容分析

在实际的教学中，为了方便学生理解，分析电解质溶液中的平衡移动时，经常采用只考虑主要平衡，忽略其他平衡，分析主要因素的影响而忽略次要因素。虽然考虑单因素影响可以使问题简化，但长此以往，学生会习惯忽略化学变化的复杂性，不利于学生平衡思想的建构。

$pH=-\lg[H^+]$是常用的衡量溶液酸碱性的定量指标，由于水溶液中存在水的电离平衡、溶质本身的电离平衡或者水解平衡。当改变温度时，上述平衡都可能发生移动，从而引起溶液 pH 的变化。除此之外，溶质的热稳定性，氧化还原性等也会影响溶液 pH。不同的溶液温度改变时，溶液 pH 是增加还是减少，就需要实验进行测量。北京卷以及福建卷等多地高考题，屡次针对这一知识点进行考察。因此，将本素材设计成项目式实验活动，作为电解质溶液一章的复习课，可以使学生通过利用手持技术实际测量不同电解质溶液的在不同温度下的 pH，观测 pH 随温度变化的情况。学生通过交流讨论、数据分析等环节推导出温度对 pH 变化影响的原因。学生在分析推理、质疑、猜想和设计等高阶思维中加深对电解质溶液相关理论的理解，建构正确的电解质溶液思维模型，同时在项目式活动中培养了实验探究与证据推理等学科核心素养。

二、项目教学目标

(1)通过实验能熟悉使用手持技术装置的使用方法。

(2)能利用电离平衡移动,水解平衡移动,盐的热稳定性与氧化还原性等理论分析温度对不同电解质溶液 pH 的影响。引导学生建构多因素、多角度综合分析多重平衡体系的基本思路。

(3)通过文献阅读、数据图表分析、分组汇报等方式提高学生提取信息、分析信息和处理信息的能力。

(4)能在真实的问题情境中提出猜想,设计出相应的实验方案并实施。

三、项目教学过程

任务 1　问题引入

[教师]分别对浓度均为 0.1 mol·L^{-1}的醋酸、氨水、CH_3COONa、NH_4Cl等四种电解质溶液进行加热,溶液的 pH 如何变化?(不考虑升温过程中溶质的挥发)

[学生]升温会使得弱电解质的电离平衡正向移动,也会促进盐的水解,根据溶液的酸碱性判断,醋酸、NH_4Cl 两种溶液 pH 应下降,而氨水、CH_3COONa 两种溶液 pH 应上升。

[教师]事实是否如此,请同学通过实验验证一下。

【分组实验 1】连接数据采集器和 pH 传感器、温度传感器,预热并校正 pH 传感器。在四只 100 mL 烧杯中分别倒入 50 mL 0.1 mol·L^{-1}氨水、醋酸、CH_3COONa、NH_4Cl 四种溶液,插入 pH 传感器、温度传感器,启动加热器,运行数据采集器,利用电脑收集数据,记录不同温度下四种溶液的 pH 并汇报交流。

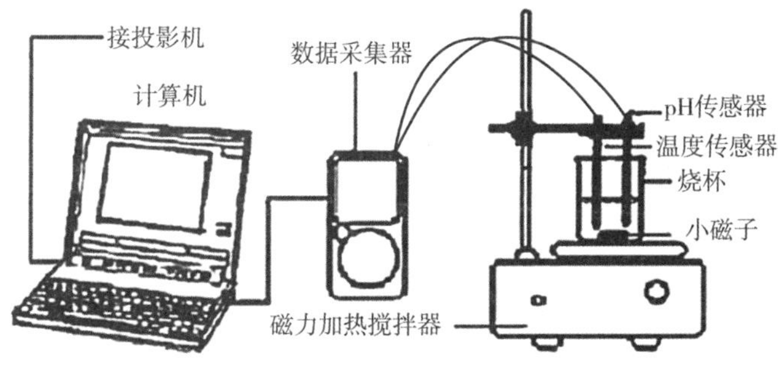

图 3-2-1　探究温度对溶液 pH 的影响的实验装置

[学生]汇报数据：

表 3-2-1　氨水、醋酸、CH_3COONa、NH_4Cl 四种溶液在不同温度下的 pH

溶液	25 ℃	30 ℃	40 ℃	50 ℃
醋酸	2.89	2.87	2.87	2.85
氨水	11.10	10.95	10.68	10.30
CH_3COONa	9.00	8.76	8.62	8.46
NH_4Cl	5.12	5.03	4.87	4.73

测量四种溶液在室温(25 ℃)、30 ℃、40 ℃、50 ℃的 pH，随着温度的升高，醋酸溶液的 pH 几乎不变，氨水与醋酸钠溶液 pH 不仅没有上升反而下降，只有氯化铵溶液的 pH 与我们的预测一致，升温导致 pH 降低。

[教师]四种溶液中有三种溶液 pH 变化与我们的理论预测存在出入，这就是本节课要研究的项目：温度对溶液 pH 的影响。

【设计意图】通过例题与分组实验引入整节课的项目任务，利用理论与实验结果的不同引发认知冲突，激发学生的学习兴趣。

任务 2　探究温度对弱电解质与盐溶液 pH 变化的影响

[教师]展示资料，引导学生讨论交流。醋酸与氨水在不同温度下的电离平衡常数如表 3-2-2 所示，请分析二者不同温度下的 pH 变化趋势，你觉得和什么因素有关？

表 3-2-2　不同温度下醋酸与氨水的电离平衡常数

参数	25 ℃	30 ℃	40 ℃	50 ℃
K_a(醋酸)	1.694×10^{-5}	1.806×10^{-5}	1.852×10^{-5}	1.887×10^{-5}
K_b($NH_3\cdot H_2O$)	1.710×10^{-5}	1.820×10^{-5}	1.862×10^{-5}	1.892×10^{-5}

[学生]根据所给出的醋酸与氨水在不同温度下的电离平衡常数，可以发现虽然温度升高，二者的电离平衡常数在增加，但是增加幅度并不大，也就是说明温度对二者的电离平衡影响不大。醋酸溶液的 pH 基本不变，而氨水的 pH 却在下降，可能与水的电离有关。

[教师]能否设计一个实验验证随着温度的升高，氨水 pH 的减小与水的电离有关？

[学生]可以测量纯水的 pH 随着温度的变化情况并计算出不同温度下

的 K_w。

【分组实验 2】测量记录室温(25 ℃)、30 ℃、40 ℃、50 ℃的纯水的 pH 并汇报交流。

表 3-2-3　不同温度下纯水 pH 与离子积

参数	25 ℃	30 ℃	40 ℃	50 ℃
pH	7.10	6.95	6.74	6.62
K_w	$10^{-14.20}$	$10^{-13.9}$	$10^{-13.68}$	$10^{-13.24}$

[教师]通过上述的实验结果,你们能否解释氨水升温后 pH 降低的原因?

[学生]根据纯水的 pH 变化,我们可以知道 K_w 随着温度的升高而增大,由此数据可以计算出不同温度下水的 K_w,从而计算出不同温度下氨水中$[OH^-]$浓度。

表 3-2-4　不同温度下氨水溶液中 OH^- 浓度

参数	25 ℃	30 ℃	40 ℃	50 ℃
0.1 $mol \cdot L^{-1}$氨水 $[OH^-]/(mol \cdot L^{-1})$	$10^{-3.10}$	$10^{-3.05}$	$10^{-3.00}$	$10^{-2.96}$

可以看出氨水中$[OH^-]$浓度虽然有增加,但是变化幅度很小,与资料中氨水电离平衡常数随温度变化不相符合。可以认为 pH 下降是由于 K_w 的变化引起的。由于碱性溶液的 $pH=-\lg[H^+]=-\lg\dfrac{K_w}{[OH^-]}$,而变温过程由于 K_w 与$[OH^-]$都发生变化,因此升温过程中碱性溶液 pH 的变化二者都需要考虑。

[教师]有了前面的经验,请同学们猜测醋酸钠溶液随着升温 pH 降低,可能的原因是哪些?

[学生]有可能是升温并未使得水解平衡正向移动,也有可能是与上述的氨水等碱性溶液类似,受到了 K_w 的影响。

[教师]请利用已有数据分析,升温过程是否使得醋酸钠溶液的水解平衡正向移动,以及 K_w 的变化是否影响溶液的 pH。

[学生]交流讨论,计算出醋酸钠溶液中的$[OH^-]$浓度。

表 3-2-5　不同温度下醋酸钠溶液中 pH 与 OH^- 浓度

参数	25 ℃	30 ℃	40 ℃	50 ℃
CH_3COONa 的 pH	9.0	8.76	8.62	8.46
$[OH^-]/(mol \cdot L^{-1})$	$10^{-5.20}$	$10^{-5.14}$	$10^{-5.06}$	$10^{-4.78}$

由数据可得，溶液中$[OH^-]$浓度增大，说明水解平衡正向移动，而溶液 pH 减小是因为温度对 K_w 的影响更大，所以造成 pH 减少。$\frac{K_w}{[OH^-]}$是增大的，因此 pH 也是随温度增加而减少。

【设计意图】通过对已有文献资料与数据分析，让学生体会到温度变化对弱电解质的电离平衡、可水解盐溶液的水解平衡都有影响，也对溶剂水的电离有影响。学生能认识到不能简单通过单一平衡的移动来判断 pH 随温度的变化趋势，而需要通过实验探究与证据推理而得出结论，为下一项目任务中更复杂的体系分析做准备。

任务 3　探究温度对碳酸氢钠溶液 pH 的影响

[教师]请同学预测一下碳酸氢钠、亚硫酸钠溶液 pH 的随温度升高的变化情况。

[学生]二者都是弱酸强碱盐，水解都呈碱性，需要分析升温过程中水解平衡与水的电离平衡哪个因素占主导因素，因此需要通过实验进行测定。

【分组实验 3-1】连接数据采集器和 pH 传感器、温度传感器，预热并校正 pH 传感器。在 100 mL 烧杯中倒入 50 mL 的 0.1 $mol \cdot L^{-1}$ $NaHCO_3$ 溶液，插入 pH 传感器、温度传感器，启动加热器，运行数据采集器，用电脑收集数据，绘制升温过程中温度-pH 变化关系图。

[交流研讨]根据碳酸氢钠溶液 pH 升温过程变化趋势图（图 3-2-2），分析温度对碳酸氢钠溶液 pH 的影响。

[学生]碳酸氢钠与之前讨论的醋酸钠溶液类似，而升温时水解平衡也是右移，由于温度对于 K_w 的影响更加显著，$\frac{K_w}{[OH^-]}$呈增大趋势，因此 pH 也是随温度增加而减少。升温至 45 ℃后，溶液的 pH 不断升高，有可能是以下两种原因，一是 $NaHCO_3$ 溶液受热分解成为碳酸钠，而碳酸钠的水解程度更大，因此溶液的 pH 增加，二是 45 ℃后升温对水解平衡的影响比 K_w 的影响更显著。

[教师]能否针对上述猜想设计实验方案进行验证？

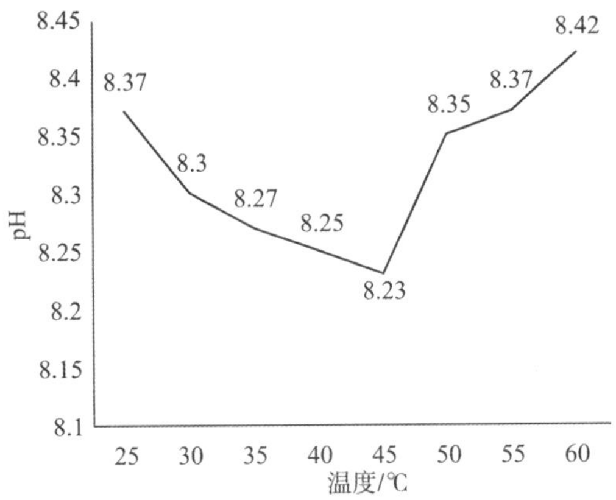

图 3-2-2　升温过程碳酸氢钠溶液 pH 变化图

[学生交流讨论]只需要将溶液降温至 25 ℃,如果溶液的 pH 重新回到起点,说明升温过程是因为温度对水解平衡的影响所致,并未发生碳酸氢钠的分解反应。如果降温后 pH 较原溶液有升高,则说明碳酸氢钠溶液在升温过程中分解了。

【分组实验 3-2】关闭加热器,并将盛有碳酸氢钠溶液的烧杯移入冷水浴中,记录温度下降过程中的温度-pH 变化关系图 3-2-3。

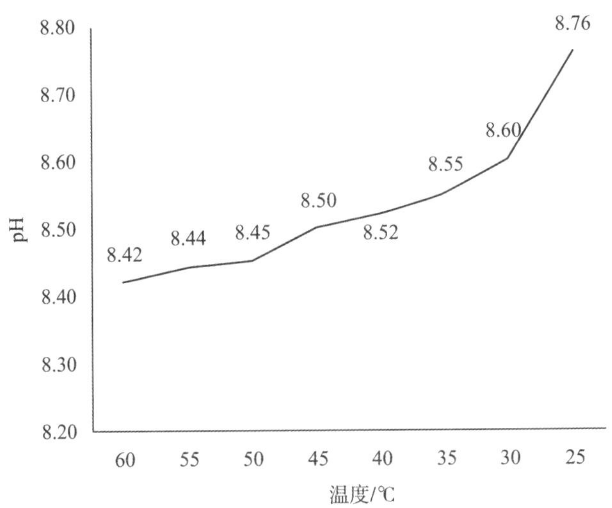

图 3-2-3　降温过程碳酸氢钠溶液 pH 变化图

[学生]根据降温过程的 pH 变化,可以说明碳酸氢钠溶液确实发生了分解反应,得到了水解程度更大的碳酸钠溶液。

设计意图:升温过程中碳酸氢钠溶液变化趋势与醋酸钠又有所不同,学生需要将之前所建构的思维模型继续发展,除了考虑温度对水解平衡与水的电离平衡的影响,需要多考虑溶质的热稳定性。通过预测—实验—实验数据分析—提出新猜想—设计实验方案并实施—分析实验结果的过程,加深学生对实验探究以及电解质溶液相关理论的理解。

任务4 探究温度对亚硫酸钠溶液 pH 的影响

【分组实验4-1】连接数据采集器和 pH 传感器、温度传感器,预热并校正 pH 传感器。在 100 mL 烧杯中倒入 50 mL 的 0.1 mol·L^{-1} Na_2SO_3 溶液,插入 pH 传感器、温度传感器,启动加热器,运行数据采集器,用电脑收集数据,绘制升温过程中温度-pH 变化关系图。

【交流研讨】根据亚硫酸钠溶液 pH 升温过程变化趋势图(图 3-2-4),分析温度对亚硫酸钠溶液 pH 的影响。

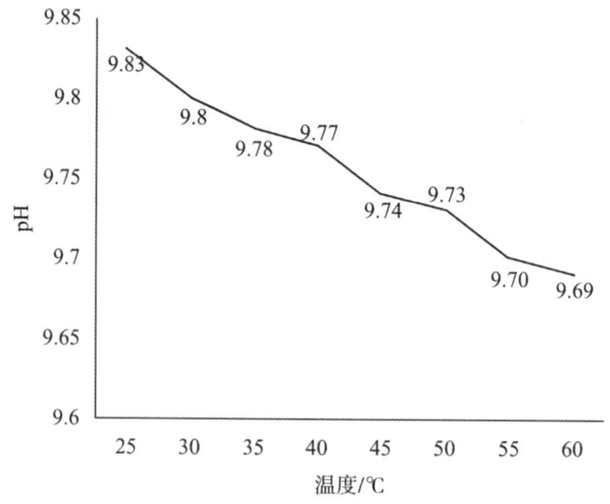

图 3-2-4 升温过程亚硫酸钠溶液 pH 变化图

[学生]升温时亚硫酸钠水解平衡右移,由于温度对于 K_w 的影响更加显著,$\frac{K_w}{[OH^-]}$是增大的,因此 pH 也是随温度增加而减少,此变化规律与醋酸钠溶液的变化规律基本一致。

【分组实验4-2】关闭加热器,并将盛有 Na_2SO_3 溶液移冷水浴中,记录温度下降过程中的温度-pH 变化关系图。

【交流研讨】根据亚硫酸钠溶液 pH 降温过程变化趋势图,分析亚硫酸钠溶液 pH 在降温阶段不升反降的原因。

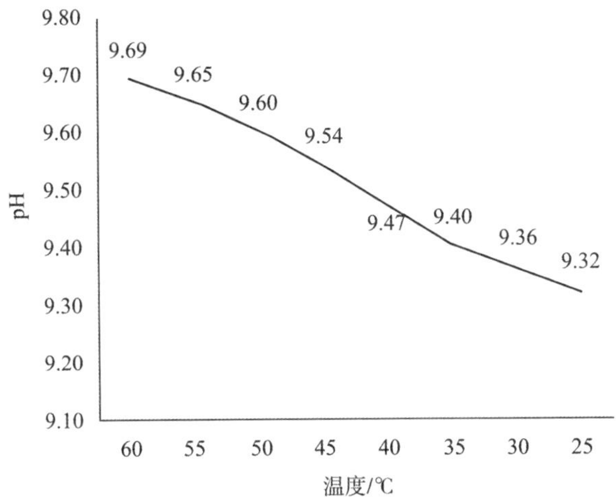

图 3-2-5　降温过程亚硫酸钠溶液 pH 变化图

[学生]可能是部分亚硫酸钠被氧化为不能水解的硫酸钠，使得溶液 pH 不断降低。

[教师]设计实验证明亚硫酸钠溶液被空气氧化。

【学生设计方案并分组实验】实验方案：取加热并冷却后的溶液，先加入足量盐酸，再加入氯化钡溶液，若生成硫酸钡白色沉淀，则证明有硫酸钠存在，由亚硫酸钠被氧气氧化得到。

设计意图：学生通过探究，理解了温度对电离平衡与水解平衡有影响，在此基础上，学生继续探究温度氧化还原反应等因素如何影响溶液 pH。

四、教学反思

温度变化过程中，影响溶液 pH 的因素较多，如盐类水解平衡移动、水的电离平衡移动、盐的热稳定性、氧化还原性等，这就需要学生摆脱习惯思维定式。从离子反应和价态升降的氧化还原反应等角度思考，认识化学变化的复杂性，要多角度、动态地分析化学变化，应用化学反应原理结合实际现象解决问题。

在真实问题解决过程中，重视以实验、推理为基础的科学研究方法。学生分析出影响溶液 pH 变化的可能因素，并根据猜想设计实验进行验证，用控制变量、定性与定量、分类与比较等方法，获取事实和证据，再基于证据进行分析和推理，对实验过程和结果进行反思，得出合理的结论。

本节课的素材来源于真实的高考试题，教师在教学中需要改变把高考试题中的化学问题单纯“就题解题”的教学模式，在教学中以试题为背景设置真实情境与项目式任务，对于学生从简单记忆具体事实转化为具有迁移能力思维方法的思维模式转变很有帮助。

附录五　利用手持技术探究温度对溶液 pH 的影响教材

- 任务 1　测量不同溶液 pH 随温度变化情况
- 任务 2　测量碳酸氢钠溶液 pH 随温度变化情况
- 任务 3　测量亚硫酸钠溶液 pH 随温度变化情况

实验目标

(1)基本技能：能熟悉使用手持技术装置的使用方法。

(2)实验研究方法：能利用电离平衡移动，水解平衡移动，盐的热稳定性与氧化还原性等理论分析温度对溶液 pH 的影响。

(3)实验意识：能建构多因素、多角度综合分析多重平衡体系的基本思路。

pH＝lg[H^+]是常用的衡量溶液酸碱性的定量指标，由于水溶液中存在水的电离平衡、溶质本身的电离平衡或者水解平衡。当改变温度时，上述平衡都可能发生移动，从而引起溶液 pH 的变化。除此之外，溶质的热稳定性、氧化还原性等也会影响溶液 pH。因此，不同的溶液温度改变时，溶液 pH 是增加还是减少，就需要通过实验进行测量。

实验用品

仪器：250 mL 烧杯、手持技术工作平台、pH 传感器、温度传感器、加热装置。

药品：盐酸、醋酸、NaOH、氨水、NaCl、CH_3COONa、NH_4Cl、Na_2SO_3、$NaHCO_3$(均为 0.1 mol·L^{-1})、$BaCl_2$ 溶液、稀硫酸、稀盐酸。

实验任务

任务 1　测量不同溶液 pH 随温度变化情况

活动 1.1　测定不同溶液在不同温度下的 pH

如图 1 所示，连接数据采集器和 pH 传感器、温度传感器，预热并校正 pH 传感器。在 100 mL 烧杯中倒入 50 mL 0.1 mol・L^{-1} 电解质溶液插入 pH 传感器、温度传感器，启动加热器，运行数据采集器，用电脑收集数据，在表 1 中记录不同温度下电解质溶液的 pH 并汇报交流。

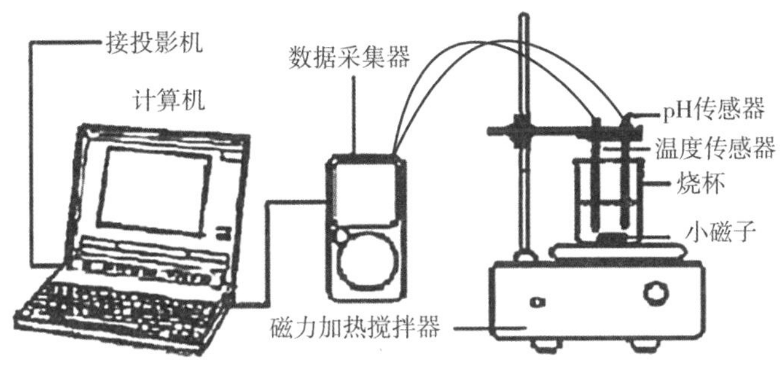

图 1　探究温度对溶液 pH 影响的实验装置

表 1　不同温度下电解质的 pH

溶液	温度			
	25 ℃	30 ℃	40 ℃	50 ℃
纯水				
醋酸				
氨水				
CH_3COONa				
NH_4Cl				

活动 1.2　分析不同溶液 pH 随温度变化的原因

(1) 根据上述纯水 pH-温度数据，请计算出表 2 中不同温度条件的 K_w，并与理论值相比较。

表 2　不同温度下理论和计算得到的 K_w

参数	25 ℃	30 ℃	40 ℃	50 ℃
pK_w(计算值)				
pK_w(理论值)	14.0	13.83	13.55	13.23

(2)参阅得知醋酸与氨水在不同温度下的电离平衡常数如表 3 所示，请分析二者不同温度下的 pH 变化趋势，你觉得和什么因素有关？

表 3　醋酸与氨水在不同温度下的电离平衡常数

参数	25 ℃	30 ℃	40 ℃	50 ℃
K_a(醋酸)	1.694×10^{-5}	1.806×10^{-5}	1.852×10^{-5}	1.887×10^{-5}
$K_b(NH_3 \cdot H_2O)$	1.710×10^{-5}	1.820×10^{-5}	1.862×10^{-5}	1.892×10^{-5}

(3)醋酸钠溶液与氯化铵溶液 pH 随温度的变化趋势，与你的预测是否一致？如果不一致，你觉得可能与什么因素有关？你可以利用已有的数据证明你的猜测吗？

根据测定的纯水的 pH 可以计算出，$K_w=[H^+]^2$，$pK_w=2\times pH$，代入数据就可以算出不同温度实际测得的 pK_w。根据数据，我们可以发现，随温度升高，pK_w在不断减小，说明随着温度升高，水的电离程度在不断增大，与理论值基本一致。

根据所给出的醋酸与氨水在不同温度下的电离平衡常数，可以发现虽然温度升高，二者的电离平衡常数在增加，但是增加幅度并不大，也就是说温度对二者的电离平衡影响不大，根据醋酸溶液测得的 pH 变化不大，得出醋酸溶液的 pH 基本不变。对氨水而言，因为对于碱性溶液而言，$pH=-\lg\frac{K_w}{[OH^-]}$，温度对电离程度影响不大，因此$[OH^-]$几乎不变，而 K_w 随着温度的增加而增大，因此 pH 也随之减小。

醋酸钠溶液与氯化铵溶液 pH 随温度的变化趋势都是随着温度升高而降低，但是二者不太相同。氯化铵的水解平衡随温度升高而正向移动，$[H^+]$增大，pH 变小；而升温后，醋酸钠水解平衡也是右移，$[OH^-]$增大，但是根据 $pH=-\lg\frac{K_w}{[OH^-]}$，由于温度对于 K_w 的影响更加显著，$\frac{K_w}{[OH^-]}$是增大的，因此 pH 也是随温度增加而减少。

实验任务

任务 2　测量碳酸氢钠溶液 pH 随温度变化情况

活动 2.1　测定碳酸氢钠溶液在不同温度下的 pH

连接数据采集器和 pH 传感器、温度传感器，预热并校正 pH 传感器。在 100 mL烧杯中倒入 50 mL 的 0.1 mol・L^{-1} $NaHCO_3$ 溶液，插入 pH 传感器、温度传感器，启动加热器，运行数据采集器，用电脑收集数据，绘制升温过程中温度-pH 变化关系图。关闭加热器，并将盛有 $NaHCO_3$ 的溶液移入冰水浴中，

记录温度下降过程中的温度-pH 变化关系图。

碳酸氢钠溶液 pH 升温与降温过程中的变化趋势如图 2 及图 3 所示。

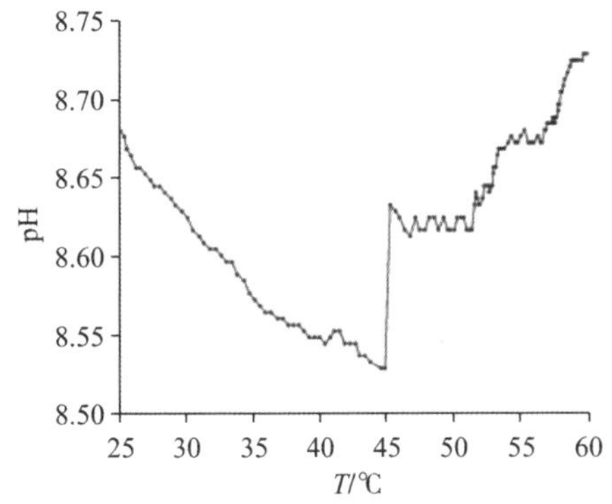

图 2　升温过程碳酸氢钠溶液 pH 变化图

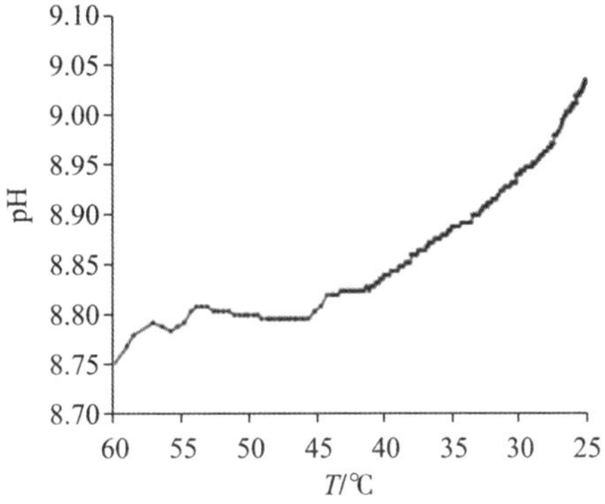

图 3　降温过程碳酸氢钠溶液 pH 变化图

活动 2.2　分析温度对碳酸氢钠溶液 pH 的影响

(1)对比醋酸钠溶液与碳酸氢钠溶液的随温度升高 pH 的变化趋势，分析二者不同的原因。

(2)碳酸氢钠溶液随着温度降低，pH 并不能回复到起始状态，根据这一现象你可以得到什么结论？

碳酸氢钠与之前讨论的醋酸钠溶液类似，而升温时水解平衡也是右移，$[OH^-]$增大，但是根据 $pH=-\lg\frac{K_W}{[OH^-]}$，由于温度对于 K_w 的影响更加显著，$\frac{K_W}{[OH^-]}$是增大的，因此 pH 也是随温度增加而减少。升温至 45 ℃后，溶液的 pH 不断升高，主要是因为 $NaHCO_3$ 受热分解成为碳酸钠的程度更大，因此溶

液的 pH 增加。而降温以后，pH 并没有回到起始状态，这是因为溶质的成分已经改变，温度降低，碳酸钠水解平衡左移，$[OH^-]$减小，但是根据 $pH=-\lg\frac{K_W}{[OH^-]}$，由于温度对于 K_w 的影响更加显著，$\frac{K_W}{[OH^-]}$是减小的，所以 pH 也是随温度降低而增大。

实验任务

任务 3　测量亚硫酸钠溶液 pH 随温度变化情况

活动 3.1　测定不同溶液在不同温度下的 pH

连接数据采集器和 pH 传感器、温度传感器，预热并校正 pH 传感器。在 100 mL 烧杯中倒入 50 mL 的 0.1 $mol \cdot L^{-1}$ Na_2SO_3 溶液，插入 pH 传感器、温度传感器，启动加热器，运行数据采集器，用电脑收集数据，绘制升温过程中温度-pH 变化关系图。关闭加热器，并将盛有 Na_2SO_3 的溶液移入冰水浴中，记录温度下降过程中的温度-pH 变化关系图。

亚硫酸钠溶液 pH 在升温与降温过程中的变化趋势如图 4 及图 5 所示。

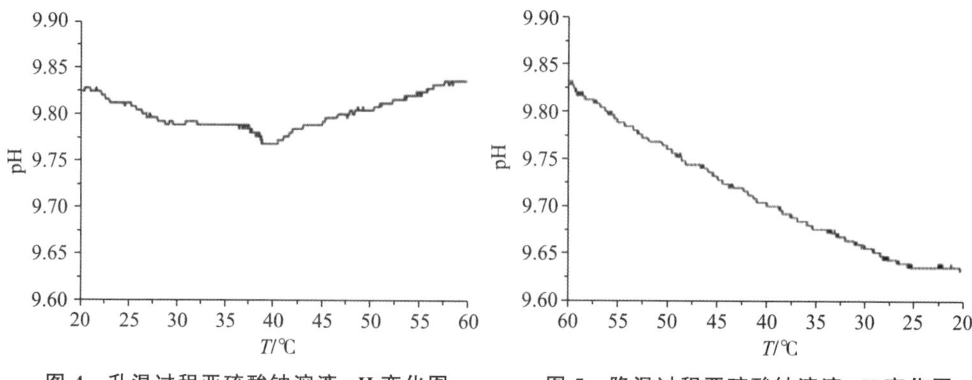

图 4　升温过程亚硫酸钠溶液 pH 变化图　　图 5　降温过程亚硫酸钠溶液 pH 变化图

活动 3.2　分析温度对亚硫酸钠溶液 pH 的影响

(1)根据上述温度-pH 曲线，结合加热条件下 Na_2SO_3 与空气反应，以及温度对水的电离平衡、Na_2SO_3 的水解平衡的移动的影响分析曲线变化的原因。

(2)设计实验证明温度升高时 Na_2SO_3 与空气发生了反应，请设计实验方案并实施。

升温时亚硫酸钠水解平衡右移，$[OH^-]$增大，但是根据 $pH=-\lg\frac{K_W}{[OH^-]}$，由于温度对于 K_w 的影响更加显著，$\frac{K_W}{[OH^-]}$是增大的，所以 pH 也是随温度增加而减少。降温阶段不升反降，这与理论趋势不相符，部分亚硫酸钠被氧化为不能水解的硫酸钠，使得溶液 pH 不断降低。于是可以推测，升温阶段亚硫酸钠被氧化同样发生，对比 40 ℃时理论 pH 为 9.91 和实际测量 pH 为 9.76 可以得到验证。故而讨论温度改变对溶液 pH 的影响这一具体问题时，应当综合考虑水解平衡、电离平衡以及氧化还原反应等诸多因素的共同影响。

为了证明 Na_2SO_3 与空气发生了反应，可以设计以下实验方案：取加热并冷却后的溶液，先加入足量盐酸，再加入氯化钡溶液，若生成硫酸钡白色沉淀，证明有硫酸钠存在，其系亚硫酸钠被氧气氧化得到。

【项目拓展】

(1)实验测得 0.5 $mol\cdot L^{-1}$ CH_3COONa 溶液、0.5 $mol\cdot L^{-1}$ $CuSO_4$ 溶液以及 H_2O 的 pH 随温度变化的曲线如图 6 所示。下列说法正确的是(　　)。

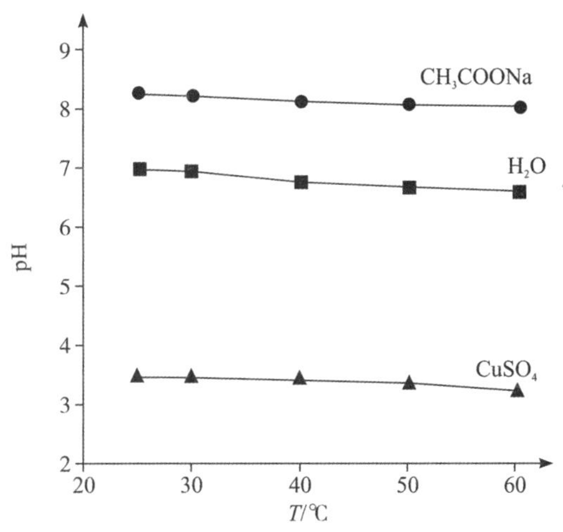

图 6　pH 随温度变化的曲线

A. 随温度升高，纯水中 $c(H^+)>c(OH^-)$

B. 随温度升高，CH_3COONa 溶液的 $c(OH^-)$减小

C. 随温度升高，$CuSO_4$ 溶液的 pH 变化是 K_w 改变与水解平衡移动共同作用的结果

D. 随温度升高，CH_3COONa 溶液和 $CuSO_4$ 溶液的 pH 均降低，是因为 CH_3COO^-、Cu^{2+} 水解平衡移动方向不同

(2)测定 0.1 mol·L^{-1} Na_2SO_3 溶液先升温再降温过程中的 pH,数据见表 4。

表 4 先升温再降温过程中的 pH

时刻	①	②	③	④
温度/℃	25	30	40	25
pH	9.66	9.52	9.37	9.25

实验过程中,取①④时刻的溶液,加入盐酸酸化的 $BaCl_2$ 溶液做对比实验,④产生白色沉淀多。下列说法不正确的是(　　)。

A. Na_2SO_3 溶液中存在水解平衡:$SO_3^{2-}+H_2O \rightleftharpoons HSO_3^{-}+OH^{-}$

B. ④的 pH 与①不同,是由于 SO_3^{2-} 浓度减小造成的

C. ①→③的过程中,温度和浓度对水解平衡移动方向的影响一致

D. ①与④的 K_w 值相等

(该项目由林伟老师提供,林伟老师为省级学科带头人)

项目 6　化学反应速率的测定

一、项目内容分析

本项目学习主题选自新鲁科版《普通高中课程标准实验教科书:化学 2(必修)》学生必做实验“探究化学反应速率的影响因素”①,同时结合新课标化学反应原理模块“主题 2:化学反应的方向、限度和速率”的“学习活动建议”②,根据学生学情,确立以高锰酸钾和草酸的反应为载体,学习化学反应速率的测定方法(量气法和比色法);通过实验方案的设计与实施,研究影响化学反应速率的因素,建构单一变量控制的思维模型;通过实验异常现象的分析与解释,感受科学探究的一般过程与方法,并能从宏观与微观结合的视角分析与解决问题,发

① 王磊.普通高中课程标准实验教科书:化学 2(必修)[M].济南:山东科学技术出版社,2019:57-58.

② 中华人民共和国教育部.普通高中化学课程标准(2017 年版 2020 年修订)[S].北京:人民教育出版社,2020:32.

展学生“宏观辨识与微观探析”“证据推理与模型认知”“科学探究与创新意识”的化学学科核心素养。

二、项目教学目标

(1)基本技能:掌握实验装置组装的基本原则及技能,掌握秒表、温度计、注射器、量气管等仪器的使用方法。

(2)实验研究方法:知道化学反应速率的表示方法,了解测定化学反应速率的实验方法。能通过单一变量控制法,设计实验探究影响化学反应速率的因素,建构单一变量控制的思维模型。

(3)实验安全意识:严格遵守实验室的安全规则,保持实验室干净整洁,知道实验室物品的分类、安全保存和使用要求。熟悉危险品的使用规范,知道突发事件的处理方法。

(4)科学精神与科学态度:养成严谨、实事求是的科学态度,培养证据推理的意识,形成批判精神和创新意识。

三、项目式学习教学过程

任务1　化学反应速率的测定方法

[教师]不同的化学反应,具有不同的反应速率。而同一个化学反应在不同的条件下也可能会有不同的化学反应速率。请写出草酸与高锰酸钾反应的化学方程式,并思考如何测定该反应的反应速率?

[学生]$2KMnO_4 + 5H_2C_2O_4 + 3H_2SO_4 = 2MnSO_4 + K_2SO_4 + 10CO_2\uparrow + 8H_2O$

学生1:产物中有气体CO_2生成,因此可以通过测量CO_2在温度、压强一定时的体积变化,来推算该反应的反应速率。

学生2:反应物$KMnO_4$是紫红色溶液,反应过程中溶液颜色逐渐变浅直至消失,因此可通过测量溶液褪色所需时间,来推算该反应的反应速率。

……

[师生总结]对于该反应,可选择量气法或比色法来测定化学反应速率。

活动1.1　量气法测定反应速率

[教师]请思考量气法所需要的实验仪器有哪些?你能画出它的实验装置

图吗?

[学生]思考、讨论交流后,分小组展示成果。

[教师]展示量气法的实验装置图(图 3-2-6)。量气法在实验中的注意事项有哪些?

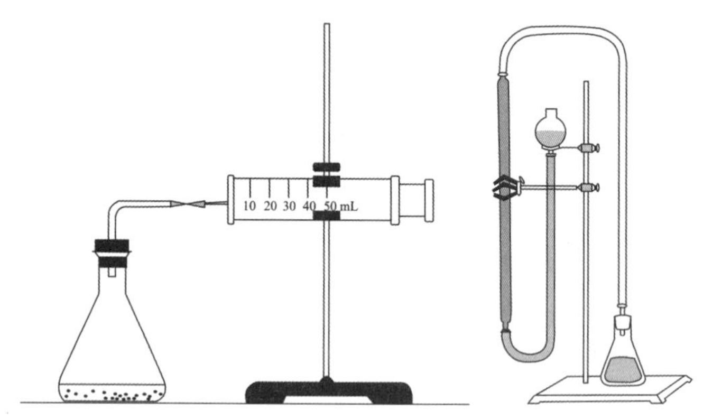

图 3-2-6　量气法所需装置图

[师生总结]注意事项:(1)装置气密性的检查;(2)量气管在读取气体体积时,应保证左右两边液面相平。

[实验]请同学们选取合适的仪器及药品,完成实验,并记录于表 3-2-6。

表 3-2-6　量气法测反应速率数据记录表

试剂	$KMnO_4(H_2SO_4)$	$H_2C_2O_4$	CO_2
浓度/($mol \cdot L^{-1}$)	0.01	0.2	
体积/mL	4	2	
时间/s			
反应速率			

[反思]该实验选取的反应物的浓度较小,生成气体 CO_2 的量较少且溶于水,因此实际测量时几乎测不到气体体积的变化。

【拓展视野】压强传感器:根据理想气体状态方程,当温度、容积一定时,气体压强与物质的量成正比,因此可以用压强传感器记录反应容器中的压强随时间的变化。本实验有微量气体 CO_2 生成,因此可利用压强传感器来测量单位时间内容器中气体压强的变化,据此计算该实验的反应速率。

设计意图:量气法是学生最容易想到的方法,通过量气法仪器的选择、实验装置的组装、实验中注意事项的分析,构建量气法测定化学反应速率的思维模型，发展学生“模型认知”的化学学科核心素养。

活动 1.2　比色法测定反应速率

[实验]请同学们选取合适的仪器及药品，完成实验，并记录于表 3-2-7。

表 3-2-7　比色法测速率数据记录表

试剂	$KMnO_4(H_2SO_4)$	$H_2C_2O_4$
浓度/($mol \cdot L^{-1}$)	0.01	0.2
体积/mL	4	2
时间/s		
反应速率		

[追问]该方法测出来的反应速率是瞬时反应速率还是平均反应速率？随着反应的进行，你认为 $v(KMnO_4)$ 如何变化？

[学生]该方法测出来的反应速率是一段时间的平均反应速率，随着反应的进行，考虑到反应物浓度减小的影响，预测 $v(KMnO_4)$ 逐渐减小。

[教师]但事实是否如此，有待我们继续学习、研究。

【拓展视野】色度传感器：有色物质溶液显示不同颜色是因为其能够吸收不同波长的光。溶液浓度越大，吸收一定波长的光越多，颜色越深；溶液浓度越小，吸收一定波长的光越少，颜色越浅。本实验中反应物 $KMnO_4$ 为有色溶液，因此可使用色度传感器；利用比色法测量溶液的吸光度，据此计算该反应的反应速率。

设计意图：从秒表测定溶液颜色褪去时间来计算化学反应速率，到利用手持技术直观感受反应速率的快慢，学生感受到科技进步对人们探究微观世界本质的影响，激发学生深层次的学习动力。通过追问学生反应速率的变化情况，为后面反应速率影响因素的分析埋下伏笔。本活动的设计发展了学生“变化观念与平衡思想”“科学探究与创新意识”等化学学科核心素养。

任务 2　影响化学反应速率的因素

[教师]对于高锰酸钾和草酸的反应，你认为有哪些因素会影响该反应的化学反应速率？

[学生]学生讨论、交流后回答：反应物高锰酸钾和草酸的浓度、反应温度、催化剂等会影响化学反应速率。

活动 2.1　探究浓度、温度对化学反应速率的影响

[教师]如何探究反应物浓度对化学反应速率的影响？

[学生]学生讨论、交流后回答:应选择浓度不同的某一反应物,控制其他因素相同,进行实验探究。

[教师]该方法即单一变量控制法,选择某一变量,控制其他变量相同。

[实验方案设计]请利用单一变量控制法设计实验方案:

可供选择的试剂有:0.01 mol·L^{-1} $KMnO_4$ 溶液、0.2 mol·L^{-1} $H_2C_2O_4$ 溶液、0.1 mol·L^{-1} $H_2C_2O_4$ 溶液、4 mol·L^{-1} H_2SO_4 溶液、热水。

[总结]师生交流,确立最优实验方案。

[实验探究]请同学们选取合适的仪器及药品,完成实验,并记录于表 3-2-8。

表 3-2-8 单一变量法实验数据

实验编号	实验方案	溶液褪为无色所需时间	$v(KMnO_4)$	实验结论
1	30 ℃,向 2 mL 0.2 mol·L^{-1} $H_2C_2O_4$ 溶液中加入 4 mL $KMnO_4$ 溶液、1 mL H_2SO_4 溶液,记录溶液褪为无色所需时间			
2	30 ℃,向 2 mL 0.1 mol·L^{-1} $H_2C_2O_4$ 溶液中加入 4 mL $KMnO_4$ 溶液、1 mL H_2SO_4 溶液,记录溶液褪为无色所需时间			
3	60 ℃,向 2 mL 0.2 mol·L^{-1} $H_2C_2O_4$ 溶液中加入 4 mL $KMnO_4$ 溶液、1 mL H_2SO_4 溶液,记录溶液褪为无色所需时间。			

设计意图:单一变量控制法是科学探究中的重要思想方法,广泛地运用在各种科学探索和科学实验研究之中。学生通过实验方案的设计,感受单一变量控制中的思路和方法,建构单一变量控制的思维模型,发展学生“证据推理与模型认知”的化学学科核心素养。

活动 2.2 探究催化剂对化学反应速率的影响

[教师]是否还有其他因素影响该反应的快慢?

[学生]思考、交流,预测该反应可能还有催化剂会加快反应速率。

[教师]某研究小组测定高锰酸钾和草酸的“反应速率—时间”图像如图 3-2-7

所示，请你认真观察曲线变化，分析可能的原因？

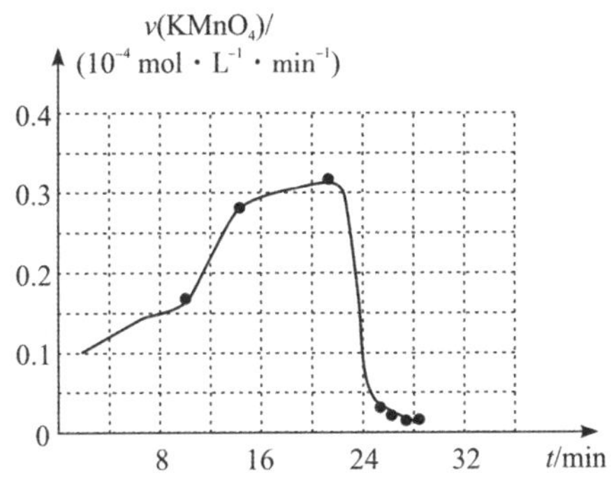

图 3-2-7　高锰酸钾和草酸的反应速率变化图①

[学生]学生 1：由图可知，随着反应的进行，$v(KMnO_4)$呈现先增大后减小的趋势，推测可能与多因素有关。

学生 2：随着反应的进行，反应物浓度逐渐减小，因此约 20 分钟后，$v(KMnO_4)$反应速率的减小可能主要由反应物浓度决定。

学生 3：20 分钟之前，反应物浓度增大则可能是由反应温度升高造成的。

……

【实验探究】请同学们设计实验方案，探究高锰酸钾与草酸溶液反应过程中温度的影响。

表 3-2-9　实验现象与结论记录表

可能的原因	设计实验	现象	结论
温度	用温度计测量反应中溶液温度的变化		

【实验结论】通过实验探究，发现反应过程中温度变化不大，因此可排除温度的影响。

[教师]那么到底是什么原因导致前期反应速率加快呢？

[学生]思考、讨论交流，猜测可能是因为催化剂。

[追问]请分析高锰酸钾和草酸的反应，寻找你认为可能的催化剂，并思考如何设计实验来证明你的猜测。

[学生]思考、讨论交流后总结：新生成的物质有 $MnSO_4$、K_2SO_4、CO_2，均有

① 郑益哈.优化整合实验 提高课堂效率："化学反应速率"高三复习课及反思[J].化学教学，2014(3)：41-43.

可能是该反应的催化剂。

【实验探究】请同学们设计实验方案,验证你的猜想。

表 3-2-10　实验方案与结论

实验方案	实验结论
40 ℃,向 2 mL 0.2 mol · L^{-1} $H_2C_2O_4$ 溶液中加入 4 mL $KMnO_4$ 溶液、1 mL H_2SO_4 溶液,记录溶液褪为无色所需时间	
40 ℃,向 2 mL 0.2 mol · L^{-1} $H_2C_2O_4$ 溶液中加入 4 mL $KMnO_4$ 溶液、1 mL H_2SO_4 溶液和 1g $MnSO_4$ 固体,记录溶液褪为无色所需时间	
40 ℃,向 2 mL 0.2 mol · L^{-1} $H_2C_2O_4$ 溶液中加入 4 mL $KMnO_4$ 溶液、1 mL H_2SO_4 溶液和 1 g K_2SO_4 固体,记录溶液褪为无色所需时间	
40 ℃,向 2 mL 0.2 mol · L^{-1} $H_2C_2O_4$ 溶液中加入 4 mL $KMnO_4$ 溶液、1 mL H_2SO_4 溶液,并通入 CO_2,记录溶液褪为无色所需时间	

设计意图:实验中的异常现象是学生深度学习的生长点,是学生高阶思维的培养点,是学生核心素养的发展点。高锰酸钾和草酸的实验过程中,溶液褪色先慢后快,是与学生预测完全不同的"异常点"。本活动中教师深度挖掘该异常现象,激发学生思考,在教师的指导下,学生在综合复杂体系中,"预测可能的原因—设计实验进行验证—排除干扰因素—应用变量控制模型设计实验进行验证—获得结论",学生在活动中真实体验科学探究的全过程,发展学生"科学探究与创新意识"的化学学科核心素养。

活动 2.3　探究溶液酸碱性对化学反应速率的影响

[教师]实验过程中,同学们发现该实验溶液颜色如何变化?

[学生]学生 1:紫红色变为无色。

学生 2:紫红色先变为橙红色,再褪为无色。

学生 3:紫红色褪为无色的过程中,还出现了棕黄色……

[教师]查阅资料,发现该反应的反应机理如图 3-2-8 所示,反应中会生成络离子 $Mn^{III}(C_2O_4)_n^{(3-2n)}$,它们呈现出红色、黄色等颜色,这些络离子在碱性条件下较稳定,不易分解释放出 Mn^{2+}。

[追问]为什么有的反应过程中会出现中间色?可能的原因是什么?

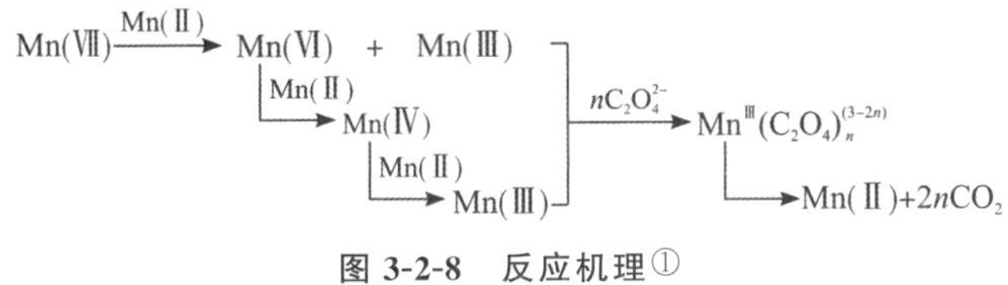

图 3-2-8　反应机理①

[学生]思考、交流讨论后回答：根据信息，有色络离子 $Mn^{Ⅲ}(C_2O_4)_n^{(3-2n)}$ 在碱性条件下较稳定，而该反应需要络离子较快分解成 Mn(Ⅱ)继续催化反应的进行。因此可预测：溶液酸碱性也可影响溶液褪色时间。

【实验探究】请同学们设计实验方案，验证你的猜想，示例见表 3-2-11。

表 3-2-11　试验方案与结论记录表

实验方案	实验结论
40 ℃，向 2 mL 0.2 mol·L^{-1} $H_2C_2O_4$ 溶液中加入 4 mL $KMnO_4$ 溶液、1 mL H_2SO_4 溶液，记录溶液褪为无色所需时间	
40 ℃，向 2 mL 0.2 mol·L^{-1} $H_2C_2O_4$ 溶液中加入 4 mL $KMnO_4$ 溶液、1 mL 蒸馏水，记录溶液褪为无色所需时间	

设计意图：“宏观辨识与微观探析”是化学学科核心素养的重要组成部分。能从宏观与微观相结合的视角分析与解决实际问题，是学生学习化学的必备能力。本活动深度挖掘实验中溶液颜色变化的异常现象，通过教师所给微观反应机理进行分析，找出引发异常现象的根本原因，并通过实验探究，再次应用变量控制模型，发展学生“宏观辨识与微观探析”“证据推理与模型认知”的化学学科核心素养。

四、教学反思

本实验选择以高锰酸钾与草酸反应为载体，引领学生开展基于真实复杂实验情境的项目式学习。教学实践中发现，项目式实验学习具有如下特点：

第一，探究性实验激发学生深层次的学习动机。本项目选择的实验不是单

---

① 王春.基于手持技术的草酸与高锰酸钾反应实验再探究[J].中学化学教学参考，2020(4):74-76.

纯的验证性实验,而是具有丰富探究元素的综合大实验。在实验过程中,学生经历“预测—探究—再预测—再探究”的过程,感受科学探究的一般过程与方法,激发学生深层次的学习动机。

第二,复杂情境形成和发展学生的高阶思维。本项目在探究高锰酸钾与草酸反应速率变化趋势时,出现与学生预测不同的异常现象,需要学生在复杂体系中分析可能的原因并验证。学生在实验过程中,应用所学知识,寻找可能的原因,再通过实验验证排除,再次寻找可能的原因并设计实验验证,这个过程形成和发展了学生的问题解决、批判性思维、创新思维等高阶思维。

第三,项目式实验学习过程发展学生的核心素养。在整个实验探究过程中,学生们经历思考、小组讨论、展示实验设计、相互评价、改进……感受思维的碰撞、灵感的迸发……在真实复杂的问题情境中体会思维的提升、能力的增强、素养的发展。

在教学实践中我们也发现,项目式学习因其内容的丰富性及深刻性,所需的教学时间较长。而传统教学时长有限,导致有的问题讨论不够深刻,匆匆结尾,留有遗憾。因此在教学实践中如何更好更高效地开展项目式学习、如何利用好课前及课后时间,是值得教师们继续努力探索的课题!

附录六　化学反应速率的测定教材

- 任务 1　化学反应速率的测定方法
- 任务 2　影响化学反应速率的因素

实验目标

(1)基本技能:掌握实验装置组装的基本原则及技能,掌握秒表、温度计、注射器、量气管等仪器的使用方法。

(2)实验研究方法:知道化学反应速率的表示方法,了解测定化学反应速率的实验方法。能通过单一变量控制法,设计实验探究影响化学反应速率的因素,建构单一变量控制的思维模型。

(3)实验安全意识:严格遵守实验室的安全规则,保持实验室干净整洁,知道实验室物品的分类、安全保存和使用要求。熟悉危险品的使用规范,知道突发事件的处理方法。

(4)科学精神与科学态度：养成严谨、实事求是的科学态度，培养证据推理的意识，形成批判精神和创新意识。

“测定某化学反应的速率”“探究影响硫酸酸化的草酸溶液与高锰酸钾溶液反应速率的原因”是《普通高中化学课程标准(2017年版2020年修订)》中“化学反应原理”之“主题2：化学反应的方向、限度和速率”的“学习活动建议”中的内容。化学反应速率的测定中包含“测定化学反应速率的方法”及“探究温度、浓度、催化剂对化学反应速率的影响”，建构单一变量控制的思维模型，发展学生“宏观辨识与微观探析”“证据推理与模型认知”“科学探究与创新意识”等化学学科核心素养。

实验任务

任务1　化学反应速率的测定方法

不同的化学反应，具有不同的反应速率。而同一个化学反应在不同的条件下也可能会有不同的化学反应速率。测定化学反应速率的关键是测定某一时间间隔内反应体系中某物质浓度的变化。物质的某些物理性质(如压强、体积、吸光度、电导率等)与其物质的量或浓度存在函数关系，因此人们常通过准确而快速地测定反应物或反应产物浓度的变化来确定化学反应速率。

【回忆思考】请写出草酸溶液和高锰酸钾溶液的化学反应方程式，并思考如何测定该反应的反应速率？

$2KMnO_4 + 5H_2C_2O_4 + 3H_2SO_4 = 2MnSO_4 + K_2SO_4 + 10CO_2\uparrow + 8H_2O$

活动1.1　量气法测定反应速率

量气法：因为有气体 CO_2 的生成，所以可以通过测量 CO_2 在温度、压强一定时的体积变化，来推算该反应的反应速率。实验装置可从图1中选取。

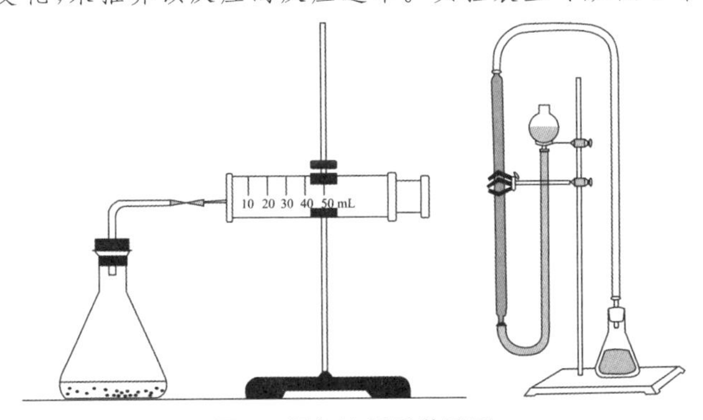

图1　量气法所需装置图

【交流研讨】量气法在实验中的注意事项有哪些？

注意事项：

装置气密性的检查；

量气管在读取气体体积时，应保证左右两边液面相平。

表 1 实验记录表

试剂	$KMnO_4(H_2SO_4)$	$H_2C_2O_4$	CO_2
浓度/$(mol\cdot L^{-1})$	0.01	0.2	
体积/mL	4	2	
时间/s			
反应速率			

【反思交流】该实验选取的反应物的浓度较小，生成气体 CO_2 的量较少且溶于水，因此实际测量时几乎测不到气体体积的变化。

【拓展视野】压强传感器：根据理想气体状态方程，当温度、容积一定时，气体压强与物质的量成正比，因此可以用压强传感器记录反应容器中的压强随时间的变化。本实验有微量气体 CO_2 生成，因此可利用压强传感器来测量单位时间内容器中气体压强的变化，据此计算该实验的反应速率。

活动 1.2 比色法测定反应速率

比色法：反应物 $KMnO_4$ 是有色溶液，反应过程中溶液颜色逐渐变浅直至消失，因此可通过测量溶液褪色所需时间，来推算该反应的反应速率。

表 2 反应速率记录表

试剂	$KMnO_4(H_2SO_4)$	$H_2C_2O_4$
浓度/$(mol\cdot L^{-1})$	0.01	0.2
体积/mL	4	2
时间/s		
反应速率		

【反思交流】

该方法测出来的反应速率是瞬时反应速率还是平均反应速率？随着反应的进行，你认为 $v(KMnO_4)$ 如何变化？

【教师小结】

该方法测出来的反应速率是一段时间的平均反应速率，随着反应的进行，考虑到反应物浓度减小的影响，因此预测 $v(KMnO_4)$ 应该都是逐渐减小。但事实是否如此，有待我们继续学习、研究。

【拓展视野】色度传感器：有色物质溶液显示不同颜色是因为其能够吸收不同波长的光。溶液浓度越大，吸收一定波长的光越多，颜色越深；溶液浓度越小，吸收一定波长的光越少，颜色越浅。本实验中反应物 $KMnO_4$ 为有色溶液，因此可用色度传感器利用比色法测量溶液的吸光度，据此计算反应的反应速率。

实验任务

任务 2　影响化学反应速率的因素

【思考交流】对于高锰酸钾与草酸的反应，你认为哪些因素会影响该反应的化学反应速率？

【学生】反应物高锰酸钾和草酸的浓度、反应温度、催化剂等会影响化学反应速率。

活动 2.1　探究浓度、温度对化学反应速率的影响

【实验探究】请利用单一变量控制法设计实验方案，探究目的为：研究草酸浓度、反应温度对化学反应速率的影响。可供选择的试剂有：

试剂：0.01 $mol \cdot L^{-1}$ $KMnO_4$ 溶液、0.2 $mol \cdot L^{-1}$ $H_2C_2O_4$ 溶液、0.1 $mol \cdot L^{-1}$ $H_2C_2O_4$ 溶液、4 $mol \cdot L^{-1}$ H_2SO_4 溶液、热水。

【学生】设计实验方案的关键是单一变量控制，本实验的自变量是草酸的浓度、反应温度，因变量是溶液褪色时间。

【实验探究】请你设计实验方案并进行实验探究，记录实验数据，并分析通过实验现象你获得了什么结论。

表 3　实验方案与探究

实验编号	实验方案	溶液褪为无色所需时间	$v(KMnO_4)$	实验结论
1	30 ℃，向 2 mL 0.2 mol · L^{-1} $H_2C_2O_4$ 溶液中加入 4 mL $KMnO_4$ 溶液、1 mL H_2SO_4 溶液，记录溶液褪为无色所需时间			
2	30 ℃，向 2 mL 0.1 mol · L^{-1} $H_2C_2O_4$ 溶液中加入 4 mL $KMnO_4$ 溶液、1 mL H_2SO_4 溶液，记录溶液褪为无色所需时间			
3	60 ℃，向 2 mL 0.2 mol · L^{-1} $H_2C_2O_4$ 溶液中加入 4 mL $KMnO_4$ 溶液、1 mL H_2SO_4 溶液，记录溶液褪为无色所需时间			

活动 2.2　探究催化剂对化学反应速率的影响

【交流研讨】某研究小组测定高锰酸钾和草酸的反应速率—时间图像如图 2 所示，请你认真观察曲线变化，分析可能的原因？

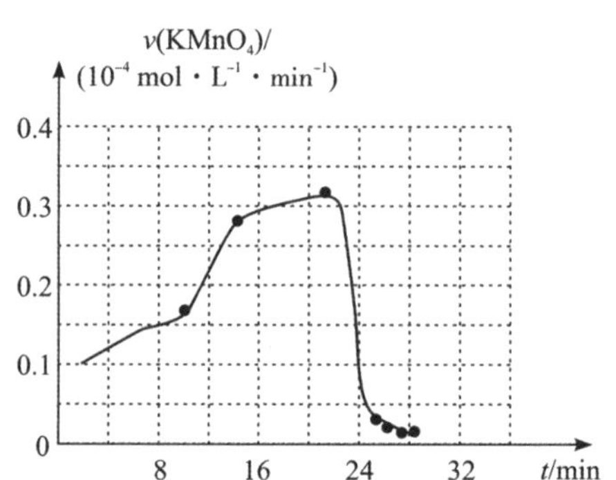

图 2　高锰酸钾与草酸溶液的反应速率变化图①

由图可知，随着反应的进行，$v(KMnO_4)$呈现出先增大后减小的趋势，推测可能与温度、反应物浓度和催化剂等因素有关。随着反应的进行，反应物浓度逐渐减小，因此约 20 分钟后，$v(KMnO_4)$反应速率的减小可能主要由反应物浓度决定；那么 20 分钟之前，反应物浓度增大则可能与反应温度升高或反应产生

① 郑益哈.优化整合实验 提高课堂效率："化学反应速率"高三复习课及反思[J].化学教学，2014(3)：41-43.

催化剂有关。

【实验探究】探究高锰酸钾与草酸溶液反应过程中的温度变化。

表 4　温度变化的现象与结论

可能的原因	设计实验	现象	结论
温度	用温度计测量反应中溶液温度的变化		

【思考交流】分析高锰酸钾和草酸的反应，你认为产生的催化剂可能是什么？如何设计实验来证明你的猜测。

分析高锰酸钾和草酸的反应，新生成的物质有 $MnSO_4$、K_2SO_4、CO_2，均有可能是该反应的催化剂。

【实验探究】催化剂对反应速率的影响。

表 5　实验方案与结论

实验方案	实验结论
40 ℃，向 2 mL 0.2 mol·L^{-1} $H_2C_2O_4$ 溶液中加入 4 mL $KMnO_4$ 溶液、1 mL H_2SO_4 溶液，记录溶液褪为无色所需时间	
40 ℃，向 2 mL 0.2 mol·L^{-1} $H_2C_2O_4$ 溶液中加入 4 mL $KMnO_4$ 溶液、1 mL H_2SO_4 溶液和 1 g $MnSO_4$ 固体，记录溶液褪为无色所需时间	
40 ℃，向 2 mL 0.2 mol·L^{-1} $H_2C_2O_4$ 溶液中加入 4 mL $KMnO_4$ 溶液、1 mL H_2SO_4 溶液和 1 g K_2SO_4 固体，记录溶液褪为无色所需时间	
40 ℃，向 2 mL 0.2 mol·L^{-1} $H_2C_2O_4$ 溶液中加入 4 mL $KMnO_4$ 溶液、1 mL H_2SO_4 溶液，并通入 CO_2，记录溶液褪为无色所需时间	

活动 2.3　探究溶液酸碱性对化学反应速率的影响

实验过程中，有同学发现溶液在由紫红色褪为无色的过程中，出现了橙红色、棕黄色等其他颜色，为了弄清楚为什么，他查阅资料，发现该反应的反应机理如图 3 所示，反应中会生成络离子 $Mn^{III}(C_2O_4)_n^{(3-2n)}$，它们呈现出红色、黄色等颜色，这些络离子在碱性条件下较稳定，不易分解释放出 Mn^{2+}。为了验证该结论,请你设计实验进行验证。

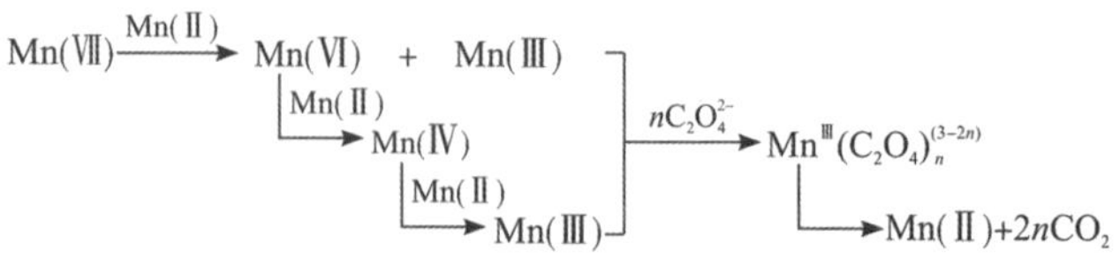

$Mn(VII) \xrightarrow{Mn(II)} Mn(VI) + Mn(III)$

$Mn(VI) \xrightarrow{Mn(II)} Mn(IV)$

$Mn(IV) \xrightarrow{Mn(II)} Mn(III)$

$Mn(III) \xrightarrow{nC_2O_4^{2-}} Mn^{III}(C_2O_4)_n^{(3-2n)} \longrightarrow Mn(II) + 2nCO_2$

图 3 反应机理①

$Mn^{III}(C_2O_4)_n^{(3-2n)}$在碱性条件下较稳定,而在酸性条件下较易分解为$Mn^{2+}$。已知$Mn^{2+}$是该反应的催化剂,反应过程中生成的络离子$Mn^{III}(C_2O_4)_n^{(3-2n)}$分解越快,生成的$Mn^{2+}$越多,反应速率就越快。

【实验探究】探究溶液酸碱性对反应速率的影响。

表 6 实验方案与结论

实验方案	实验结论
40 ℃,向 2 mL 0.2 $mol \cdot L^{-1}$ $H_2C_2O_4$ 溶液中加入 4 mL $KMnO_4$ 溶液、1 mL H_2SO_4 溶液,记录溶液褪为无色所需时间	
40 ℃,向 2 mL 0.2 $mol \cdot L^{-1}$ $H_2C_2O_4$ 溶液中加入 4 mL $KMnO_4$ 溶液、1 mL 蒸馏水,记录溶液褪为无色所需时间	

【项目总结】

以高锰酸钾与草酸反应为载体,学习化学反应速率的测定方法(量气法和比色法);通过实验方案的设计与实施,研究影响化学反应速率的因素,建构单一变量控制的思维模型;最后,通过实验异常现象的分析与解释,感受利用微观反应机理来解释宏观现象,发展学生"宏观辨识与微观探析""证据推理与模型认知""科学探究与创新意识"等化学学科核心素养。

项目拓展

化学反应速率是描述化学反应进行快慢程度的物理量。下面是某同学测定化学反应速率并探究其影响因素的实验。

1. 测定化学反应速率

该同学利用图 4 所示装置测定化学反应速率。(已知:$S_2O_3^{2-} + 2H^+ =\!=\!=$

---

① 王春.基于手持技术的草酸与高锰酸钾反应实验再探究[J].中学化学教学参考,2020(4):74-76.

$H_2O+S\downarrow+SO_2\uparrow$）

（1）除如图 4 装置所示的实验用品外，还需要的一件实验用品是________________。

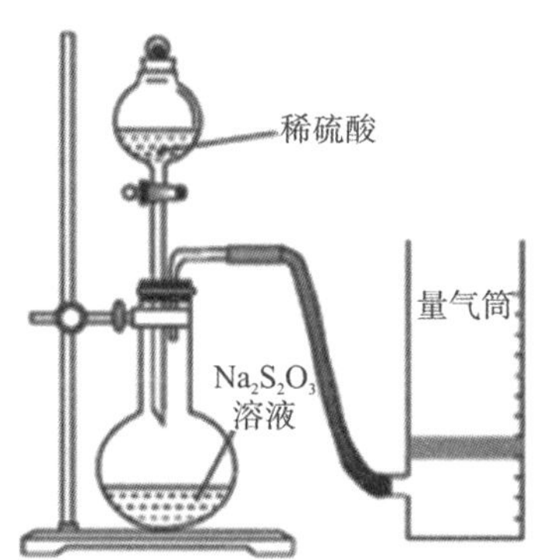

图 4　实验装置图

（2）若在 2 min 时收集到 224 mL（已折算成标准状况）气体，请你计算出 2 min 内 H^+ 的反应速率：________________，发现测定值比实际值偏小，其原因可能是________________。

（3）利用该化学反应，试简述测定反应速率的其他方法：________________（写一种）。

2. 探究化学反应速率的影响因素

为探讨反应物浓度对化学反应速率的影响，设计的实验方案如表 7 所示。（已知 $I_2+2S_2O_3^{2-}=S_4O_6^{2-}+2I^-$，其中 $Na_2S_2O_3$ 溶液均足量）

表 7　实验数据记录表

实验序号	体积 V/mL				时间/s
	$Na_2S_2O_3$ 溶液	淀粉溶液	碘水	水	
①	10.0	2.0	4.0	0.0	t_1
②	8.0	2.0	4.0	2.0	t_2
③	6.0	2.0	4.0	V_x	t_3

表中 $V_x=$________ mL，t_1、t_2、t_3 的大小关系是________________。

（该项目由李香艳老师提供，李香艳老师为市级骨干教师，曾获市级教师技能大赛三等奖）

项目7　硫酸铜与氢氧化钠反应条件的探究

新一轮的课程改革提出要注重发展学生的核心素养，体现学科育人价值，发展学生的必备品格和关键能力。化学是以实验为基础的科学，实验是化学学科的灵魂，以实验为载体，开展丰富多彩的实验探究活动才能有效达成提升学生的关键能力和学科素养。而以实验为载体的项目式学习能够让学生置身于一个真实、复杂的情境中，引导学生积极开展课内外一系列丰富而有深度的探究活动，能够极大地激发学生的好奇心和探究欲、提高学生学习化学的兴趣，更加深度地理解学科的本质，有效提升学生的学科核心素养。本案例聚焦化学实验项目式学习，以“氢氧化钠与硫酸铜反应条件的探究”为例深入探究化学反应的条件，多角度地认识化学变化，理解和感受化学变化的奇妙。

一、项目内容分析

该项目式学习主题选自初高中化学学科都会出现的一个实验，在初中化学实验中是复分解反应中的一个典型实验，在高中化学实验中同样多次用到新制氢氧化铜，需要用到氢氧化钠溶液和硫酸铜溶液的反应制取氢氧化铜。通常教师都会根据教学需要进行演示实验，实验中会出现蓝色絮状沉淀，但是有的学生在做验证实验时，发现无沉淀产生，引发了学生极大的探究欲望，这是非常值得探究的有趣的化学问题。本项目以三个进阶性任务为载体，首先让学生从实验中出现的异常现象入手深入分析探究原因；接下来结合文献资料，分组进行实验设计和实践，验证自己的猜想，再从宏微结合视角分析反应机理；最后对产物结果进行验证和总结反思，深度理解反应发生的过程，感受化学反应的奇妙。在这个过程中，学生积极地进行小组合作、质疑、讨论、实践，不断地深度分析化学变化反应的条件，多角度地认识化学变化。

二、项目教学目标

(1)基本技能：掌握基本的实验操作方法，如液体的取用、加热、搅拌、过滤等。

(2)实验研究方法:能对实验现象提出解释,基于实验事实得出结论。能从异常现象中找到问题,查阅文献资料找出解决问题的途径,并进一步运用控制变量法探究氢氧化钠与硫酸铜反应条件的选择。

(3)实验安全意识:能遵守实验室规章制度,保持实验室整洁,对仪器、药品能合理使用和摆放有序,熟悉危险品的使用规范,知道突发事件的处理方法。

(4)科学精神与科学态度:养成严谨、实事求是、不怕困难、勇于实践探索的科学态度。

三、项目式学习教学流程

任务 1　对异常现象深入探究分析原因

[教师]人教版九年级化学教材中有这样一个实验:2 mL 氢氧化钠溶液中滴加硫酸铜溶液,观察现象;再用酒精灯加热,观察现象。你预期有什么现象?

[学生]产生蓝色絮状氢氧化铜沉淀,加热后氢氧化铜分解生成黑色氧化铜。

[教师]但是有同学在验证实验过程中,选用在过量的 14.0 $mol \cdot L^{-1}$ 的 NaOH 溶液中加入 0.1 $mol \cdot L^{-1}$ 的 $CuSO_4$ 溶液反应后,发现无沉淀生成,这是真的吗?让我们动手验证一下,并思考一下原因。

[学生分组实验]向一支小试管中加入 2 mL、14.0 $mol \cdot L^{-1}$ 的 NaOH 溶液,再加入 2 mL、0.10 $mol \cdot L^{-1}$ 的 $CuSO_4$ 溶液反应,充分振荡后静置,得到绛蓝色溶液。

【讨论交流】可能是氢氧化铜生成后与过量的氢氧化钠反应了;可能生成物是其他物质。

【总结分析】滴加的浓度和滴加的用量会影响反应,得到的生成物不同。

设计意图:从异常现象入手,激发学生的兴趣,接下来让学生动手验证,体会关注身边的异常现象,培养证据意识,并通过实验进行验证推理得出实验结论的过程。最后通过对实验现象的反思,提高学生基于实验解决实际问题的能力。

任务 2　结合文献资料,分组进行实验设计和实践

【资料支持】硫酸铜和氢氧化钠的用量不同,发生的反应不同,通常有三种情况:

(1)硫酸铜过量,混合生成浅蓝色碱式硫酸铜沉淀,水浴加热不分解:

$6NaOH+4CuSO_4 = Cu_4(OH)_6SO_4\downarrow+3Na_2SO_4$

(2)两者量适当,混合生成蓝色絮状氢氧化铜沉淀,水浴加热分解成黑色 CuO:$2NaOH+CuSO_4 = Cu(OH)_2\downarrow+Na_2SO_4$;$Cu(OH)_2 = CuO+H_2O$

(3)氢氧化钠过量,混合生成亮蓝色铜酸钠,水浴加热不分解:

$4NaOH+CuSO_4 = Na_2[Cu(OH)_4]+Na_2SO_4$

[教师]如何精准控制氢氧化钠过量?选择的氢氧化钠和硫酸铜为何种浓度?

[学生]利用化学反应中的质量关系和物质的量关系,进行计算判断过量。选择的氢氧化钠和硫酸铜的浓度可以分别控制浓和稀,以此来调节物质的过量。

【设计方案】

实验1(室温20~25 ℃)向1支试管(为了便于观察生成物的真实情况和节约药品,选用小试管。下同)中加入40滴14.0 mol·L^{-1}的NaOH溶液,再加入15滴0.10 mol·L^{-1}的$CuSO_4$溶液反应,充分振荡后静置。

实验2(室温20~25 ℃)向1支试管中加入35滴0.10 mol·L^{-1}的NaOH溶液,再加入10滴0.10 mol·L^{-1}的$CuSO_4$溶液反应,充分振荡后静置。

实验3(室温20~25 ℃)向1支试管中加入16滴0.10 mol·L^{-1}的NaOH溶液,再加入20滴0.10 mol·L^{-1}的$CuSO_4$溶液反应,充分振荡后静置。

[分组实验]实验现象:实验1得到绛蓝色溶液;实验2得到蓝色絮状沉淀;实验3得到蓝绿色沉淀。

[教师]是什么条件使得氢氧化钠与硫酸铜的生成物的种类不同呢?实验中反应物、生成物、混合液的物质的量的关系是什么?铜离子和氢氧根离子物质的量的关系是什么?

【思考交流】在实验1中,$n(Cu^{2+}):n(OH^-)=1:373$,在实验2中$n(Cu^{2+}):n(OH^-)=1:3.5$,在实验3中$n(Cu^{2+}):n(OH^-)=1:0.8$。在特定的浓度和物质的量比例的情况下,会生成不同产物。

【资料支持】对于$CuSO_4$和NaOH稀溶液,由很多文献中的精确实验得出的结论:若$n(Cu^{2+}):n(OH^-)\leqslant 1:2$,其生成物(水除外,下同)为$Cu(OH)_2$;$1:2<n(Cu^{2+}):n(OH^-)<1:1.5$,其生成物为$Cu(OH)_2$与$3Cu(OH)_2\cdot CuSO_4$;$n(Cu^{2+}):n(OH^-)\geqslant 1:1.5$,其生成物为$3Cu(OH)_2\cdot CuSO_4$。

[教师]为什么不同条件下硫酸铜和氢氧化钠反应的生成物种类不同?尝试从微观结构去思考。

[小组讨论]1 个 Cu^{2+} 带有 2 个单位的正电荷，其离子的外层电子构型为 $3S^2 3P^6 3d^9$，很容易作为中心离子形成络合物，其配位数有 2、4、6 等，OH^- 可以作为 Cu^{2+} 的配位体，Cu^{2+} 不仅可以与 OH^- 形成络合物，而且因电荷作用，在一定条件下其可与 OH^- 和 SO_4^{2-} 共同形成难溶物。OH^-、SO_4^{2-} 的浓度和物质的量比例越大，与 Cu^{2+} 结合的程度就越大。

【总结】反应物浓度和物质的量比例大小的不同，为 Cu^{2+}、SO_4^{2-} 和 OH^- 的不同结合提供了条件。

设计意图：通过阅读文献资料，获取信息，找出其中的问题，针对实验中的关键问题，例如：如何精准控制氢氧化钠的用量以及浓度问题，进行深入探讨后设计实验方案，小组讨论后完善实验方案，增强合作精神和探究意识。依据实验方案，进行实验验证，观察实验现象获取证据，并依据证据进行推理论证，得出自己实验的结论。在此基础上，再结合详细文献资料进行实验对比和反思，提高学生的自主思考判断能力。最后再让学生思考，反应到底是什么反应机理？让学生从宏微结合的视角来看世界，更加完善认识化学变化的视角。

任务 3　对产物结果验证和总结反思

[教师]如何进一步用实验证实产物的成分？如何证明 $Cu(OH)_2$ 和 $3Cu(OH)_2 \cdot CuSO_4$ 的存在？

[设计实验方案]证明只有氢氧化铜，没有硫酸铜时，应选择检验硫酸根的存在，可以先加盐酸溶解反应后再加入氯化钡溶液进行验证。

如果证明产物为 $3Cu(OH)_2 \cdot CuSO_4$，则两者的性质都需验证：氢氧化铜受热会分解为黑色氧化铜，可以进行加热后验证，硫酸铜的验证可以通过验证硫酸根的存在得到：先加盐酸溶解反应后再加入氯化钡溶液进行验证。

[分组实验]实验现象和结论：将实验 2 中的混合物过滤洗涤后，加入盐酸溶解，得到蓝色溶液。向此溶液中加入氯化钡溶液，无沉淀生成。说明实验 2 中制得的沉淀含有 Cu^{2+}、OH^-，而不含 SO_4^{2-}，即为 $Cu(OH)_2$。

将实验 3 中制得的物质在 80～100 ℃加热 1～2 min 无黑色出现，证明其中没有 $Cu(OH)_2$。将此混合物过滤洗涤后加入盐酸溶解，得到浅蓝色溶液。向此溶液中加入氯化钡溶液，有白色沉淀生成。说明实验 3 中制得的沉淀含有 Cu^{2+}、OH^- 和 SO_4^{2-}，即为 $3Cu(OH)_2 \cdot CuSO_4$。

【总结反思】探究异常现象的奇妙，宏微结合视角分析化学变化更加透彻和凸显本质，化学反应的条件不是单一的，对应的产物也是多种的。

设计意图：学生结合文献资料进行实验后，只是依据实验现象做粗浅的判断，结合进一步的用实验证实产物，能够培养学生的完整的实验探究能力。通过证实实验2和实验3中确实为产物 $Cu(OH)_2$ 和 $3Cu(OH)_2 \cdot CuSO_4$，培养学生的证据意识和科学中的实证精神。在整个实验过程中，小组合作、互帮互助、讨论质疑，学生对化学变化的探究欲望、好奇心充满了课堂内外，激发了他们学习的兴趣和继续探索的信心。

四、教学反思

本案例从学生身边很普通的实验出发，在学生自主发现异常现象后深入探究，从宏观的实验验证到反应机理的探查，再到深入验证产物的生成，从单一反应物生成单一生成物到单一反应物的用量不同可以生成多种生成物，丰富了学生认识化学变化的视角，深入认识了化学反应的条件，同样的反应物在不同条件下生成不同的生成物。整个实验的过程中，充满着小组的合作、实验、探究、质疑、讨论，让学生充分体会了科学探究的过程，培养了学生的实证精神，深入理解了化学学科的本质。

附录七　硫酸铜与氢氧化钠反应条件的探究教材

- 任务1　对异常现象深入探究分析原因
- 任务2　结合文献资料，分组进行实验设计和实践
- 任务3　对产物结果验证和总结

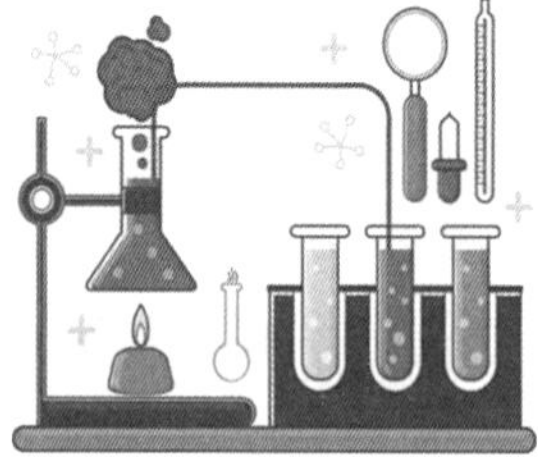

实验目标

(1)基本技能：掌握基本的实验操作方法，如液体的取用、加热、搅拌、过滤等。

(2)实验研究方法：能对实验现象提出解释，基于实验事实得出结论。能从异常现象中找到问题，查阅文献资料找出解决问题的途径，并进一步运用控制变量法探究氢氧化钠与硫酸铜反应条件的选择。

(3)实验安全意识：能遵守实验室规章制度，保持实验室整洁，对仪器、药品能合理使用和摆放有序，熟悉危险品的使用规范，知道突发事件的处理方法。

(4)科学精神与科学态度：养成严谨、实事求是、不怕困难、勇于实践探索的科学态度。

实验任务

任务 1　对异常现象深入探究分析原因

活动 1.1　对异常现象的质疑和讨论

【回忆思考】人教版九年级化学教材中有这样一个实验：2 mL 氢氧化钠溶液中滴加硫酸铜溶液，观察现象；再用酒精灯加热，观察现象。这个实验似乎很简单，实验预期现象为产生蓝色絮状氢氧化铜沉淀，加热后氢氧化铜分解生成黑色氧化铜。

【交流研讨】初中的实验中未说明浓度，某同学在验证中，选用过量的 14.0 $mol \cdot L^{-1}$ 的 NaOH 溶液，在其中加入 0.1 $mol \cdot L^{-1}$ 的 $CuSO_4$ 溶液反应后，发现无沉淀生成，这是真的吗？为什么呢？

活动 1.2　对异常现象的验证

向一支小试管中加入 2 mL 14.0 $mol \cdot L^{-1}$ 的 NaOH 溶液，再加入 2 mL 0.10 $mol \cdot L^{-1}$ 的 $CuSO_4$ 溶液反应，充分振荡后静置。得到绛蓝色溶液。

实验任务

任务 2　结合文献资料，分组进行实验设计和实践

【资料支持】

硫酸铜和氢氧化钠的用量不同，发生的反应不同，通常有三种情况：

(1)硫酸铜过量，混合生成浅蓝色碱式硫酸铜沉淀，水浴加热不分解：

$6NaOH + 4CuSO_4 = Cu_4(OH)_6SO_4 \downarrow + 3Na_2SO_4$

(2)两者量适当，混合生成蓝色絮状氢氧化铜沉淀，水浴加热分解成黑色 CuO：

$2NaOH + CuSO_4 = Cu(OH)_2 \downarrow + Na_2SO_4$；$Cu(OH)_2 = CuO + H_2O$

(3)氢氧化钠过量，混合生成亮蓝色铜酸钠，水浴加热不分解：

$4NaOH + CuSO_4 = Na_2[Cu(OH)_4] + Na_2SO_4$

【讨论探究】如何精准控制氢氧化钠过量？选择的氢氧化钠和硫酸铜为何种浓度？

活动 2.1　设计实验方案

实验 1　(室温 20～25 ℃)向 1 支试管(为了便于观察生成物的真实情况和节约药品，选用小试管。下同)中加入 40 滴 14.0 $mol \cdot L^{-1}$ 的 NaOH 溶液，再

加入 15 滴 0.10 mol·L^{-1}的 $CuSO_4$ 溶液反应，充分振荡后静置。

实验 2 （室温 20～25 ℃）向 1 支试管中加入 35 滴 0.10 mol·L^{-1}的 NaOH 溶液，再加入 10 滴 0.10 mol·L^{-1}的 $CuSO_4$ 溶液反应，充分振荡后静置。

实验 3 （室温 20～25 ℃）向 1 支试管中加入 16 滴 0.10 mol·L^{-1}的 NaOH 溶液，再加入 20 滴 0.10 mol·L^{-1}的 $CuSO_4$ 溶液反应，充分振荡后静置。

活动 2.2 进行实验，分析反应的条件

实验 1 得到绛蓝色溶液；实验 2 得到蓝色絮状沉淀；实验 3 得到蓝绿色沉淀。

【思考交流】是什么条件使得氢氧化钠与硫酸铜的生成物的种类不同呢？实验中反应物、生成物、混合液的物质的量是什么关系？铜离子和氢氧根离子物质的量是什么关系？

在实验 1 中，$n(Cu^{2+}):n(OH^-)=1:373$，在实验 2 中 $n(Cu^{2+}):n(OH^-)=1:3.5$，在实验 3 中 $n(Cu^{2+}):n(OH^-)=1:0.8$。在特定的浓度和物质的量比例的情况下，会生成不同产物。

【资料支持】对于 $CuSO_4$ 和 NaOH 稀溶液，由很多文献中的精确实验得出的结论：若 $n(Cu^{2+}):n(OH^-)\leqslant 1:2$，其生成物（水除外，下同）为 $Cu(OH)_2$；$1:2<n(Cu^{2+}):n(OH^-)<1:1.5$，其生成物为 $Cu(OH)_2$ 与 $3Cu(OH)_2 \cdot CuSO_4$；$n(Cu^{2+}):n(OH^-)\geqslant 1:1.5$，其生成物为 $3Cu(OH)_2 \cdot CuSO_4$。

活动 2.3 宏微结合视角分析反应机理

【交流研讨】为什么不同条件下硫酸铜和氢氧化钠反应的生成物种类不同？

1 个 Cu^{2+} 带有 2 个单位的正电荷，其离子的外层电子构型为 $3S^2 3P^6 3d^9$，很容易作为中心离子形成络合物，其配位数有 2、4、6 等。OH^- 可以作为 Cu^{2+} 的配位体。Cu^{2+} 不仅可以与 OH^- 形成络合物，而且因电荷作用，在一定条件下可与 OH^- 和 SO_4^{2-} 共同形成难溶物。OH^-、SO_4^{2-} 的浓度和物质的量比例越大，与 Cu^{2+} 结合的程度就越大。反应物浓度和物质的量比例大小的不同，为 Cu^{2+}、SO_4^{2-} 和 OH^- 的不同结合提供了条件。

实验任务

任务 3 对产物结果的验证和总结

【思考交流】如何进一步用实验证实产物的成分？如何证明 $Cu(OH)_2$ 和

$3Cu(OH)_2 \cdot CuSO_4$ 的存在？

将实验2中的混合物过滤洗涤后，加入盐酸溶解，得到蓝色溶液。向此溶液中加入氯化钡溶液，无沉淀生成。说明实验2中制得的沉淀含有 Cu^{2+}、OH^-，而不含 SO_4^{2-}，即为 $Cu(OH)_2$。

将实验3中制得的物质在80～100 ℃加热1～2 min无黑色出现，证明其中没有 $Cu(OH)_2$。将此混合物过滤洗涤后加入盐酸溶解，得到浅蓝色溶液。向此溶液中加入氯化钡溶液，有白色沉淀生成。说明实验3中制得的沉淀含有 Cu^{2+}、OH^- 和 SO_4^{2-}，即为 $3Cu(OH)_2 \cdot CuSO_4$。

(该项目由袁红霞老师提供，袁红霞老师为市级骨干教师，曾获市级课堂创新大赛三等奖)

项目8　自制燃料电池

以实验为基础是化学的学科特质，实验能够帮助学习者更好地体验研究化学世界的程序和方法。《普通高中化学课程标准(2017年版2020年修订)》指出：要深刻地认识实验在化学科学中的地位和对化学学习的重要性，掌握基本化学实验的技能和方法，进一步体验实验探究的基本过程，进一步发展学生解决综合实验问题的能力。

学习的目的是培养能力，尤其是培养问题解决的关键能力。然而当前一些实验教学仍然存在着教师预设好实验方案，学生“照方抓药”的现象，教师对学生的实验方案设计能力训练不够，导致学生对实验的问题解决体验不足，难以达到较高的能力要求。

项目式学习是学生围绕特定的学习项目自主研究方案，通过学习、探究、展示、评价等环节，实现问题解决和知识建构的过程。实践证明，在完成教材实验要求的基础上，开发校本实验案例，开展基于真实实验情境和实验问题的项目式学习，对提高学生的问题解决能力有一定的帮助。据此，本项目以“自制燃料电池”为载体自主研发校本实验项目式学习课例，以提升学生基于真实情境的问题解决能力，促使学科素养落地。

一、项目内容分析

本项目内容选自人教版选修4《化学反应原理》第四章第二节“化学电源”。

《普通高中化学课程标准(2017年版2020年修订)》对本节课的整体要求是了解常见化学电源的工作原理,其中,燃料电池是常见的化学电源,新课标明确将制作简单的燃料电池列为必修课程的学生必做实验。但是,不同版本教材中只有燃料电池工作原理的结构简图(见图3-2-9),缺少相关的演示实验或学生实验。

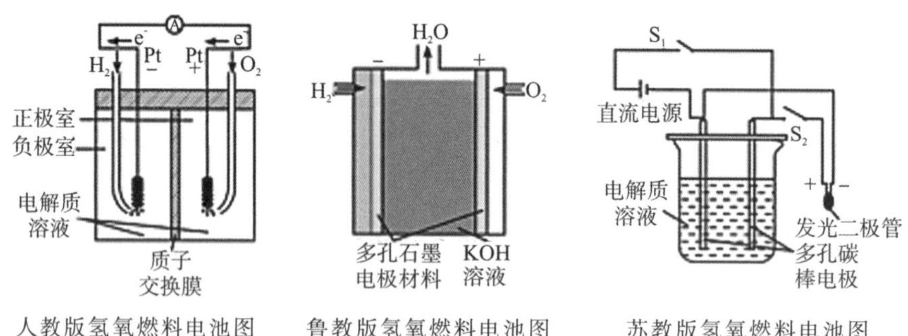

图 3-2-9 不同版本教材的氢氧燃料电池图

相关实验的缺失导致部分学生学完燃料电池后仍一度认为燃料电池是要通过燃烧才能将化学能转化为电能。为了让学生直观地感受燃料电池技术,系统深入地理解燃料电池的原理,建构起比较完善的电化学知识网络,非常有必要设计简单易操作的燃料电池并将其展示于学生眼前。

燃料电池的工作原理遵循原电池的一般工作原理,和一般化学电池相比,其特点是所需要的活性物质储存在电池外部,电极本身并不消耗和变化,能量转化效率高(超过80%)。19世纪中后期以来,燃料电池逐渐被科学家研究应用于航天飞行器、新能源汽车等。

燃料电池种类很多,研究最早、最先投入使用的是氢氧燃料电池,因此我们组织学生以原电池的基本模型和基本原理为出发点,结合初中所学的电解水实验自制U形管燃料电池。除氢气之外,其他还原性物质也可作为燃料电池的负极反应物;同理,除氧气外,其他氧化性物质也可作为燃料电池的正极反应物。于是,我们又自制了甲醇燃料电池和氢氯燃料电池,但因为实验室条件有限,无法使甲醇气化吸附在电极表面,故实验没有成功。金属空气燃料电池在生产生活中应用广泛,且经常出现在试题中,我们又尝试自制了金属空气燃料电池。

二、项目教学目标

(1)能理解氢氧燃料电池的工作原理。

(2)能绘制氢氧燃料电池的装置设计图,并制作一个氢氧燃料电池。

(3)能够评估氢氧燃料电池的性能。

(4)探究其他燃料电池性能的影响因素,并能据此设计对比实验进行探究。

(5)培养学生“科学探究与创新意识”“科学态度与社会责任”等化学学科核心素养。

三、项目实验器材

9 V碱性干电池、导线若干、2B铅笔芯、铝片、锌片、镁带、砂纸、滤纸、海绵、小玻璃片、1 $mol \cdot L^{-1}$硫酸钠溶液、双面胶、二极管、电子表、电压传感器。

四、项目式学习教学过程

任务1　自制U形管氢氧燃料电池

[学生实验]向U形管中加1 $mol \cdot L^{-1}$ Na_2SO_4 溶液至离管口1 cm处,以9 V电池为电源、2B铅笔芯为电极,用导线将铅笔芯分别与电源正、负极相连,电解1 min,获得氢氧燃料电池所需要的氢气和氧气;撤去电源,用导线将铅笔芯分别与二极管和电子表相连,观察记录实验现象(图3-2-10)。

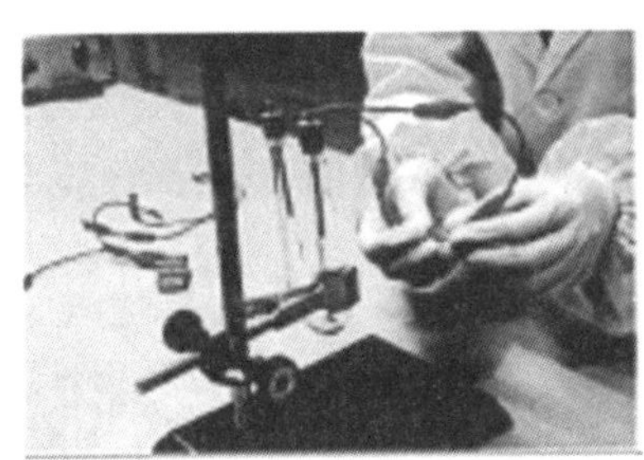

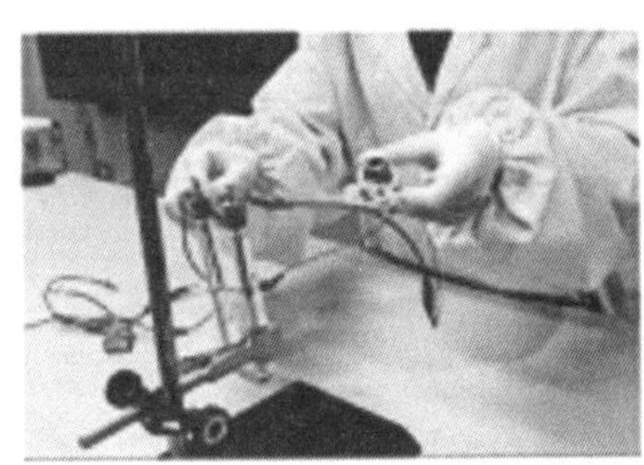

图3-2-10　U形管氢氧燃料电池

[教师]指导学生进行实验,引导学生思考自制的U形管氢氧燃料电池的缺陷并设想如何改进。

[学生]连接电源后,与溶液接触的电极部位迅速聚集了大量气泡,撤去电源连接用电器,观察到二极管发光、电子表正常工作,说明利用该装置完全可以

实现化学能到电能的转化。

但是利用该装置电解时，随着U形管内气压逐渐增大，橡皮塞会被弹开，导致附着在电极上的气体逸散。为了解决这一问题，可以自制海绵氢氧燃料电池，减少气体逸散。

设计意图：本实验借用生活中的9 V电源、2B铅笔芯等为实验素材，自制U形管氢氧燃料电池，将教材中的燃料电池生活化、微型化，方便快捷地让学生感受到在实验过程中发生的能量转化，激发学生的学习兴趣。

任务2　自制海绵氢氧燃料电池和海绵氢氯燃料电池

[学生实验]将洗碗海绵放在烧杯中，用1 mol·L^{-1} Na_2SO_4溶液浸没，待海绵吸满溶液后，用镊子将海绵夹到200 mL烧杯中。在海绵的一端轻轻插入两根2B铅笔芯作电极，先连接9 V电池电解1 min，撤去电源，连接电子表，观察实验现象。氢氯燃料电池只需将1 mol·L^{-1} Na_2SO_4溶液换成1 mol·L^{-1} NaCl溶液即可。实验装置如图3-2-11所示。

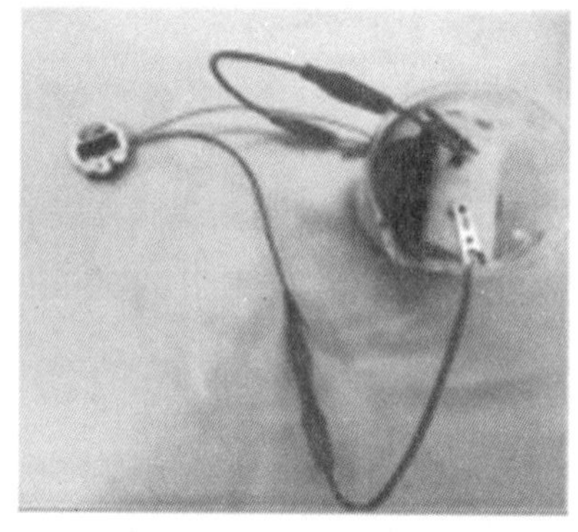

图3-2-11　海绵氢氧燃料电池和海绵氢氯燃料电池实验装置图

[教师]指导学生进行实验，并引导学生思考改进后的海绵氢氧燃料电池和海绵氢氯燃料电池的性能。

[学生]通过实验，发现自制的海绵氢氧燃料电池和氢氯燃料电池都可以使二极管发光、电子表正常工作。但同时也发现，二极管发光50 s便逐渐变暗直至200 s时熄灭，而电子表则可以连续工作达4个多小时。

[教师]为了进一步探究海绵氢氧燃料电池和海绵氢氯燃料电池的性能。我们可以利用电压传感器实时动态观察记录氢氧燃料电池工作时电压随时间的变化(如图3-2-12、图3-2-13所示)以及氢氧、氢氯燃料电池的区别。

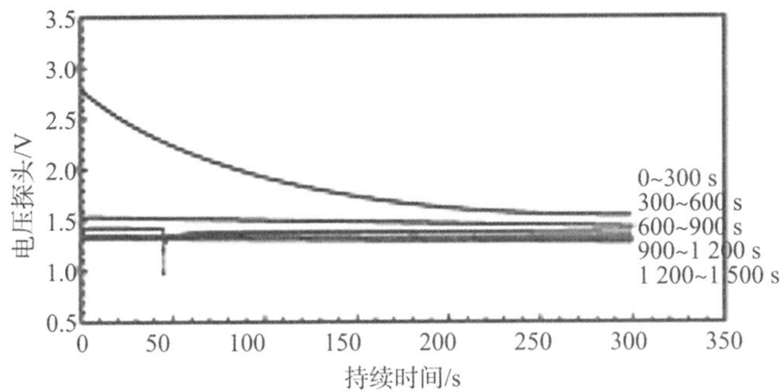

图 3-2-12　氢氧燃料电池工作时电压随时间的变化

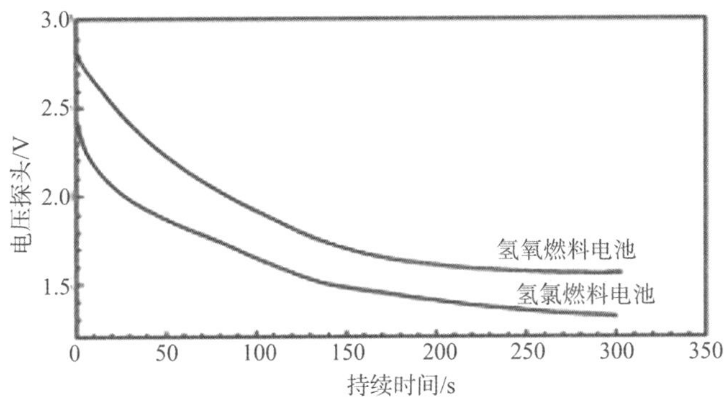

图 3-2-13　氢氧、氢氯燃料电池工作时电压随时间的变化对比

[教师]通过氢氧燃料电池工作时电压随时间的变化可以看出氢氧燃料电池电压在前 200 s 大幅度衰减(从 2.8 V 衰减到 1.6 V),但是在 200 s 之后衰减得很缓慢,这与观察到的二极管发光时间较短和电子表工作 4 个多小时的现象相吻合。

[学生]分析原因:氢氧燃料电池放电过程中铅笔芯电极上紧密吸附的气体越多,电池电压相对越大。最初放电时,电极上吸附的气体量最大,而电极上紧密吸附的气体被消耗后,都是电极附近海绵中储存的气体在放电,对电池电压影响相对较小。

[教师]通过氢氧、氢氯燃料电池工作时电压随时间的变化,可以看出,氢氧燃料电池比氢氯燃料电池初始电压高,电压衰减趋势基本相同。

[学生]分析原因:这是因为标准电极电势 $E^{\ominus}(Cl_2/Cl^-) > E^{\ominus}(O_2/O^{2-})$。

[教师]除了氢氧燃料电池,你还能设计出其他燃料电池吗?

[学生]除氢气之外,其他还原性物质也可作燃料电池的负极反应物,金属是常见的还原剂,金属空气燃料电池在生产生活中应用广泛,可以尝试自制金属空气燃料电池。

设计意图：数字化实验探究影响燃料电池性能的因素，化定性为定量，化静态为动态。借助电压传感器实时监测燃料电池放电过程中电压随时间的变化，通过计算机直接绘制出相应的曲线，帮助学生更直观地感受不同燃料电池放电的差异，了解影响燃料电池性能的因素。

任务3　自制金属空气燃料电池

[学生实验]将打磨好的金属条(Zn、Al、Mg)分别用双面胶固定在玻璃片上做负极，2B铅笔芯固定在玻璃片上做正极，用剪刀将滤纸剪成 1 cm×0.5 cm 的纸条，10张滤纸条叠加在一起用盐溶液浸湿放在两个电极中间；连接电子表，观察记录实验现象(图 3-2-14)。

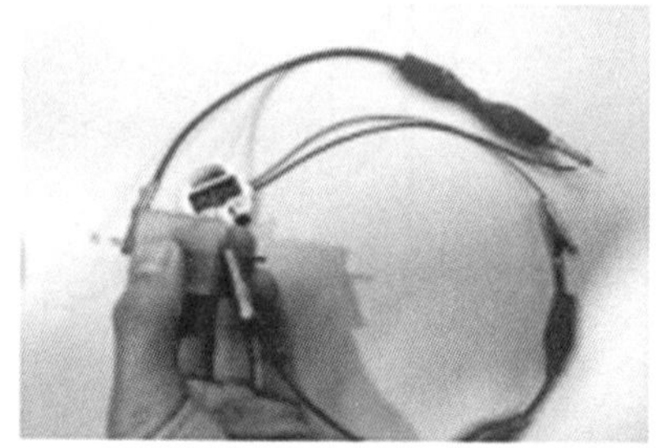

图 3-2-14　自制金属空气燃料电池

[教师]指导学生进行实验，并引导学生思考自制的金属空气燃料电池的性能与哪些因素有关。

[学生]电极材料、电解质溶液、电极面积大小等。

[教师]如何设置实验来探究影响金属空气燃料电池性能的因素？

[学生]对比实验；控制变量法。

[教师]我们可以借助传感器观测不同的电极材料、电解质溶液、电极大小对金属空气燃料电池电压的影响，如图 3-2-15 所示。

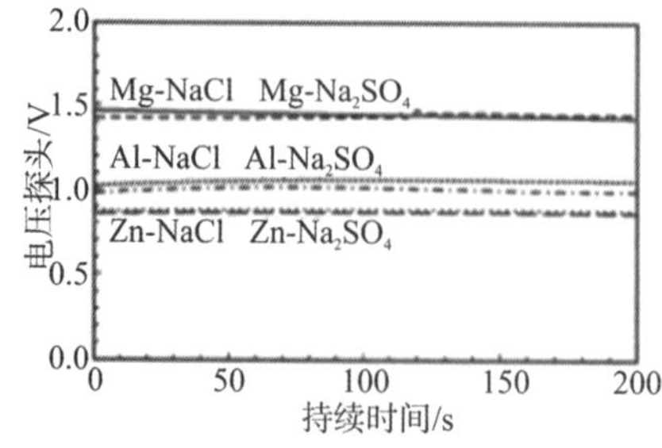

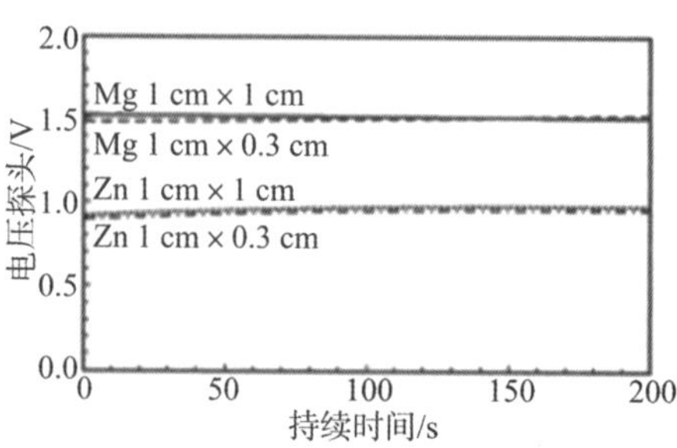

图 3-2-15　电极材料、电解质溶液、电极大小对金属空气燃料电池电压的影响

[学生]从图中可以看出，电极材料是影响燃料电池的重要因素，负极金属越活泼，电池电压越大；而电解质溶液和电极大小对燃料电池的电压影响不大。

[教师]分析原因：电池两端的电压主要取决于正负极的电势差，与电极大小几乎无关。不同电解质溶液会导致电池电阻不同，但本次实验中，Na_2SO_4 与 NaCl 溶液电阻基本一致，更多电解质溶液种类、浓度对燃料电池的影响还有待于进一步研究。此外，相比自制的海绵氢氧、氢氯燃料电池，金属空气燃料电池的电压更加稳定。

设计意图：金属燃料电池仅用一小片金属、一小叠滤纸、一根铅笔芯就带动了电子表，极大地激发了学生的学习兴趣。学生尝试制作金属空气燃料电池，并用控制变量的方法探究影响燃料电池性能的因素，初步建立了科学研究的一般范式和思维方式。

五、项目总结反思

燃料电池的生活化、微型化创新改进，为教师演示和学生实验提供了可参考的依据。教材中只给了燃料电池的相关原理图，缺少相应的演示实验和学生实验，学生难以直观体验燃料电池中化学能到电能的转化。而本实验借用生活中的 9 V 电源、2B 铅笔芯、海绵等为实验素材，方便快捷地让学生感受到在实验过程中发生的能量转化。金属燃料电池更是仅用一小片金属、一小叠滤纸、一根铅笔芯就带动了电子表，极大地激发了学生的学习兴趣。

数字化实验探究影响燃料电池性能的因素，化定性为定量，化静态为动态。借助电压传感器实时监测燃料电池放电过程中电压随时间的变化，通过计算机直接绘制出相应的曲线，帮助学生更直观地感受不同燃料电池放电的差异，了解影响燃料电池性能的因素。

培养学生“科学探究与创新意识”化学学科核心素养。学生在教师的引导下，基于电解水设计燃料电池，巧用海绵自制海绵燃料电池，再尝试制作金属空气燃料电池，并控制变量探究影响燃料电池性能的因素，初步建立了科学研究的一般范式和思维方式。其实，实验过程并不是一帆风顺的，例如，初期做的铝空气燃料电池电压绝大多数都小于锌空气燃料电池，偶尔大于。面对这样的问题，最初老师和学生们都很疑惑，后来经过不断思考和实验，才发现原因在于与导线相连的铝片也要仔细打磨，否则其表面氧化膜的导电性很差，便会导致电压下降。而正是在这一次次发现问题、解决问题的过程中，学生的科学探究素养得以培养和提高。

附录八　自制燃料电池教材

- 任务1　自制U形管氢氧燃料电池
- 任务2　自制海绵氢氧燃料电池和海绵氢氯燃料电池
- 任务3　自制金属空气燃料电池

实验目标

(1)能理解氢氧燃料电池的工作原理。

(2)能绘制氢氧燃料电池的装置设计图，并制作一个氢氧燃料电池。

(3)能够评估氢氧燃料电池的性能。

(4)探究其他燃料电池性能的影响因素，并能据此设计对比实验进行探究。

(5)培养学生“科学探究与创新意识”“科学态度与社会责任”等化学学科核心素养。

燃料电池的工作原理遵循原电池的一般工作原理，和一般化学电池相比，其特点是所需要的活性物质储存在电池外部，电极本身并不消耗和变化，能量转化效率高(超过80%)。19世纪中后期以来，燃料电池逐渐被科学家研究应用于航天飞行器、新能源汽车等。

燃料电池种类很多，研究最早、最先投入使用的是氢氧燃料电池，以原电池的基本模型和基本原理为出发点，结合初中所学的电解水实验自制U形管燃料电池。除氢气之外，其他还原性物质也可作燃料电池的负极反应物；同理，除氧气外其他氧化性物质也可作燃料电池的正极反应物。因此，可以自制氢氯燃料电池。金属空气燃料电池在生产生活中应用广泛，且经常出现在试题中，学生可以尝试自制金属空气燃料电池。

实验任务

任务1　自制U形管氢氧燃料电池

活动1.1	自制U形管氢氧燃料电池
实验过程	向U形管中加 1 mol·L^{-1} Na_2SO_4 溶液至离管口 1 cm 处，以 9 V 电池为电源、2B铅笔芯为电极，用导线将铅笔芯分别与电源正、负极相连，电解 1 min，获得氢氧燃料电池所需要的氢气和氧气；撤去电源，用导线将铅笔芯分别与二极管和电子表相连，观察记录实验现象(见图1) 图1　U形管氢氧燃料电池

连接电源后，与溶液接触的电极部位迅速聚集了大量气泡，撤去电源连接用电器，观察到二极管发光、电子表正常工作，说明利用该装置完全可以实现化学能到电能的转化。

活动1.2	U形管氢氧燃料电池的缺陷分析
实验过程	1. 观察、思考自制的U形管氢氧燃料电池的缺陷 2. 小组讨论如何改进U形管氢氧燃料电池

利用该装置电解时，随着U形管内气压逐渐增大，橡皮塞会被弹开，导致附着在电极上的气体逸散。为了解决这一问题，可以自制海绵氢氧燃料电池，减少气体逸散。

实验任务

任务2　自制海绵氢氧燃料电池和海绵氢氯燃料电池

活动 2.1	自制海绵氢氧燃料电池和海绵氢氯燃料电池
实验过程	将洗碗海绵放在烧杯中，用 1 $mol \cdot L^{-1}$ Na_2SO_4 溶液浸没，待海绵吸满溶液后，用镊子将海绵夹到 200 mL 烧杯中。在海绵的一端轻轻插入两根 2B 铅笔芯作电极，先连接 9 V 电池电解 1 min，撤去电源，连接电子表，观察实验现象。氢氯燃料电池只需将 1 $mol \cdot L^{-1}$ Na_2SO_4 溶液换成 1 $mol \cdot L^{-1}$ NaCl 溶液即可。实验装置如图 2 所示  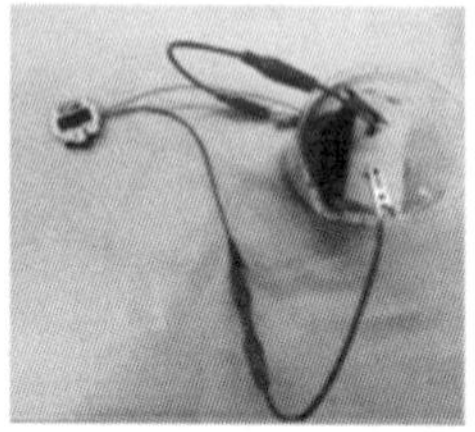 **图 2　自制海绵氢氧燃料电池**

通过实验，发现自制的海绵氢氧燃料电池和氢氯燃料电池都可以使二极管发光，电子表正常工作。但同时发现，二极管能亮 50 s 便逐渐变暗直至 200 s 时熄灭，而电子表则可以连续工作达 4 个多小时。

活动 2.2	海绵氢氧燃料电池和海绵氢氯燃料电池的性能分析
实验过程	1. 思考为什么“二极管亮 50 s 便逐渐变暗直至 200 s 时熄灭，而电子表则可以连续工作达 4 个多小时”并设计实验验证 2. 小组讨论海绵氢氧燃料电池和海绵氢氯燃料电池的性能差异
活动 2.3	海绵氢氧燃料电池和海绵氢氯燃料电池的性能分析
实验过程	利用电压传感器实时动态观察记录氢氧燃料电池工作时电压随时间的变化（见图 3）以及氢氧、氢氯燃料电池的区别（见图 4） 电压探头/V　持续时间/s　0~300 s　300~600 s　600~900 s　900~1 200 s　1 200~1 500 s **图 3　氢氧燃料电池电压随时间的变化**

续表

活动 2.3	海绵氢氧燃料电池和海绵氢氯燃料电池的性能分析
实验过程	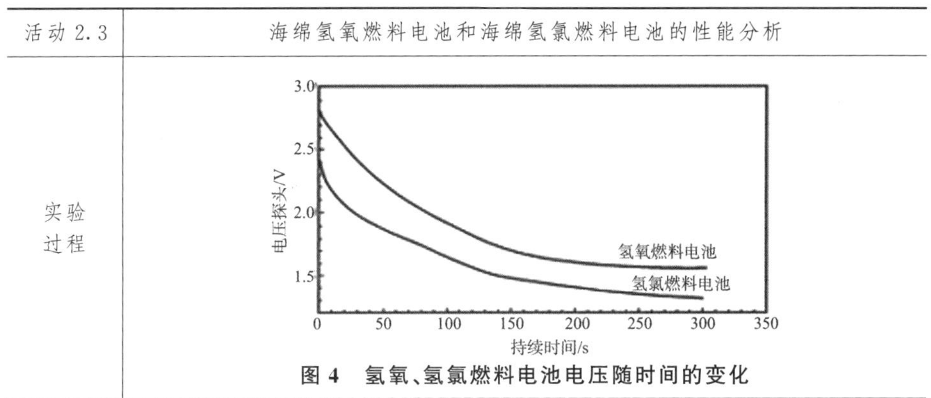 **图 4　氢氧、氢氯燃料电池电压随时间的变化**

通过图 3，可以看出氢氧燃料电池电压在前 200 s 大幅度衰减（从 2.8 V 衰减到 1.6 V），但是在 200 s 之后衰减得很缓慢，这与观察到的二极管发光时间较短和电子表工作 4 个多小时的现象相吻合。分析原因：氢氧燃料电池放电过程中铅笔芯电极上紧密吸附的气体越多，电池电压相对较大。最初放电时，电极上吸附的气体量最大，而电极上紧密吸附的气体被消耗后，都是电极附近海绵中储存的气体在放电，这对电池电压影响相对较小。

通过图 4，可以看出，氢氧燃料电池比氢氯燃料电池初始电压高，电压衰减趋势基本相同，这是因为标准电极电势 $E^{\ominus}(Cl_2/Cl^-) > E^{\ominus}(O_2/O^{2-})$。

活动 2.4	氢氧燃料电池的性能分析
实验过程	为了保持电池的工作效率、有效地利用电极反应产物，你认为以上电池还需要解决哪些问题？

(1)电极材料的选择：前面设计的氢氧燃料电池为石墨电极，也可以选择其他电极材料，比如铂、镍。铂、镍对氢氧燃料电池反应有催化作用。综合考虑到催化活性、稳定性、成本等因素，对于碱性环境一般选用碳载镍作为电极材料，而酸性环境则一般选用碳载铂作为电极材料。电极材料上留有孔洞，以使氢气、氧气和溶液接触进行反应。

(2)电解质溶液（离子导体）的选择：以电解质溶液作为离子导体的氢氧燃料电池在使用时生成的水会稀释电解质溶液，碱性电解质溶液还会与二氧化碳反应，这些问题都会导致电池内阻增大，从而降低电池的工作效率。要解决以上问题，在设计电池时，可以附设电解质溶液循环系统，这样既便于浓缩电解质溶液或补充电解质，又便于更换已污染的电解质溶液；也可以更换离子导体，如使用酸性电解质溶液作为离子导体，避免电解质与二氧化碳反应，或采用固体材料离子导体，避免电解质被生成的水稀释，同时将生成的水冷凝回收再利用。

<table>
<tr><td>活动 2.5</td><td>氢氧燃料电池产物水的回收利用</td></tr>
<tr><td>实验
过程</td><td>若在图 5 所示两种电池中加装水蒸气冷凝装置回收生成的水，应该加装在什么位置？
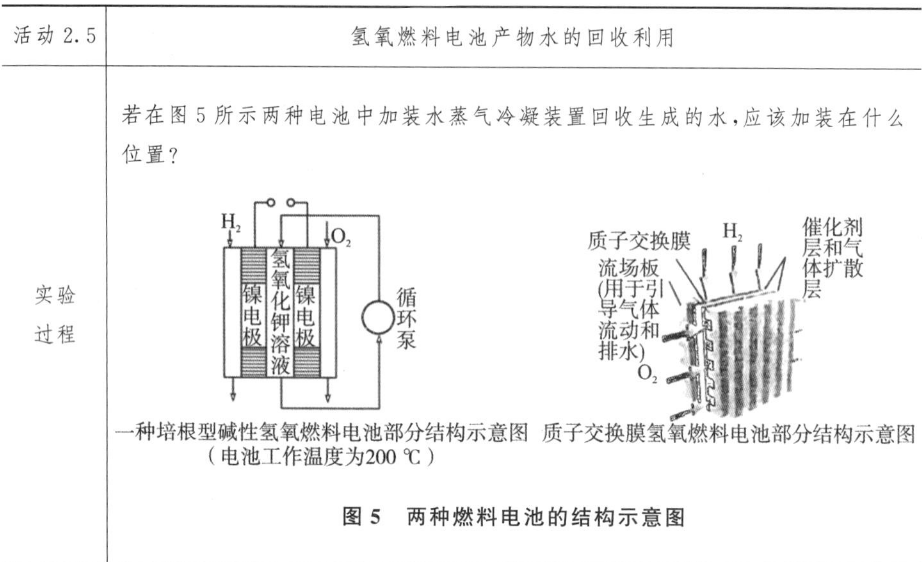

一种培根型碱性氢氧燃料电池部分结构示意图（电池工作温度为200 ℃） 质子交换膜氢氧燃料电池部分结构示意图
图 5　两种燃料电池的结构示意图</td></tr>
</table>

培根型碱性氢氧燃料电池主要通过外加循环设备的方式解决电解质溶液稀释和变质的问题。由于电池工作温度较高，生成的水主要以气态形式存在，水蒸气可以由气态反应物带出并在出口冷凝。碱性环境中水在负极生成，因此培根型碱性氢氧燃料电池应在负极一侧的气体出口设置冷凝装置。电解质循环系统使燃料电池的电解质溶液不断浓缩、循环；如果电解质已变质，可以很方便地更换新溶液。

质子交换膜氢氧燃料电池则通过使用质子交换膜作为离子导体，从根本上解决了电解质溶液的稀释和变质问题。酸性环境中水在正极生成，因此质子交换膜氢氧燃料电池生成的水从正极一侧的流场板排出。

除了氢氧燃料电池，你还能设计出其他燃料电池吗？除氢气之外，其他还原性物质也可作燃料电池的负极反应物，金属是常见的还原剂，金属空气燃料电池在生产生活中应用广泛，且经常出现在试题中，学生可以尝试自制金属空气燃料电池。

实验任务

任务 3 自制金属空气燃料电池

活动 3.1	自制金属空气燃料电池
实验过程	将打磨好的金属条(Zn、Al、Mg)分别用双面胶固定在玻璃片上做负极，2B 铅笔芯固定在玻璃片上做正极，用剪刀将滤纸剪成 1 cm×0.5 cm 的纸条，10 张滤纸条叠加在一起用盐溶液浸湿放在两个电极中间；连接电子表，观察记录实验现象(见图 6) **图 6 实验装置图**

通过实验，发现自制的金属空气燃料电池可使电子表长时间正常工作。

活动 3.2	探究影响金属空气燃料电池性能的因素
实验过程	1. 小组讨论影响金属空气燃料电池性能的可能因素 2. 设计实验探究影响金属空气燃料电池性能的因素
活动 3.3	探究影响金属空气燃料电池性能的因素
实验过程	借助传感器观测了不同的电极材料、电解质溶液、电极大小对金属空气燃料电池电压的影响(见图 7)。

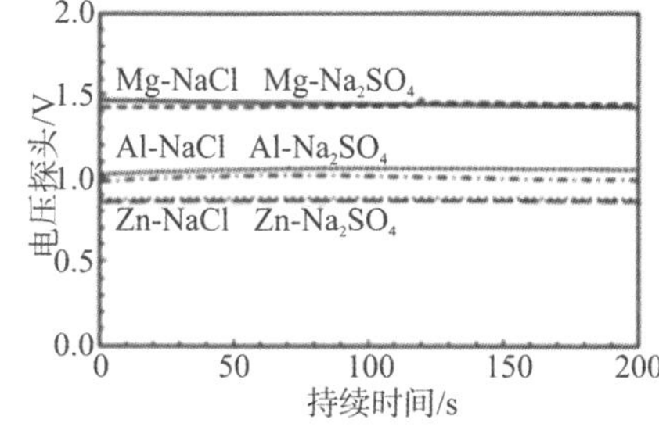

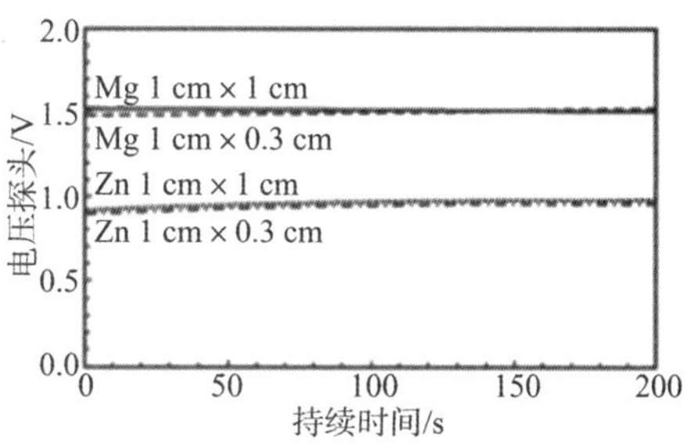

图 7 电极材料、电解质溶液、电极大小对金属空气燃料电池电压的影响

从图 7 中可以看出，电极材料是影响燃料电池的重要因素，负极金属越活泼，电池电压越大；而电解质溶液和电极大小对燃料电池的电压影响不大。分析原因：电池两端的电压主要取决于正负极的电势差，与电极大小几乎无关；不同电解质溶液会导致电池电阻不同，但本次实验中 Na_2SO_4 与 NaCl 溶液电阻基本一致，更多电解质溶液种类、浓度对燃料电池的影响还有待于进一步研究。此外，还发现，相比自制的海绵氢氧、氢氯燃料电池，金属空气燃料电池的电压更加稳定。

【项目总结】

燃料电池的生活化、微型化创新改进，让学生可以直观体验燃料电池中化学能到电能的转化。本项目借用生活中的 9 V 电源、2B 铅笔芯、海绵等为实验素材，方便快捷地让学生感受到在实验过程中发生的能量转化。金属燃料电池更是仅用一小片金属、一小叠滤纸、一根铅笔芯，就带动了电子表，极大地激发了学生的学习兴趣。

数字化实验探究影响燃料电池性能的因素，化定性为定量，化静态为动态。借助电压传感器实时监测燃料电池放电过程中电压随时间的变化，通过计算机直接绘制出相应的曲线，帮助学生更直观地感受不同燃料电池放电的差异，了解影响燃料电池性能的因素。

培养学生“科学探究与创新意识”学科核心素养。学生在教师的引导下，基于电解水设计燃料电池，巧用海绵自制海绵燃料电池，再尝试制作金属空气燃料电池，并控制变量探究影响燃料电池性能的因素，初步建立了科学研究的一般范式和思维方式。

培养学生“科学态度与社会责任”学科核心素养。能源短缺是人类社会现在，甚至将来都会一直面临的问题，因此某种意义上说，寻找新的能源、提高能源转化效率将是全人类一直要研究的问题。本次实验项目彰显了化学知识服务社会的科学精神，体现了化学教育立德树人的功能。

（该项目由邱燕珠老师提供，邱燕珠老师曾获市级课堂创新大赛一等奖）

第三节　化工生产过程模拟实验

化工生产过程模拟实验，是以真实的化工生产过程为研究对象，借助相关资料对化工生产的原理、流程进行复原和模拟。该类实验在实验室完成时，需要确定反应原理,综合考虑原料配比、实验装置、反应条件、产物的分离和纯化等问题。

项目 9 选择学生非常熟悉的日用品“肥皂”,进行化学实验项目式教学 2“肥皂的制备及其原理”。在学科大概念统领下,进行实验教学设计,引导学生构建“从结构学化学”的学科核心概念,逐步形成“结构决定性质”的大概念,为学生学习和研究相关有机制备实验问题提供认识角度和思维路径。同时在进行有机反应的教学时,选择“肥皂的制备”这一制备实验,将教学活动分为“控制变量法探究肥皂制备条件”,“乙醇和食盐在肥皂制备中的作用”,“棕榈油和花生油在肥皂制备中的差异”3 个任务,将肥皂制备的实验内容与“化学实验体系三要素”等化学学科大概念建立起有意义的联系。在教学过程中,引导学生从反应物和生成物的官能团转化角度理解反应的特征和规律,体会目标生成物的应用价值。在探究乙醇在实验中的作用、棕榈油和花生油在制备肥皂中的差异时,引导学生构建“从结构学化学”的学科核心概念,逐步形成“结构决定性质”的大概念,为学生学习和研究相关有机制备实验问题提供认识角度和思维路径。

项目 10 选择以纯碱的制备为载体,建构并运用“价-类”二维思维模型,梳理制备纯碱的理论方法;利用化工思维综合分析理论路线,寻找能应用于实际工业生产的最优路线,感受理想制备与工业实际生产的联系与区别,通过“氨碱法”和“侯氏制碱法”学习,感受化学家们的智慧,增强民族自豪感与自信心;借助资料对化工生产的原理、流程进行复原和模拟,感受真实的化工生产过程。通过该项目的学习,发展学生“宏观辨识与微观探析”“证据推理与模型认知”“科学探究与创新意识”等化学学科核心素养。

项目 11 以电解食盐水的实验探究活动为线索,建构从化学反应原理角度分析电解食盐水反应的影响因素的思维模型,体验科学研究的一般过程;再从实验室电解食盐水的实验出发,走进氯碱工业,体验科学研究到工业生成的研究过程,培养学生的工程思维。整个项目精心设计探究型、分析型、评价型等高阶学习任务,在推进过程中,将学科核心知识、学科方法和学科观念进行结构化整合,促进学生从整体视角建构学科多角度认知维度。

项目 12 以贴近学生知识背景的“陌生物质”——硫代硫酸钠为项目,让学生在真实的情境中分析问题,深入思考和交流,进而解决问题,将化学实验探究实施具体化、生活化。通过与主题硫代硫酸钠紧密关联且层层递进的实验任务展开。将物质的制备、分离提纯、定性与定量分析、性质探究等内容整合为一体,还从工业生产实际、手持技术等多个视角引导学生分析解决问题,从而提升学生深度思维能力以及在真实复杂情境中的实验探究能力。

本节以学生较为熟悉的生产、生活用品——肥皂、纯碱、氯碱工业、硫代硫酸钠等物质的制备及原理进行实验探究，以期通过实验过程中真实问题的解决过程，感受化工生产过程中真实复杂的问题情境，培养学生利用所学知识解决综合复杂问题的高阶能力，发展学生的化学学科核心素养。

项目9　肥皂的制备及其原理

一、项目内容分析

（一）项目的教学价值和概念界定

“大概念”对应的英文为“big idea”，原意为“大创意”，是指将品牌的核心价值以最能打动消费者的角度阐述出来的一个想法；后引申为那些能够将分散的事实、经验、知识和技能联结成为整体，并且赋予它们意义的概念、原则或理论，被广泛应用于各个领域。学科大概念，是“上位知识”，是一种“高度形式化、具备认识论与方法论层次意义、普适性极强的概念。从学科知识关系的角度来看，大概念位于学科知识金字塔的顶端，极具抽象性、概括性、包容性。”大概念有不同的知识层级结构，如图 3-3-1 所示。

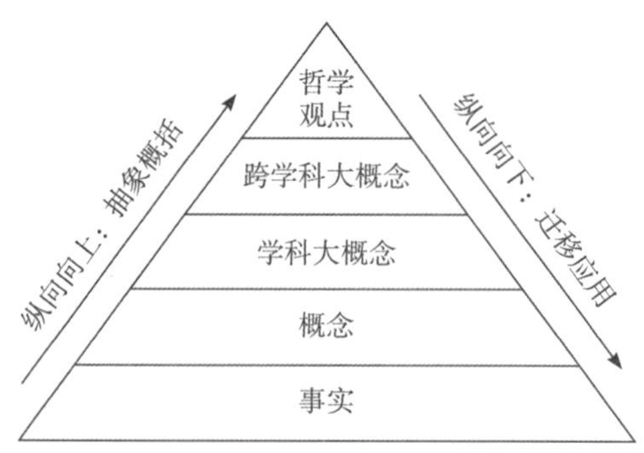

图 3-3-1　大概念的知识层级结构

学科大概念是指能反映学科的特质，居于学科的中心地位，具有较为广泛的适用性和解释力，具有超越课堂的持久价值和迁移价值的原理、思想和方法，可运用于新的情景，具有持久的可迁移应用价值。

化学学科大概念将众多琐碎的化学事实和操作程序等学科知识联结为一个整体，作为理解或探究更复杂概念的关键工具，对促进学生学科核心素养的发展具有重要价值。《普通高中化学课程标准(2017 年版 2020 年修订)》要求，化学教学要以学科核心素养为导向，以学科大概念统领；要彰显学科知识的核心素养发展功能价值；要基于主题整体设计学习内容、学习途径和学业要求。

化学实验是中学化学课程重要的组成部分，聚焦学科知识本质梳理具体化学实验内容之间的内在联系，看到具体化学实验内容背后的大概念是开展化学实验教学的基础和前提。对于化学实验，宋心琦先生提出的“化学实验体系三要素”揭示了化学实验原理、装置、操作等要素及其相互关系，是统领具体实验内容的更为本质的思想方法，是关于化学实验的学科大概念。

以大概念为统领建立知识间的内在联系，可采取如下思路：

一是自下而上进行归类概括，即从具体实验出发，去分析与之相对应的较大概念，较大的概念又可以归入一个更大、更广泛的大概念。如过滤、萃取、蒸馏、结晶等是化学常用的实现物质分离与提纯的实验方法，其具体原理各不相同，但它们的共同之处在于“利用混合物中各组分性质的差异来分离和提纯物质”，这是关于物质分离和提纯的更为本质的思想方法，是过滤、蒸馏、萃取等具体概念背后的大概念。与具体的过滤、萃取等相比，这一大概念具有更为广泛的适用性，能够解释较大范围内的相关现象和事物。

二是自上而下进行具体细化，即以大概念为视角，按照一定逻辑将其逐渐解构和具体细化。如以“化学实验体系三要素”为统领，依据化学实验的目的和内容不同，可以将其细化为“实验研究物质组成的思路和方法”“实验室制取气体的思路和方法”等抽象程度较低的次级大概念；依据实验研究对象不同，再将“实验研究物质组成的思路和方法”细化为混合物组分的测定、纯净物元素组成的测定；而混合物组分的测定还可细化为混合气体中组分含量的测定……以此类推，直至“空气里氧气含量测定”这一具体实验。在教学实践中，通常需要综合运用上述两种思路，通过自下而上以及自上而下的分析和梳理，将具体化学实验内容与抽象程度较高的概念、学科中普遍适用的大概念建立起有意义的对接，使众多具体知识相互联系并有一定意义。如对于初中化学中以气体为研究对象的一些实验，以“化学实验体系三要素”为统领，可以揭示知识间的纵横关系，如图 3-3-2 所示，为认识和研究相关问题提供认识角度和思维路径，起到思维引领、提供方法性工具的作用。

当前实验教学在教学中的弱化已成不争的事实，因此有专家建议在教学中要回归化学教育本质，创设条件加强学生动手实验教学。在教学中如何有效提升学生的实验素养，帮助学生掌握科学探究的一般过程与方法，帮助学生发展动手实践能力，养成良好的行为习惯和安全意识，值得我们深入思考。

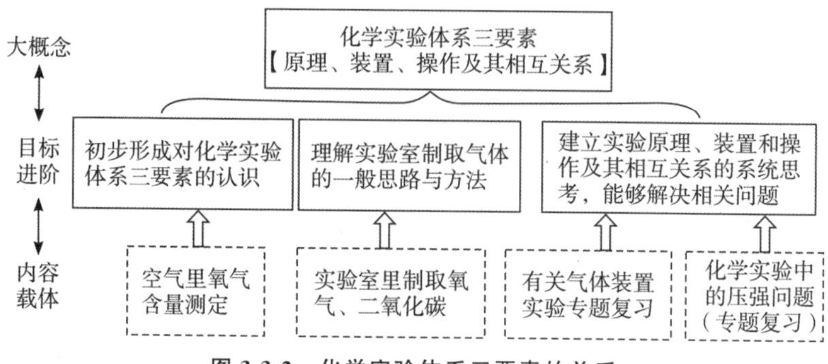

图 3-3-2　化学实验体系三要素的关系

在开展高中学生化学实验素养提升的教学研究过程中，我们发现：让学生动手实验是养成实验素养的主要途径；学生在不同的学习阶段，对化学实验素养的发展要求不同；需要有一定的标准来评价学生在不同学习阶段实验素养的达成情况。

依据化学实验素养的四个维度，编者基于多年的教学实践结合课标对高中生化学实验水平发展的要求，把每个维度由低到高划分三个不同的水平层次，见表 3-3-1。

表 3-3-1　化学实验素养水平层次的划分

维度	水平层次
基础知识与基本技能	1. 能完成实验操作，观察实验现象，进行客观的记录 2. 能与同学合作完成实验，能运用多种方式收集证据 3. 能独立完成实验，对实验中的异常现象进行甄别和质疑，完成实验报告
基本研究方法	1. 能对实验现象提出解释，基于实验事实得出结论 2. 对多种方案进行评价和优化，能对数据、图表、符号等处理实验信息，对实验中的“异常现象”进行反思，提出新的实验设想 3. 具有较强的问题意识，发现和提出需要进一步改进的问题，依据假设设计实验方案，并付诸实施
行为习惯与安全意识	1. 遵守实验室规章制度，保持实验室整洁，对仪器、药品做到合理使用和摆放有序 2. 熟悉危险品的使用规范，知道突发事件的处理流程 3. 会评估实验安全性，对实验过程中错误操作可能导致的后果懂得如何处理

续表

维度	水平层次
科学精神与科学态度	1. 养成严谨、实事求是的态度；形成合理利用资源，与环境和谐共处的观念 2. 不迷信权威，书本；具有绿色化学的观念 3. 能依据绿色化学的思想对实验设计和过程进行评价，提出合理的改进方案

第一层次：能规范地掌握高中阶段的化学专业基本操作和仪器使用，懂得准确客观地记录实验现象，并能对实验现象做出合理的解释，在此基础上完成实验报告。在行为习惯和安全意识方面，要求学生能遵守规章制度，保持整洁的习惯，能识别危险品，并懂得危险品的使用规范，具有安全意识。

第二层次：有合作意识，能与同学合作完成实验。初步具备评价能力，能对多种实验方案进行评价分析，懂得通过多种方式获取信息，并能对图表等数据进行分析。熟悉危险品的使用规范，具有对错误操作的应急处理能力，初步形成绿色化学的观念。

第三层次：能独立完成实验，具有较强的问题意识，对实验中的异常现象能独立思考，对实验的不足能采取改进措施，初步学会设计简单的实验。学会评估实验操作及药品使用的安全性和合理性，具有较强的动手能力，在设计实验中渗透绿色化学的思想。

以大概念为统领进行化学实验单元教学，要求教师从更大范围进行分析和思考，结合课程内容和学生实际来整体规划学生的发展目标及其具体的课时目标，让教学体现出知识的整体性和学生认识的递进性。从以往关注具体知识点的碎片化教学转变为关注学生知识结构化、认识思路结构化的教学，真正实现学生思维发展、能力提升与知识学习的协调同步。

（二）选材依据

依据《普通高中化学课程标准（2017 年版 2020 年修订）》关于必修课程“简单的有机化合物及其应用”的主题内容要求：以乙烯、乙醇、乙酸、乙酸乙酯为例认识有机化合物中的官能团；认识乙烯、乙醇、乙酸的结构及其主要性质和应用；结合典型实例认识官能团与性质的关系等。针对必修阶段“生活中常见的两种有机物”的学习，围绕“结构决定性质”这一大概念，可以抽提出次级大概念：有机物分子中的官能团决定其性质，以此强调认识官能团与性质的关系。

其知识层级结构如图 3-3-3 所示。

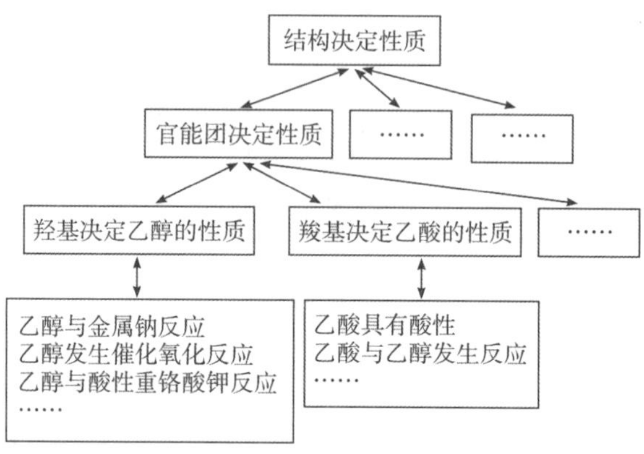

图 3-3-3 “有机官能团与性质的关系”知识层级示意图

以大概念为统领，将具体的事实、概念与学科中普适性更高的大概念建立关联，让学生从中领悟更有普遍意义、具有持久迁移价值的学科思想和解决问题的思路方法，可以帮助学生更好地理解具体知识内容，提升学生的化学思维水平，发展学生对物质及其变化的认知能力；以大概念为统领可以构建简约而深刻的知识层级结构，有利于学生将知识结构化，提升学生的化学知识结构水平，而知识的结构化是促进学生实现从化学知识向化学学科核心素养转化的关键。

以大概念为统领进行化学实验教学，重在促进学生对知识的深入理解，形成结构化的学科知识以及解决问题的思路方法。围绕大概念组织教学时，在课堂教学内容或任务主线的设计方面，以具体的实验内容为载体，指向主要教学目标、能体现大概念的关键性内容具体化为教学任务，以此构建课堂教学内容或学习任务的主线索，这样既能凸显教学的核心和关键所在，也可将零散的知识置于有逻辑结构的框架之下，让学生学习有内在逻辑的相关知识。

《普通高中化学课程标准(2017 年版 2020 年修订)》中“有机化学化学基础”主题 2 指出：进行有机反应的教学时，引导学生从反应物和生成物的官能团转化与断键成键的角度概括反应特征与规律，同时引导学生利用反应类型的规律判断、说明和预测有机化合物的性质。进行有机合成的教学时，素材选取要兼顾目标物的应用价值和对学生思维的挑战性；活动类型要兼顾正向合成和逆向合成任务，引导学生关注结构对比、官能团转化和碳骨架构建；通过合成路线的评价活动使学生体会官能团保护、绿色设计等思想。

油脂的皂化反应与肥皂的洗涤作用是《普通高中化学课程标准(2017 年版 2020 年修订)》中“有机化学化学基础”主题 2“烃及其衍生物的性质与应用”中

的学习活动建议中的一项内容，建议对“油脂的皂化反应与肥皂的洗涤作用”进行实验及探究活动。在情境素材建议中也提到建议了解制皂原理。

肥皂是人类使用最久的洗涤用品，具有非常悠久的历史，我国明清时期，在民间人们将砂糖、天然碳酸钠、动物脂肪、香料等按比例混合研磨，并加热使它们发生化学反应，将反应产物制成肥皂。几乎每家每户都在用肥皂，肥皂的制皂工艺发展已经相当成熟。而实验室制备肥皂时，常采用油脂，让其在氢氧化钠溶液中水解来制得肥皂。以肥皂的制备为例，在学科大概念统领下，进行实验教学设计，引导学生构建“从结构学化学”的学科核心概念，逐步形成“结构决定性质”的大概念，为学生学习和研究相关有机制备实验问题提供认识角度和思维路径。

（三）创新点

在进行有机反应的教学时，选择“肥皂的制备”这一制备实验，将教学活动分为“控制变量法探究肥皂制备条件”“乙醇和食盐在肥皂制备中的作用”“棕榈油和花生油在肥皂制备中的差异”3 个任务，将肥皂制备的实验内容与“化学实验体系三要素”等化学学科大概念建立起有意义的联系。在教学过程中，引导学生从反应物和生成物的官能团转化角度理解反应的特征和规律，体会目标生成物的应用价值。在探究乙醇在实验中的作用、棕榈油和花生油在制备肥皂中的差异时，引导学生构建“从结构学化学”的学科核心概念，逐步形成“结构决定性质”的大概念，为学生学习和研究相关有机制备实验问题提供认识角度和思维路径。

“肥皂的制备”所蕴含的学科大概念及知识层级结构如图 3-3-4 所示。

（四）教学目标和教学流程

“肥皂的制备”是利用化学反应制备有机物质的实验。该实验的教学目标可从以下 4 个维度构建：

(1)基本技能：掌握基本的实验操作方法，如液体的取用、加热、搅拌、过滤等。

(2)实验研究方法：能对实验现象提出解释，基于实验事实得出结论。能利用控制变量法探究肥皂制备条件的选择，能从微观结构角度揭示实验现象背后的本质。

(3)实验安全意识：能遵守实验室规章制度，保持实验室整洁，对仪器、药品做到合理使用和摆放有序，熟悉危险品的使用规范，知道突发事件的处理方法。

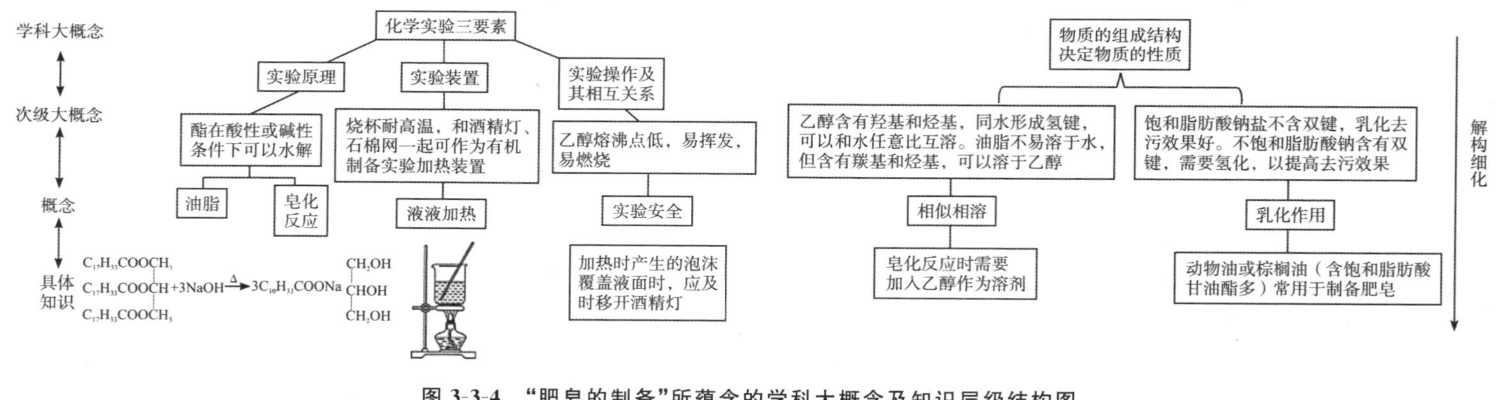

图 3-3-4 “肥皂的制备”所蕴含的学科大概念及知识层级结构图

(4)科学精神与科学态度:养成严谨、实事求是的科学态度。

教学流程图如图 3-3-5 所示。

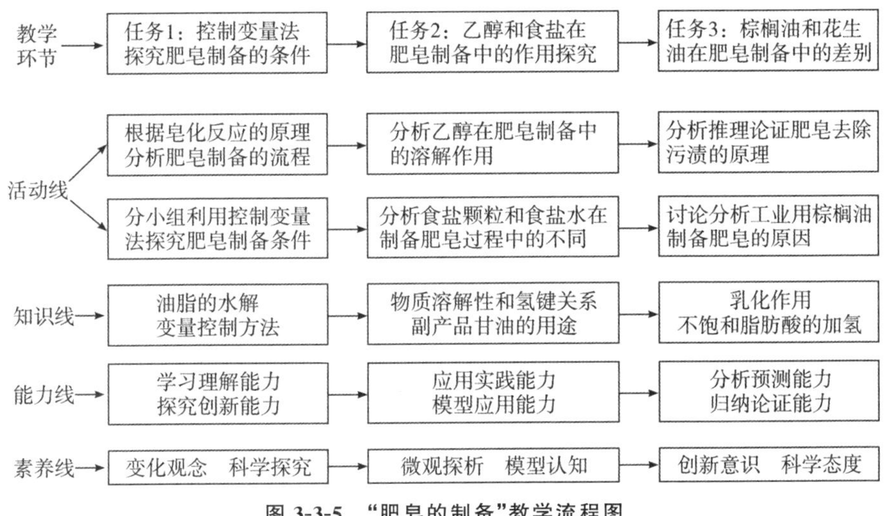

图 3-3-5　“肥皂的制备”教学流程图

二、教学实录

任务 1　用控制变量法探究肥皂制备的条件

[引入]在古埃及的皇宫里,一个厨师不小心把一罐食用油打翻在地,其将灶炉里的草木灰撒在上面,再把这些浸透了油脂的草木灰用手捧出去,当他把手放到水中,满手的油腻居然洗掉了。这个厨师通过这一系列操作制得了早期的肥皂。

[教师]讲解油脂的分类,展示油酸甘油酯的结构简式。

[学生活动]思考,讨论,书写油酸甘油酯同 NaOH 溶液反应的皂化反应方程式。

[教师]提示在皂化反应时要加入乙醇,制备后处理时要加入食盐颗粒或饱和食盐水。

[学生活动]小组讨论肥皂制备的小流程,展示如图 3-3-6 所示的流程图。

$$\text{油脂}\xrightarrow[\triangle]{\text{NaOH,乙醇}}\begin{matrix}\text{高级脂肪酸钠、甘油、}\\\text{氢氧化钠、水的混合物}\end{matrix}\xrightarrow[\text{盐析}]{\text{NaCl 固体或饱和食盐水}}\text{肥皂}$$

图 3-3-6　实验流程图

[教师]展示实验用品，提出肥皂制备实验的实验探究目的，如表 3-3-2 所示。

表 3-3-2　实验探究目的

探究目的：①乙醇在反应中的作用
②盐析过程中食盐水和食盐颗粒的影响
③棕榈油和花生油制备的肥皂的异同

编号	植物油	V(NaOH)/mL	V(乙醇)/mL	食盐水或颗粒
第 1 组	棕榈油 16 mL	8	10	半勺食盐颗粒
第 2 组	棕榈油 16 mL	8		半勺食盐颗粒
第 3 组	棕榈油 16 mL			15 mL 饱和食盐水
第 4 组		8	10	半勺食盐颗粒

[学生活动]分成 4 个小组，第 1 组做对照实验，第 2 小组到第 4 小组分别进行 3 个实验探究，小组讨论，填写表 3-3-2 的相应内容。

[教师]强调实验安全事项，引导学生分析如何检验实验反应是否完全。

[学生活动]得出检验实验反应是否完全的方法为：用玻璃棒蘸取一滴烧杯中的混合物加到盛有水的烧杯中，观察液体表面是否形成油滴。

[学生活动]根据 3 个实验探究目的，分组进行实验，将制备好的肥皂倒入准备好的模具中，并填写实验报告。

设计意图：肥皂制备的实验是利用化学反应制造日用化学品，在制备肥皂时要根据反应原理，综合考虑原料配比、实验装置、反应条件、产物的分离和纯化等问题。在学科大概念的统领下，通过控制变量法，探究肥皂制备的条件，鼓励学生在类比迁移中发现知识与知识之间的内在关系，将小的概念逐步上升为大的概念，将单一的“皂化反应”的知识点上升为“化学实验三要素”这一大概念，促进学生知识迁移能力与自我学习能力的发展。

任务 2　乙醇和食盐在肥皂制备中的作用探究

[学生活动]小组派代表展示制备成的肥皂图片，第 2 小组同学因没有加入乙醇，在相同时间没有制得肥皂，制皂情况如图 3-3-7 所示。

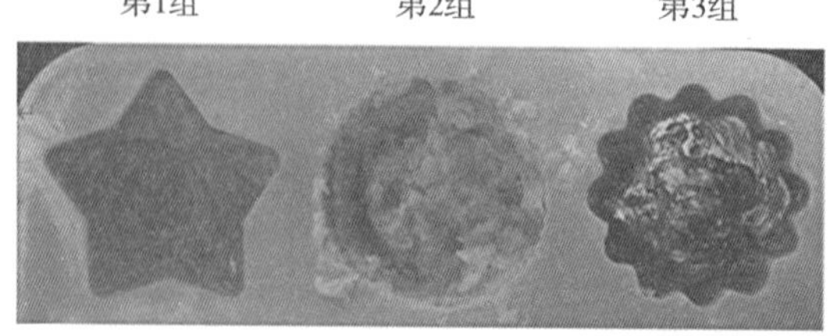

图 3-3-7　三组同学制得的肥皂图

[教师]请第 2 小组的同学思考为什么没有制备得到肥皂。分析乙醇对反应的影响，讨论加入乙醇的作用是什么。

[学生活动]从乙醇、水和油脂结构分析乙醇的作用和存在的氢键。

[教师]解释加入乙醇的作用为加快皂化反应的速率，其在反应中作为催化剂。乙醇含有甲基和羟基，羟基同氢氧化钠溶液中的水分子、油脂中酯基的氧原子形成氢键，甲基和油脂中的烃基通过范德华力结合，如图 3-3-8 所示。正是这种弱的相互作用力，让油脂和浓碱溶液互溶，使得反应速率加快。

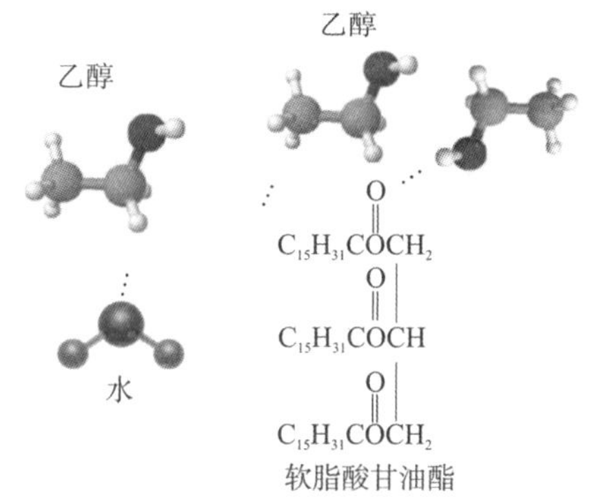

图 3-3-8　乙醇和水、油脂间的作用力示意图

设计意图：通过第一组和第二组的对比实验，让学生直观体会乙醇在反应过程中起到溶解碱又溶解油脂的作用。软脂酸甘油酯能和乙醇溶解是由于软脂酸甘油酯中羰基氧和乙醇中羟基氢间存在氢键，乙醇中烃基和软脂酸甘油酯中长链的烃基间存在范德华力，是这两种分子间力相互作用的结果。在“物质的组成结构决定物质的性质”这一学科大概念的基础上，从乙醇、水和软脂酸甘油酯的结构分析乙醇溶解性的实质，使学生的视野从宏观走向微观，从现象转向本质，让学生形成从实验现象背后揭示微观本质的探究思路，拓宽学生分析实验现象的思路，帮助学生通过细致的分析与深入的解构，实现深层学习。

[学生活动]第 1 组和第 3 组同学展示固化成型的肥皂，如图 3-3-9 所示。

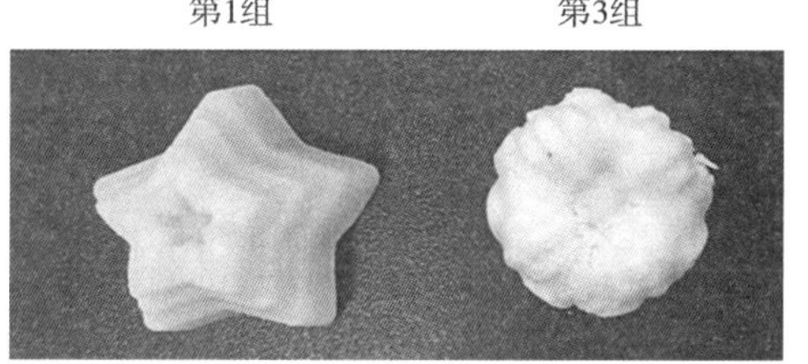

图 3-3-9　第 1 组和第 3 组同学制得的肥皂图

[学生活动]第 3 组同学分析盐析过程中食盐水和食盐颗粒的影响，思考工业生产中多采用食盐颗粒，并回收过滤得到的副产物的原因。

设计意图：通过第 1 组和第 3 组的对比实验，让学生探究食盐颗粒和食盐水对制备肥皂的影响，学生通过实验，发现加入食盐颗粒制备的肥皂黏稠，是因为加入的碱液中的水很少，没有加入过滤的步骤，而加入食盐水制备的肥皂因加入水，且将甘油引入水层，制备的肥皂较稀。工业上肥皂是大批量生产，加入碱液较多，水量多，因此加入食盐颗粒，过滤后可以得到副产品甘油。学生体会到工业生产和实验室制备的差别，以及工业生产中为使经济效益最大化，需要遵守物尽所用的原则。

任务 3　棕榈油和花生油在肥皂制备中的差别

[学生活动]第 1 组和第 4 组展示实验成果，见图 3-3-10。结束 10 min 后，肥皂成型状态，第 4 组同学分析没有得到固态肥皂的原因。

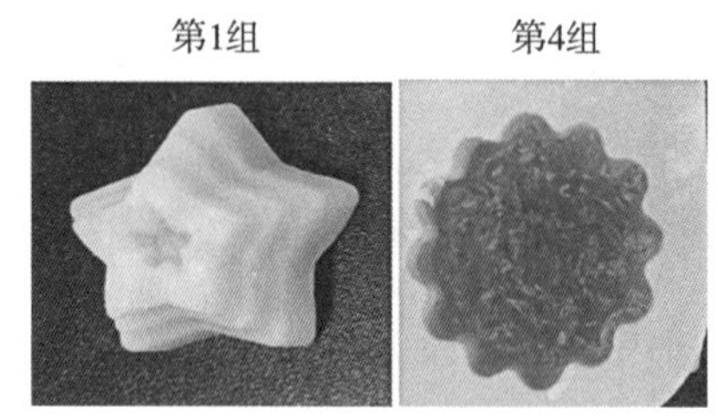

图 3-3-10　第 1 组和第 4 组同学制得的肥皂图

[教师]展示棕榈油和花生油含有油脂的主要成分及肥皂去污原理示意图，如图 3-3-11、图 3-3-12 所示。引导学生分析棕榈油和花生油经皂化反应后产物主要成分的结构对去污原理的影响。

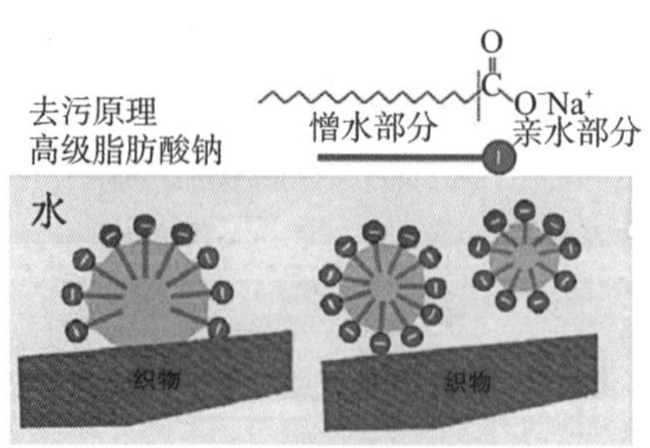

图 3-3-11　肥皂的去污原理示意图

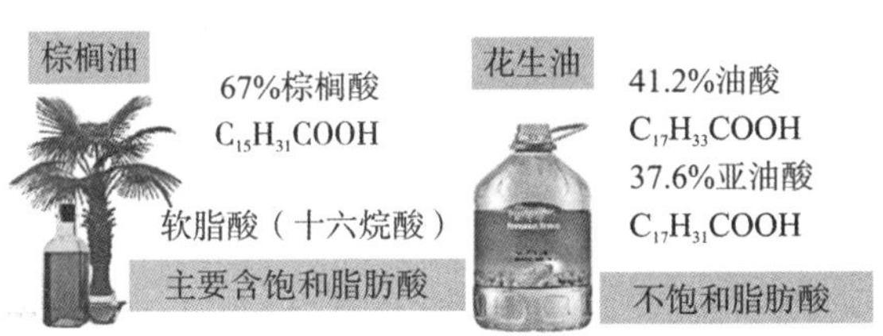

图 3-3-12　棕榈油和花生油的主要成分

[学生活动]分析花生油制备成肥皂后，以油酸钠的去污原理，得出如 3-3-13 所示原理示意图。

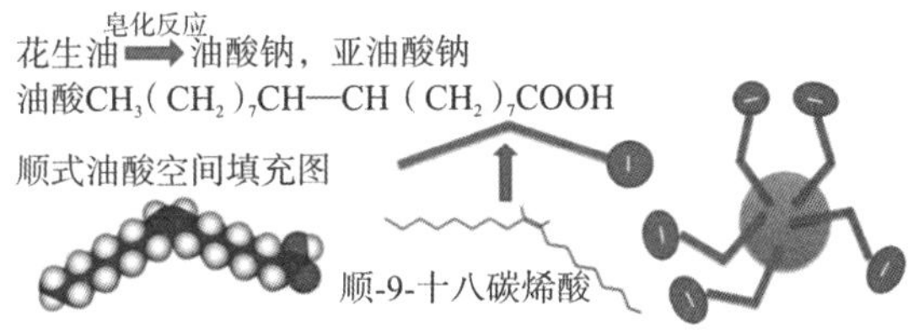

图 3-3-13　花生油主要成分的去污原理示意图

[学生活动]根据结构，思考在洗涤效果方面，哪种油制备的肥皂洗涤效果好，工业制备肥皂时应选择哪些油脂。

设计意图：通过第 1 组和第 4 组的对比实验，学生发现第 4 组实验和第 1 组实验采用的步骤相同，得到的结果不同，分析得出可能是棕榈油和花生油原料的组成不同引起的。在“物质的组成结构决定物质的性质”这一学科大概念的统领下，学生根据图提供的信息，从两者的主要组成成分及去污原理、成分的结构角度探究棕榈油和花生油的去污原理。由于油酸是不饱和酸，结构中有双键，在形成胶束时，相较于饱和酸直链的烃基结构不容易形成，因此去污效果较差。工业上制备肥皂多采用动物油或棕榈油这种饱和脂肪酸含量较多的油脂，以提高去污效果，避免不饱和脂肪酸的变质。学生对获取的信息进行识别和加工，培养其比较、推理、概括和应用的化学信息能力和迁移能力。

三、教学反思

利用化学反应制备物质，从微观的视角理解化学反应的本质，是化学学科的本质价值。用制备的肥皂洗涤人们的衣物，提高人们的生活质量，是化学学科的社会价值。用自己制备的肥皂洗衣物，体会劳动带来的快乐，是化学学科的育人价值。

在“化学实验体系三要素”大概念统领下，通过四组对比实验，让学生体会控制变量法在化学实验中的运用，培养学生基本的实验操作技能。学生在学习中从“具体的学科知识”，逐步上升到“概念”、“次级学科大概念”，再到“学科大概念”，建立知识和知识的有效关联，使得学生的思维呈现“自下而上”的螺旋式上升，由点到面，培养学生学习理解和探究创新能力。

在“物质的组成结构决定物质的性质”化学学科大概念统领下，学生从微观结构角度分析乙醇的作用和棕榈油、花生油去污原理，帮助学生从具体的实验现象中揭示实验现象背后的微观规律，旨在为化学实验的教学提供一种方法模型，让利用化学反应制备物质这一化学学科的社会价值同宏微结合这一化学学科特有的思维方式相结合，培养学生的实验素养和科学探究精神。以学科大概念为统领来学习化学实验内容，突出化学知识的整体性，将碎片化知识结构化、系统化，促进自身学习能力、思维能力与创新能力的发展。

新课标指导下的高中化学实验教学，可以以学科大概念为统领来组织实验教学内容。教师在教学中能从更大范围进行分析和思考，突出教学知识的整体性和学生认识的递进性，从关注具体知识点的碎片化教学转变为关注学生知识结构化教学。学生在学习过程中从“单一”学习变为“综合”学习，将“表层”学习变为“深度”学习，探索学科大概念本质、发现实验现象和微观结构的关联、构建知识体系，促进自身学习能力、思维能力与创新能力的发展。

附录九　肥皂的制备及其原理教材

- 任务 1　控制变量法探究肥皂制备的条件
- 任务 2　乙醇和食盐在制备肥皂中的作用
- 任务 3　棕榈油和花生油制备肥皂的差别

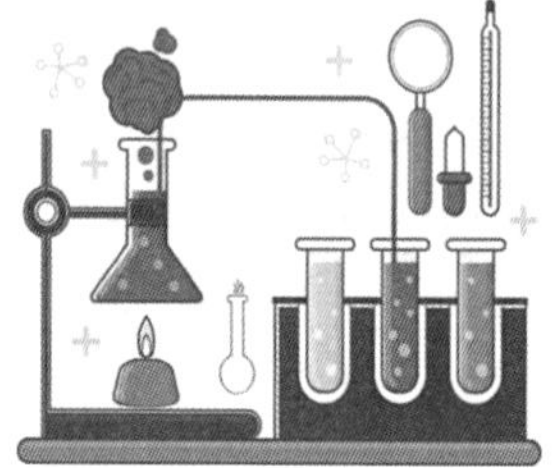

实验目标

(1)基本技能：掌握基本的实验操作方法，如液体的取用、加热、搅拌、过滤等。

(2)实验研究方法：能对实验现象提出解释，基于实验事实得出结论。能利用控制变量法探究肥皂制备条件的选择，能从微观结构角度揭示实验现象背后的本质。

(3)实验安全意识：能遵守实验室规章制度，保持实验室整洁，对仪器、药品做到合理使用和摆放有序，熟悉危险品的使用规范，知道突发事件的处理方法。

(4)科学精神与科学态度：养成严谨、实事求是的科学态度。

油脂的皂化反应与肥皂的洗涤作用是《普通高中化学课程标准(2017 年版 2020 年修订)》中“有机化学化学基础”主题 2 的学习活动建议中的一项内容。肥皂的制备中蕴含着油脂水解的基本原理，包含着试剂选用的基本原则。

实验任务

任务 1　控制变量法探究肥皂制备的条件

肥皂是人类使用最久的洗涤用品，具有非常悠久的历史。明清时期，人们将砂糖、天然碳酸钠、动物脂肪、香料等按比例混合研磨，并加热使它们发生化学反应，最后将反应产物制成肥皂。几乎每家每户都在用肥皂，肥皂的制皂工艺发展已经相当成熟。实验室制备肥皂时，常采用让油脂在氢氧化钠溶液中水解的方法，制得肥皂。

活动 1.1　油脂皂化原理的探究

【回忆思考】

油脂可以分为哪些类别？油酸($C_{17}H_{33}COOH$)甘油酯在氢氧化钠溶液中反应的反应原理是什么？

油脂可以分为动物油和植物油。油脂属于酯类，在酸性或碱性条件下会水解，油酸甘油酯在氢氧化钠溶液中反应的方程式为：

$$\begin{matrix} C_{17}H_{33}COOCH_2 \\ | \\ C_{17}H_{33}COOCH \\ | \\ C_{17}H_{33}COOCH_2 \end{matrix} + 3NaOH \xrightarrow{\triangle} 3C_{17}H_{33}COONa + \begin{matrix} CH_2OH \\ | \\ CHOH \\ | \\ CH_2OH \end{matrix}$$

油酸甘油酯　　　　油酸钠　　甘油

活动 1.2　利用控制变量法设计实验方案

【交流研讨】

实验室制备肥皂时，常使用棕榈油或花生油，并在反应物中加入乙醇，待反应完全时，加入饱和食盐水或食盐颗粒进行盐析。请利用控制变量法设计实验方案，探究目的：①乙醇在反应中的作用；②盐析过程中食盐水和食盐颗粒的影响；③棕榈油和花生油制备的肥皂的异同。

实验用品：棕榈油，花生油，30%NaOH 溶液，乙醇，饱和食盐水，食盐颗粒。

设计实验方案的关键是变量控制，本实验的自变量是乙醇、食盐状态、油脂种类，因变量是肥皂固化的状态，设计的实验探究方案见表1。

表1 实验探究方案

编号	植物油	V(NaOH)/mL	V(乙醇)/mL	食盐水或颗粒
第1组	棕榈油16 mL	8	10	半勺食盐颗粒
第2组	棕榈油16 mL	8	0	半勺食盐颗粒
第3组	棕榈油16 mL	8	10	15 mL饱和食盐水
第4组	花生油16 mL	8	10	半勺食盐颗粒

【思考交流】

实验时选择100 mL烧杯作为加热容器，不用蒸发皿的原因是什么？实验时还需要哪些仪器？检验实验是否进行完全的方法是什么？

因为反应物中有乙醇，乙醇易燃烧，因此实验时采用100 mL烧杯，不用高度较低的蒸发皿。实验时还需要的仪器有：玻璃棒，量筒，酒精灯，石棉网，铁架台，药匙，模具(用于将制备好的肥皂固化成型)。

油脂不溶于水，检验反应是否完全方法为：用玻璃棒蘸取一滴烧杯中的混合物加到盛有水的烧杯中，观察液体表面是否形成油滴，加热3～4 min后再检验。

【交流研讨】

实验时应该注意哪些事项？如果不慎着火，应该如何处理？

实验时产生高级脂肪酸钠盐后，会有泡沫产生。当泡沫覆盖整个液面时，及时移开酒精灯，不要等到泡沫溢出到烧杯口时再移开酒精灯，等泡沫减少时再加热，若泡沫溢出到烧杯口，不可用手拿烧杯口边缘，应垫着湿布将其放到实验台上，待泡沫下降后，再放到石棉网上，直到检测到反应完全方可停止加热，注意熄灭酒精灯的方法。若不慎着火，应迅速移开酒精灯，用湿布盖住烧杯口。

【实验展示】

各小组根据设计的实验方案制备肥皂，小组展示制备的肥皂成果。

小组展示倒入模具中的肥皂如图1所示，第2小组同学因没有加入乙醇，在相同时间内没有制得肥皂。

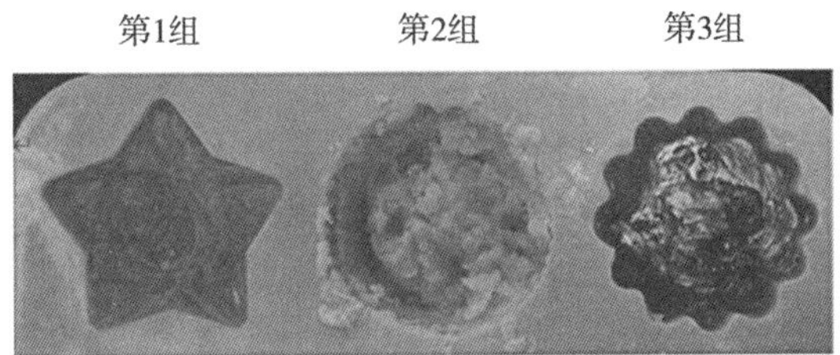

图 1　三组同学制得的肥皂图

实验任务

任务 2　乙醇和食盐在制备肥皂中的作用

【讨论探究】

第 2 组同学在探究实验的反应物中没有加入乙醇，相同的时间内没有制得肥皂，乙醇在油脂和氢氧化钠反应时的作用是什么？请从微观结构角度思考。

加入乙醇，可以加快皂化反应的速率，在反应中作为催化剂。乙醇含有甲基和羟基，羟基同氢氧化钠溶液中的水分子、油脂酯基中的氧原子形成氢键，甲基和油脂中的烃基通过范德华力结合。正是这种弱的相互作用力，让油脂和浓碱溶液互溶，使得反应速率加快。

第 3 组同学在实验中加入饱和食盐水，采用纱布将产物进行过滤。第 1 组同学在实验加入食盐颗粒且没有过滤，直接进行固化。两组实验固化后的肥皂如图 2 所示。

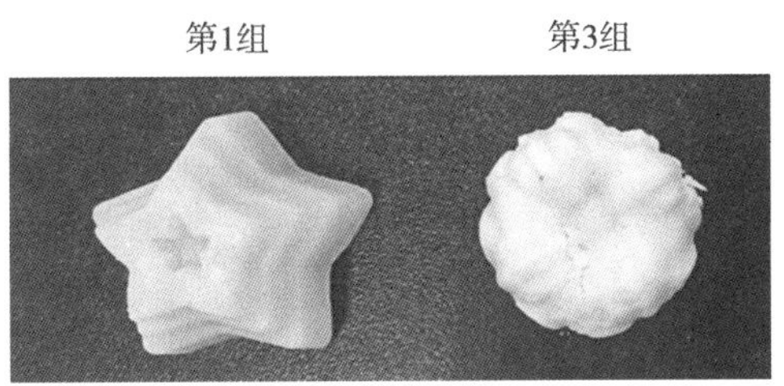

图 2　第 1 组和第 3 组同学制得的肥皂图

【思考交流】

第 3 组实验得到的肥皂相对于第 1 组实验，固化形状较为松散，但实际工业生产中因溶液浓度较稀，会加入食盐颗粒，进行盐析，然后再过滤，请分析工业生产中需要过滤的原因。

工业上肥皂是大批量生产，过滤后可以得到有价值的副产品甘油。工业生产和实验室制备有一定的差别，工业生产中需要物尽所用。

实验任务

任务3　棕榈油和花生油制备肥皂的差别

实验结束20 min后，第4组和第1组同学制得的肥皂如图3所示。

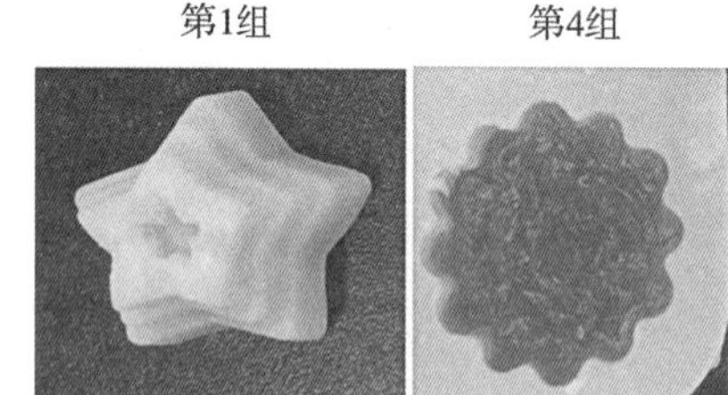

图3　第1组和第4组同学制得的肥皂图

【思考交流】

实验室的室内温度为30 ℃，相同时间内，第一组的同学得到了固化的肥皂，第4组同学没有得到固态的肥皂，请思考原因。

第4组实验和第1组实验，采用的步骤相同，得到的结果不同，可能是棕榈油和花生油的原料组成不同引起的。

【思考交流】

软脂酸钠洗涤油污的原理如图4所示，用横线表示烃基，根据去污原理示意图和油酸钠可能的结构，分析相同实验条件下，第4组实验肥皂无法固化的原因，推测软脂酸钠和油酸钠哪个去污效果好。

花生油的主要成分为不饱和脂肪酸甘油酯，水解得到的油酸钠的烃基含有双键，其结构和去污原理示意图如图4所示，因为含有双键，烃基的分子间作用力较弱，熔沸点较低，因此在30 ℃的室温下，第4组实验的肥皂没有固化成型。也因为双键的结构，在乳化时无法像饱和脂肪酸钠盐一样形成排列整齐的结构，可能去污效果较差。

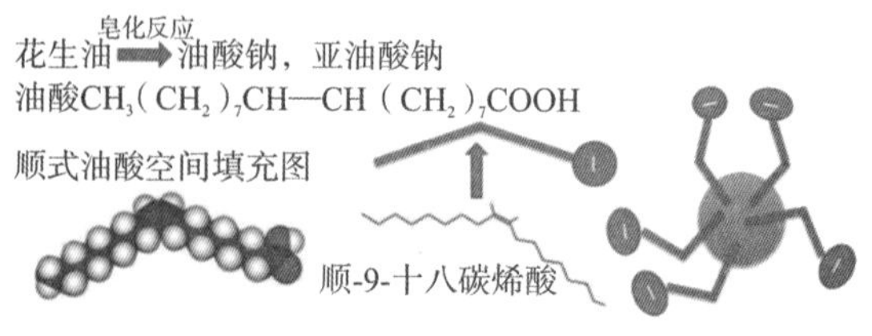

图4　花生油主要成分的去污原理示意图

实际工业生产中，常采用饱和脂肪酸甘油酯制备肥皂，或者将不饱和脂肪酸甘油酯氢化后再制肥皂。在提高洗涤效果的同时，也防止不饱和脂肪酸钠盐在空气中变质。

【项目总结】

利用化学反应制备物质，从微观的视角理解化学反应的本质，是化学学科的本质价值。用制备的肥皂洗涤人们的衣物，提高人们的生活质量，是化学学科的社会价值。用自己制备的肥皂洗衣物，体会劳动带来的快乐，是化学学科的育人价值。

（该项目曾在2022年中国教育学会化学教学专业委员会举办的课题教学展示与观摩活动中展示，由韩晓老师提供）

项目10 纯碱的制备及其原理

一、项目内容分析

“纯碱的制备”是《普通高中化学课程标准(2017年版2020年修订)》中“选修课程”系列1“实验化学”之“主题3:化工生产过程模拟实验”的“内容建议”中的内容。本项目以纯碱的制备为载体，建构并运用价-类二维思维模型，梳理制备纯碱的理论方法；利用化工思维综合分析理论路线，寻找能应用于实际工业生产的最优路线，感受理想制备与工业实际生产的联系与区别，通过“氨碱法”和“侯氏制碱法”的学习，感受化学家们的智慧，增强民族自豪感与自信心；借助资料对化工生产的原理、流程进行复原和模拟，感受真实的化工生产过程。通过该项目的学习，发展学生“宏观辨识与微观探析”“证据推理与模型认知”“科学探究与创新意识”等化学学科核心素养。

二、项目教学目标

(1)基本技能：初步掌握气体除杂、尾气吸收、水浴加热等基本操作；掌握实验装置组装的基本原则及技能，掌握启普发生器、水浴槽、坩埚、漏斗、天平等仪器的使用方法。

(2)实验研究方法：建构并运用价-类二维思维模型，梳理制备纯碱的理论方法；利用化工思维综合分析理论路线，寻找能应用于实际工业生产的最优路线，感受理想制备与工业实际生产的联系与区别；了解温度等反应条件对物质制备效果的影响；借助资料对化工生产的原理、流程进行复原和模拟，感受真实的化工生产过程。

(3)实验安全意识：严格遵守实验室的安全规则，保持实验室干净整洁，知道实验室物品的分类、安全保存和使用要求。熟悉危险品的使用规范，知道突发事件的处理方法。

(4)科学精神与科学态度：形成实事求是、严谨细致的科学态度，培养证据推理的意识，形成批判精神和创新意识。

三、项目教学过程

任务1　利用价-类二维图设计纯碱的制备路线

[教师]碳酸钠俗称纯碱，是一种常用的日用化学品，易溶于水，水溶液因呈碱性而得名。在日常生活中常用于中和面食发酵过程中产生的酸味，还可以用于洗涤餐具与沾有油污的衣物。除此之外，其还是重要的化工原料，广泛运用于玻璃、造纸、纺织等工业生产中。请你利用钠的价-类二维图，尽可能多地找出制备碳酸钠的路线，并将所涉及的反应方程式写出来，填在表3-3-3中。

表3-3-3　钠的价-类二维图及其相应方程式

钠元素的“价-类”二维图	反应方程式
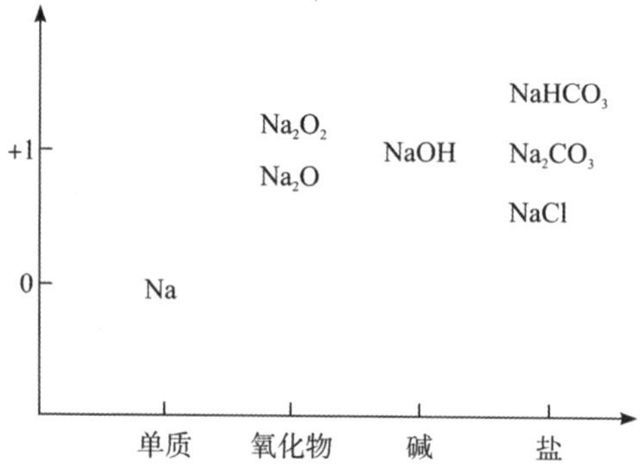 纵轴：+1、0；横轴：单质、氧化物、碱、盐 +1：Na_2O_2、Na_2O（氧化物）；NaOH（碱）；$NaHCO_3$、Na_2CO_3、NaCl（盐） 0：Na（单质）	____→Na_2CO_3： ____→Na_2CO_3： ____→Na_2CO_3： ____→Na_2CO_3：

[学生]思考、交流完成转化。

学生1：Na_2O可与CO_2反应生成Na_2CO_3，反应方程式为：Na_2O+CO_2

$=\!=\!=Na_2CO_3$。

学生 2：Na_2O_2 可与 CO_2 反应生成 Na_2CO_3，反应方程式为：$2Na_2O_2 + 2CO_2 =\!=\!= 2Na_2CO_3 + O_2$。

学生 3：NaOH 可与少量 CO_2 反应生成 Na_2CO_3，反应方程式为：$CO_2 + 2NaOH =\!=\!= Na_2CO_3 + H_2O$。

学生 4：固体 $NaHCO_3$ 受热分解可得到 Na_2CO_3，$2NaHCO_3 \xlongequal{\triangle} Na_2CO_3 + H_2O + CO_2\uparrow$。

……

［教师］能否由 NaCl 制取 Na_2CO_3 呢？

已知：将 NH_3 和 CO_2 通入饱和食盐水中可得到碳酸氢钠固体。请你根据以上资料，写出由 NaCl 制取 Na_2CO_3 的路线，并分析该路线的优缺点，完成表 3-3-4。

表 3-3-4　制备 Na_2CO_3 的路线及其优缺点

路线	反应方程式	优缺点
NaCl →____ →Na_2CO_3	$NH_3 + CO_2 + H_2O + NaCl =\!=\!= NH_4Cl + NaHCO_3\downarrow$	

［学生］可以让 NaCl 先与 NH_3、CO_2 反应生成 $NaHCO_3$，$NaHCO_3$ 再受热分解可得到 Na_2CO_3。

［学生］$NaHCO_3$ 不是易溶于水吗？为什么需要标沉淀符号？

［教师］此方法是依据离子反应发生的原理进行的，离子反应会向着离子浓度减小的方向进行。在饱和食盐水中通入氨气和二氧化碳，溶液中就有了大量的钠离子、铵根离子、氯离子和碳酸氢根离子，其中 $NaHCO_3$ 溶解度最小，因此析出。

表 3-3-5　$NaHCO_3$、NaCl、NH_4Cl 不同温度下的溶解度表

物质	温度/℃			
	0	20	40	60
$NaHCO_3$	6.9	9.6	12.7	16.4
NaCl	35.7	36.0	36.6	37.3
NH_4Cl	29.4	37.2	45.8	55.2

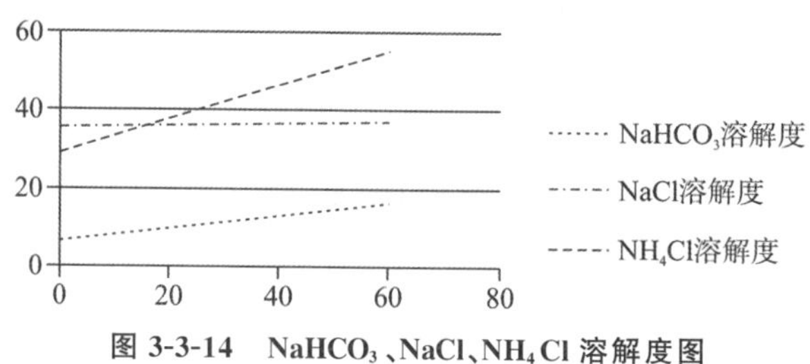

图 3-3-14　$NaHCO_3$、NaCl、NH_4Cl 溶解度图

设计意图：价-类二维图是以元素为核心，从物质类别和元素价态两个维度来认识物质性质、实现物质转化的思维模型。本项目选择从钠元素的价-类二维图中寻找制备纯碱的理想路线，学生通过思考、交流，进行头脑风暴，尽可能多地找到制备碳酸钠的方法，有助于学生建立知识体系、形成知识网络、建立化学的基本观念、形成多角度认识物质转化的思维模型，发展学生化学学科核心素养"模型认知"。

任务 2　结合工业实际选择制备纯碱的最优路径

[教师]碳酸钠在生产生活中应用广泛。请你在上述理论路线中选择最适合应用于工业生产碳酸钠的路线。

【资料支持】

表 3-3-6　钠及其化合物价格

原料	钠 Na	过氧化钠 Na_2O_2	烧碱 NaOH	氯化钠 NaCl	碳酸氢钠 $NaHCO_3$	碳酸钠 Na_2CO_3
价格/(元·吨$^{-1}$)	10000～20000	15000～30000	2000～3500	400～800	2000～3000	1000～2000

[学生]思考、交流后回答：可以从原料的来源及价格方面考虑，NaCl 来源广泛，价格便宜，因此可以选择以 NaCl 为原料生产碳酸钠。

[教师]自然界中氯化钠来源丰富且价格优势明显，因此工业上常常选择用食盐、氨气和二氧化碳为原料制取纯碱，该方法被称为氨碱法，是生产纯碱的主要方法之一。

[教师]请你根据上述实验原理，并结合实际工业设计需考虑的因素，绘制出制备碳酸钠的工业流程图。

[学生]思考、交流，绘制工业流程图。

[教师]总结你在工业流程设计中的思路，并思考还能从哪些角度对流程进

行优化？（图 3-3-15 给出了示例）

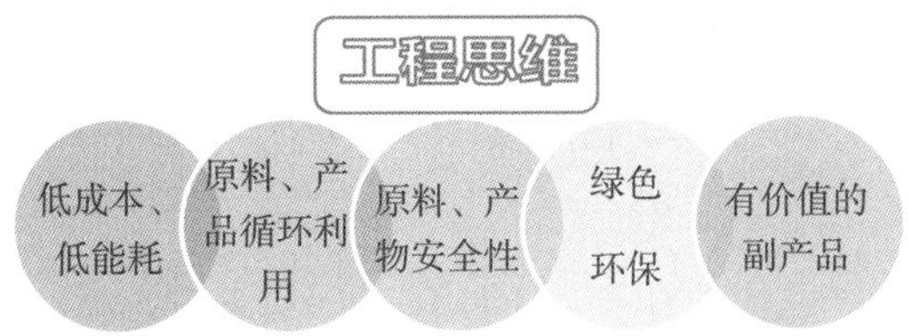

图 3-3-15　实际工业设计需考虑的因素

氨碱法（图 3-3-16）：1861 年，比利时人索尔维（Ernest Solvay，1832—1922）以食盐、石灰石和氨气为原料生产纯碱，生产能力大，产品质量好，纯度高（纯碱即由此得名）。

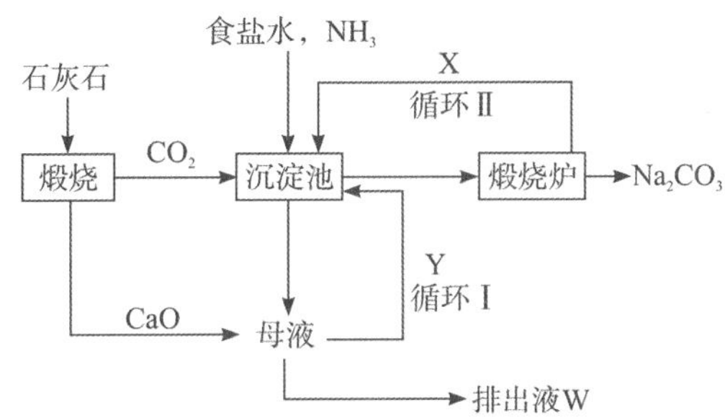

图 3-3-16　氨碱法生产流程示意图

[教师]请你分析氨碱法的流程，思考 X、Y、W 分别是什么？该方法有什么优点？还存在什么不足？

[学生]分析流程，得出结论：X 是 CO_2、Y 是 NH_3、W 是 $CaCl_2$。

[教师总结]氨碱法利用了廉价易得的石灰石煅烧所得的 CO_2 参与主反应，生成的 $NaHCO_3$ 在煅烧炉中分解产生 CO_2(X)可循环使用。同时利用 CaO 与母液中 NH_4Cl 反应获得 NH_3(Y)循环使用。该法的缺点主要在于原料的原子利用率较低，副产物氯化钙(W)没有利用。

侯氏制碱法：1943 年，我国化工专家侯德榜创立了侯氏制碱法（图 3-3-17）。

[教师]请你分析侯氏制碱法的流程，思考 Z 是什么？该方法有什么优点？

[学生]分析流程，得出结论：Z 是 NaCl。

学生 1：他将纯碱生产与合成氨生产联合，实现了资源的综合利用；

学生 2：NH_4Cl 可做化肥，整个生产过程无废弃物产生，保护了环境；

学生 3：与氨碱法相比较，原料的原子利用率高。

……

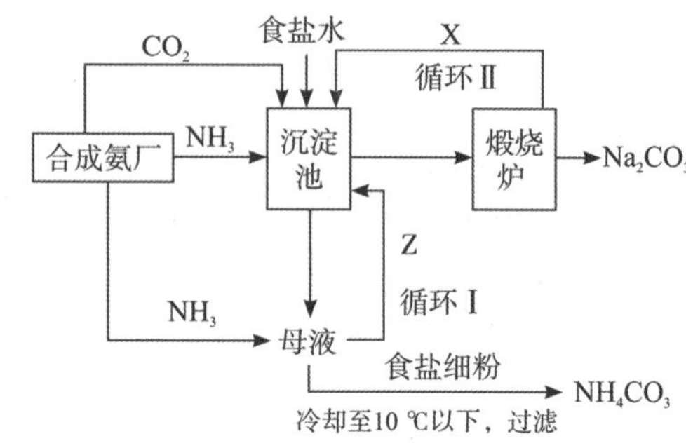

图 3-3-17 侯氏制碱法生产流程示意图

[教师总结]侯德榜先生创造性地将纯碱生产与合成氨生产联合，利用合成氨厂生产的氨和副产品——二氧化碳做制碱原料，缩短了生产流程，降低了生产成本。他将制碱与制氯化铵两个过程循环进行，同时生产出纯碱和氯化铵两种产品，使食盐利用率提高到96%以上，而且没有废渣产生，减少了对环境的污染，是一位伟大的中国化学家。

设计意图:与理想转化路径相比，实际工业生产中需要运用工程思维考虑成本、能耗、环保等问题；学生在任务二中体验当化学工程师，结合工程思维，选择适合工业生产的路线，设计工业流程，感受实际工业设计的复杂性，多角度考虑问题，培养学生的问题解决能力和实践创新能力，发展学生化学学科核心素养“创新意识”。

氨碱法是纯碱制备化学史上非常重要的方法之一，而侯氏制碱法则是在氨碱法基础上的传承与创新。本部分选择将两种方法介绍给学生，让学生通过分析与对比流程，感受化学家的智慧；同时从氨碱法的工业废物，到侯氏制碱法的零污染排放，学生感受到现代科学家的社会责任感，发展学生的化学学科核心素养“科学态度与社会责任”。

任务3 纯碱工业模拟实验

[教师]请你思考以下问题，设计制备纯碱的实验方案。

(1)实验室如何制取 CO_2？请选择所需要的试剂与仪器。

(2)CO_2 中可能存在什么杂质？是否需要除杂？如何除杂？

(3)制备 $NaHCO_3$ 时，可将 CO_2 和 NH_3 通入饱和食盐水，请思考气体的通入顺序。

(4)该实验是否需要尾气处理？请选择合适的试剂与吸收装置。

(5)制取 Na_2CO_3 的过程中,应选择哪些仪器?如何判断分解反应已完全?

[学生]思考、交流,设计实验方案。

学生 1:实验室中选择使用 $CaCO_3$ 和稀 HCl 制取 CO_2,所需要的仪器有锥形瓶、分液漏斗等。

学生 2:制得的 CO_2 中可能含有 HCl 气体和水蒸气,可以用饱和 $NaHCO_3$ 溶液除去 HCl 气体,而水蒸气不需要去除。

学生 3:应将 CO_2 通入溶解有 NH_3 的饱和食盐水,因为 NH_3 在水中溶解度较大,而 CO_2 溶解度较小。如果直接往饱和食盐水中通入 CO_2,CO_2 的利用率很低。如果先通入易溶解的 NH_3,使溶液呈碱性,再通入 CO_2,就可以增大 CO_2 的溶解度。

学生 4:NH_3 有刺激性气味,对环境及人有害,应进行尾气处理,可选择用水或酸吸收。

学生 5:加热 $NaHCO_3$ 制取 Na_2CO_3 的过程中,可选择硬质玻璃管等仪器,可根据硬质玻璃管中固体质量不再变化判断分解反应完全。

[教师]请根据上述问题的讨论结果,设计出你的实验方案并展示。

表 3-3-7　实验方案

流程	制备二氧化碳	制备碳酸氢钠	制备碳酸钠
试剂			
简易装置图			

[学生]设计实验方案并分小组展示。

[教师]以下实验方案可供参考①:

① 王磊.普通高中课程标准实验教科书:实验化学(选修)[M].济南:山东科学技术出版社,2007:94-95.

(1)配置含氨食盐水:在 100 mL 锥形瓶中加入 20 mL 氨水(将市售浓氨水与蒸馏水按 1∶1 体积比混合),再加入 8 g 研细的食盐,搅拌振荡,过滤,除去不溶解的食盐并称量质量 m_1,收集滤液。(注意:一定要使食盐最大限度地溶解在氨水中,否则即使长时间地通二氧化碳,碳酸氢钠也不会析出。)

(2)制备碳酸氢钠:按图 3-3-18 组装实验装置,先检查装置的气密性,再向各仪器中加入相应试剂,打开启普发生器的活塞,开始制备碳酸氢钠。实验过程中,要注意控制水浴温度(30~35 ℃)和二氧化碳的通入速度(以出现能数得清的连续气泡为宜)。

反应结束后,将锥形瓶浸入冰水浴中,使得较多晶体析出,过滤并洗涤。

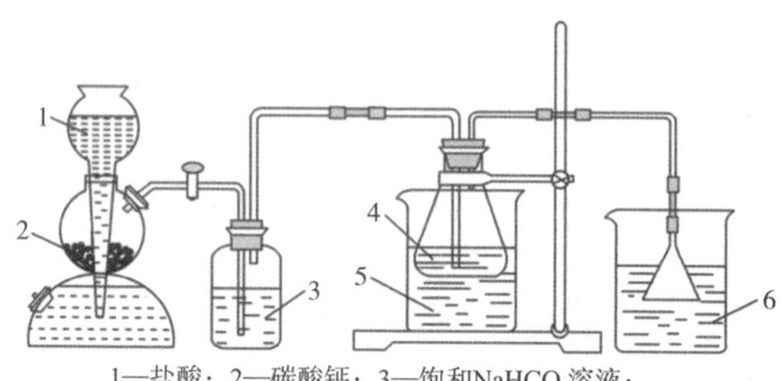

图 3-3-18　制取碳酸氢钠的实验装置示意图

(3)制备碳酸钠:将制得的碳酸氢钠转移至蒸发皿中,加热至完全分解,称量质量 m_2。

[学生]进行实验探究,并记录实验现象。

[教师]思考如下问题:

(1)如何检验气体反应装置的气密性?

(2)装置中的锥形瓶应放置在 30~35 ℃的水浴中,温度不宜过高也不宜过低,请思考其原因?

(3)制得的碳酸钠晶体中可能存在哪些杂质? 如何检验?

(4)假设上述所得碳酸钠晶体为纯净物,请计算实验中纯碱的产率。

[学生]思考、交流后回答。

学生 1:关闭启普发生器的阀门,从上口中倒入水并形成一段水柱,若一段时间后水柱高度不变,则装置气密性良好。

学生 2:锥形瓶应放置在 30~35 ℃的水浴中,若温度超过 35 ℃,碳酸氢钠开始分解;温度太低,碳酸氢铵溶解度太小,不利于反应进行。

学生 3:制得的碳酸钠晶体中可能存在 NaCl,可通过将晶体溶于水,加入硝酸酸化的硝酸银，若有白色沉淀产生，则存在 Cl^-。

学生 4：根据 Na 元素守恒，NaCl 与 Na_2CO_3 的物质的量之比为 2∶1，则质量为 m_1 g 的 NaCl 可产生 $\frac{106m_1}{117}$ g 的 Na_2CO_3，即该实验中纯碱的产率为：$\frac{117m_2}{106m_1}\times 100\%$。

设计意图：在实验室中对化工生产的原理、流程进行复原和模拟，让学生感受纯碱工业的整个过程。教师通过问题链的设置，层层递进地引发学生深度思考，进行实验方案的设计，并通过小组交流与展示，培养学生合作学习的意识；最后通过实验探究，感受实验的严谨与规范，培养学生“科学探究”的化学学科核心素养。

四、教学反思

化学工业生产知识是高中化学的重要内容，它集中体现了化学知识在工业生产中的实践与运用。化学工业生产技术是由化学实验室研究成果转化而来的。然而，实验室的化学反应与工业生产中的化学反应又不一样，前者是在小型玻璃器皿里进行，只需回答是什么和为什么。而化工生产都是连续操作，物料处理量远大于实验室，原料纯度与实验室差别很大，而且要考虑转化物料的循环利用等过程中涉及物料的流动与混合、热量和质量的传递等诸多宏观问题，还要考虑能耗、环保等实际问题。因此，化工生产过程是真实而复杂的情境。学生在化工情境中能体会所学化学知识、原理在生产中的实际运用，提升运用科学观念和思维方法解决实际问题的能力，形成认识和解决复杂问题的思路和方法，提升适应终身发展和社会发展需要的必备品格和关键能力。

本项目选择纯碱的制备及原理，首先运用价-类二维思维模型，在钠元素的价-类二维图中寻找制备纯碱的理想方案；接着利用化工思维综合分析理论路线，寻找能应用于实际工业生产的最优路线，感受理想制备与工业实际生产的联系与区别，通过“氨碱法”和“侯氏制碱法”的学习，感受化学家们的智慧；通过介绍侯德榜的相关生平事迹及侯氏制碱法出现的历史背景，感受中国化学家对化学工业的贡献，增强民族自豪感与自信心；最后借助资料对化工生产的原理、流程进行复原和模拟，感受真实的化工生产过程。通过该项目的学习，发展学生“宏观辨识与微观探析”“证据推理与模型认知”“科学探究与创新意识”等化学学科核心素养。

附录十　纯碱的制备及其原理教材

- 任务1　利用价-类二维图设计纯碱的制备路线
- 任务2　结合工业实际选择制备纯碱的最优路径
- 任务3　纯碱工业模拟实验

实验目标

(1)基本技能:初步掌握气体除杂、尾气吸收、水浴加热等基本操作;掌握实验装置组装的基本原则及技能,掌握启普发生器、水浴槽、坩埚、漏斗、天平等仪器的使用方法。

(2)实验研究方法:建构并运用价-类二维思维模型,梳理制备纯碱的理论方法;利用化工思维综合分析理论路线,寻找能应用于实际工业生产的最优路线,感受理想制备与工业实际生产的联系与区别;了解温度等反应条件对物质制备效果的影响;借助资料对化工生产的原理、流程进行复原和模拟,感受真实的化工生产过程。

(3)实验安全意识:严格遵守实验室的安全规则,保持实验室干净整洁,知道实验室物品的分类、安全保存和使用要求。熟悉危险品的使用规范,知道突发事件的处理方法。

(4)科学精神与科学态度:形成实事求是、严谨细致的科学态度,培养证据推理的意识,形成批判精神和创新意识。

“纯碱的制备”是《普通高中化学课程标准(2017年版2020年修订)》中“选修课程”系列1“实验化学”之“主题3:化工生产过程模拟实验”的“内容建议”中的内容。该实验选择以氯化钠、二氧化碳、氨等为原料制备纯碱,借助资料对化工生产的原理、流程进行复原和模拟,感受真实的化工生产过程。

实验任务

任务1　利用价-类二维图设计纯碱的制备路线

碳酸钠俗称纯碱,是一种常用的日用化学品,易溶于水,水溶液因呈碱性而得名。在日常生活中常用于中和面食发酵过程中产生的酸味,还可以用于洗涤餐具与沾有油污的衣物。除此之外，其还是重要的化工原料，用于玻璃、造纸、纺织等工业生产中。

请你利用钠的价-类二维图（图 1），尽可能多地找出制备碳酸钠的路线，并将所涉及的反应方程式写出来。

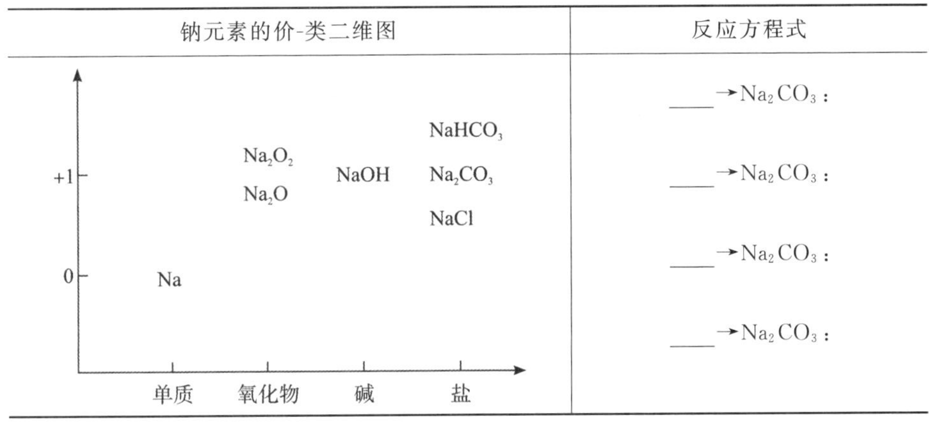

图 1

Na_2O、Na_2O_2、NaOH 均可与 CO_2 反应生成 Na_2CO_3；固体 $NaHCO_3$ 受热分解可得到 Na_2CO_3。

能否由 NaCl 制取 Na_2CO_3 呢？

已知：将 NH_3 和 CO_2 通入饱和食盐水中可得到碳酸氢钠固体。请你根据以上资料，写出由 NaCl 制取 Na_2CO_3 的路线，并分析该路线的优缺点，完成表 1。

表 1　反应路线和优缺点

路线	反应方程式	优缺点
NaCl → ____ → Na_2CO_3	$NH_3+CO_2+H_2O+NaCl \xlongequal{} NH_4Cl+NaHCO_3\downarrow$	

此方法是依据离子反应发生的原理进行的，离子反应会向着离子浓度减小的方向进行。在饱和食盐水中通入氨气和二氧化碳，溶液中就有了大量的钠离子、铵根离子、氯离子和碳酸氢根离子，其中 $NaHCO_3$ 溶解度最小，因此析出。

实验任务

任务2　结合工业实际选择制备纯碱的最优路径

碳酸钠在生产生活中应用广泛。请你在上述理论路线中选择最适合应用于工业生产碳酸钠的路线，并思考工业设计与理论设计的联系与区别。可以参考如下资料。

【资料支持】

表2　钠及其化合物价格

原料	钠 Na	过氧化钠 Na_2O_2	烧碱 NaOH	氯化钠 NaCl	碳酸氢钠 $NaHCO_3$	碳酸钠 Na_2CO_3
价格/ （元·吨$^{-1}$）	10000～ 20000	15000～ 30000	2000～ 3500	400～ 800	2000～ 3000	1000～ 2000

自然界中氯化钠来源丰富且价格优势明显，因此工业上常常选择用食盐、氨气和二氧化碳为原料制取纯碱，该方法被称为氨碱法，是生产纯碱的主要方法之一。

请你根据上述实验原理，结合实际工业设计需考虑的因素，绘制出制备碳酸钠的工业流程图。

请总结你在工业流程设计中的思路，并思考还能从哪些角度对流程进行优化？

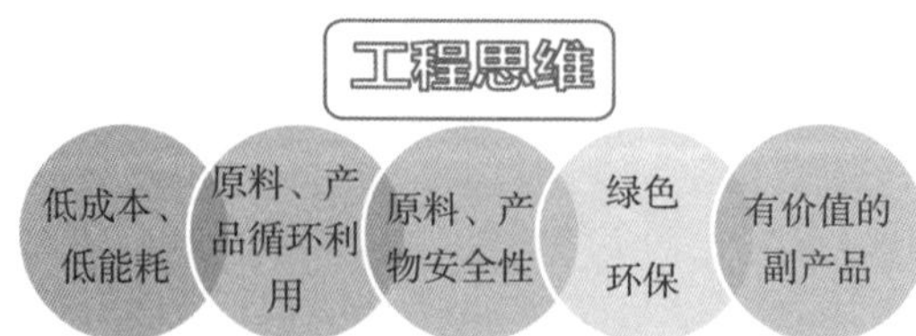

图2　实际工业设计需考虑的因素

资料一：氨碱法。1861年，比利时人索尔维(Ernest Solvay，1832—1922)以食盐、石灰石和氨气为原料生产纯碱，生产能力大，产品质量好，纯度高(纯碱即由此得名)。流程图如图3所示。

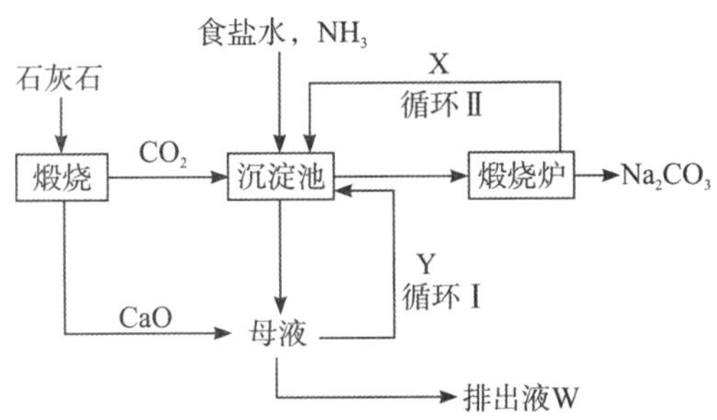

图3　氨碱法生产流程示意图

请你分析氨碱法的流程，思考X、Y、W分别是什么？该方法有什么优点？还存在什么不足？

氨碱法利用了廉价易得的石灰石煅烧所得的CO_2参与主反应，生成的$NaHCO_3$在煅烧炉中分解产生CO_2(X)可循环使用。同时利用CaO与母液中NH_4Cl反应获得NH_3(Y)循环使用。该法的缺点主要在于原料的原子利用率较低，副产物氯化钙(W)没有利用。

资料二：侯氏制碱法。1943年，我国化工专家侯德榜创立了侯氏制碱法。他将纯碱生产与合成氨生产联合，利用合成氨厂生产的氨和副产品——二氧化碳做制碱原料，缩短了生产流程，降低了生产成本。他还将制碱与制氯化铵两个过程循环进行，同时生产出纯碱和氯化铵两种产品，使食盐利用率提高到96%以上，而且没有废渣产生，减少了对环境的污染。

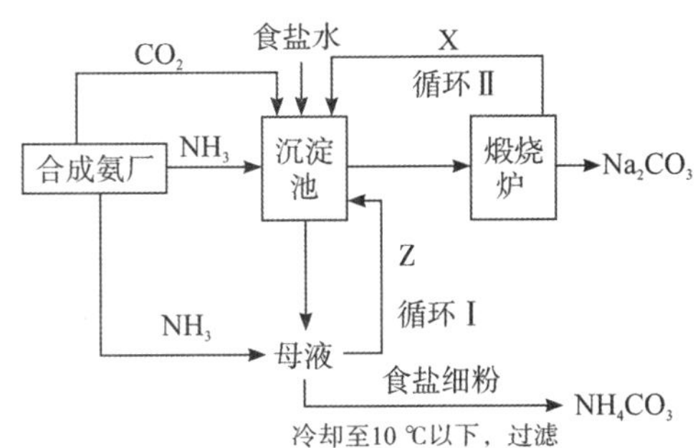

图4　侯氏制碱法流程图

实验任务

任务3　纯碱工业模拟实验

请你思考以下问题，设计制备纯碱的实验方案。

(1)实验室如何制取CO_2？请选择所需要的试剂与仪器。

(2)CO_2中可能存在什么杂质？是否需要除杂？如何除杂？

(3)制备$NaHCO_3$时，可将CO_2和NH_3通入饱和食盐水，请思考气体的通入顺序。

(4)该实验是否需要尾气处理，请选择合适的试剂与吸收装置。

(5)制取Na_2CO_3的过程中，应选择哪些仪器？如何判断分解反应已完全？

氨气在水中溶解度较大，而二氧化碳溶解度较小。如果直接往饱和食盐水中通入二氧化碳，二氧化碳的利用率很低。如果先通入易溶解的氨气，使溶液呈碱性，再通入二氧化碳，就可以增大二氧化碳的溶解度。

请根据上述问题的讨论结果，设计出你的实验方案填写在表3并展示。

表3　实验方案和装置图

流程	制备二氧化碳	制备碳酸氢钠	制备碳酸钠
试剂			
简易装置图			

以下实验方案供你参考①：

(1)配置含氨食盐水：在100 mL锥形瓶中加入20 mL氨水(将市售浓氨水与蒸馏水按1∶1体积比混合)，再加入8 g研细的食盐，搅拌振荡，过滤，除去不溶解的食盐并称量质量m_1，收集滤液。(注意：一定要使食盐最大限度地溶解

① 王磊.普通高中课程标准实验教科书：实验化学(选修)[M].济南：山东科学技术出版社，2007：94-95.

在氨水中，否则即使长时间地通二氧化碳，碳酸氢钠也不会析出。）

（2）制备碳酸氢钠：按图5组装实验装置，先检查装置的气密性，再向各仪器中加入相应试剂，打开启普发生器的活塞，开始制备碳酸氢钠。实验过程中，要注意控制水浴温度（30～35 ℃）和二氧化碳的通入速度（以出现能数得清的连续气泡为宜）。

反应结束后，将锥形瓶浸入冰水浴中，使得较多晶体析出，过滤并洗涤。

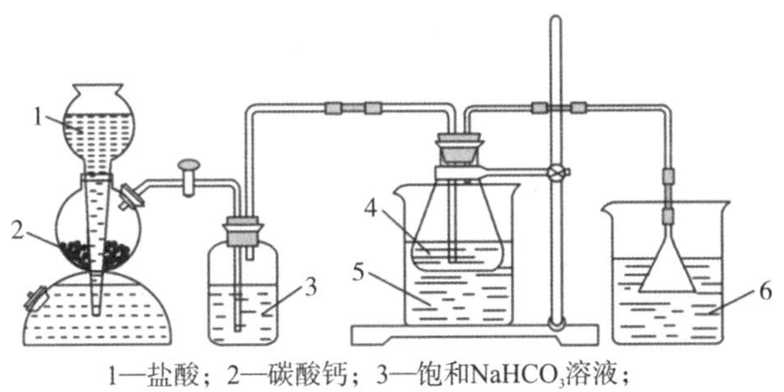

1—盐酸；2—碳酸钙；3—饱和$NaHCO_3$溶液；
4—含氨的饱和食盐水；5—水浴；6—稀硫酸

图5　制取碳酸氢钠的实验装置示意图

（3）制备碳酸钠：将制得的碳酸氢钠转移至蒸发皿中，加热至完全分解，称量质量 m_2。

请你思考以下问题：

（1）如何检验气体反应装置的气密性？

（2）装置中的锥形瓶应放置在30～35 ℃的水浴中，温度不宜过高也不宜过低，请思考其原因？

（3）制得的碳酸钠晶体中可能存在哪些杂质？如何检验？

（4）假设上述所得碳酸钠晶体为纯净物，请计算实验过程中的转化率。

锥形瓶应放置在30～35 ℃的水浴中，若温度超过35 ℃，碳酸氢钠开始分解；温度太低，碳酸氢铵溶解度太小，不利于反应进行。

【项目总结】

以纯碱的制备为载体，建构并运用价-类二维思维模型，梳理制备纯碱的理论方法；利用化工思维综合分析理论路线，寻找能应用于实际工业生产的最优路线，感受理想制备与工业实际生产的联系与区别，通过“氨碱法”和“侯氏制碱法”学习，感受化学家们的智慧；借助资料对化工生产的原理、流程进行复原和模拟，感受真实的化工生产过程。通过该项目的学习，发展学生“宏观辨识与微观探析”“证据推理与模型认知”“科学探究与创新意识”等化学学科核心素养。

（该实验项目由李香艳老师提供，为市级公开课）

项目11 饱和食盐水的电解及其原理

一、项目内容分析

电解饱和食盐水是“反应原理”部分的内容，教材通过分析电解饱和食盐水引导学生学习电解部分的相关知识，可以说电解饱和食盐水是电解池部分至关重要的一环。在传统的教学中，教师基本没有进行“电解饱和食盐水”的演示实验，而是主要从原理的角度分析、建构出电解模型，再进行模型应用，以完成电解部分的教学，教师对教材中“电解食盐水”实验的处理，更在意其在构建电解模型中的作用，而忽略了它在发展学生实验探究能力、提高工程思维水平、培育跨模块分析解决问题的综合素养等方面的巨大价值。

二、项目教学目标

(1)能通过对电解食盐水及拓展实验的探究，巩固电解的相关知识，同时在设计制备氢氧化亚铁的实验中，初步体验用电化学的方法制备物质的一般思路。

(2)能通过真实的实验操作，正确评价教材实验的不足，展开科学探究活动分析影响电解的因素，从而寻找到热力学和动力学视角分析对电解过程的影响，回归反应原理的思维模型，能在化学实验中应用反应原理来解释和预测相关问题，并能将实验所得结论用反应原理的分析视角进行归纳和整合，实现化学实验与反应原理的跨模块的融合式学习。

(3)能通过对电解饱和食盐水实验走向氯碱工业的应用，建构四个维度的工程思维水平：产率提升、速率提升、安全环保、成本控制，并能从装置设计、电极选择、离子交换膜性能分析上，运用学科知识进行分析，解释其中遇到的真实的化学问题，实现有机化学与反应原理的跨模块融合式学习。

(4)认识到科学认知是不断发展的，并从这一角度展开初步的探究活动，认识到化学反应的复杂性和可调控性，对电解过程有更深刻的认识，通过化学实验进行证实或证伪，深刻感受到实践是检验真理的唯一标准，多维度发展学生的学科核心素养。

三、项目式学习教学过程

任务1　巩固电解模型

[教师]电解作为一种技术手段在科学研究、工业生产和日常生活中都有着广泛的运用。

展示教材中实验室电解饱和食盐水的演示实验装置图(图3-3-19)。

[教师]利用该装置进行电解食盐水，可以获得什么物质？从微观角度阐述你的分析过程，并写出电极方程式。

[学生]通电前，溶液中存在 Na^+、H^+、Cl^-、OH^- 这四种微粒。通电后，放电顺序：$H^+>Na^+$、$Cl^->OH^-$，因此 H^+ 在阴极(与电源负极相连)放电，得到氢气，同时生成 NaOH；Cl^- 在阳极(与电源正极相连)放电得到 Cl_2，思维模型如图3-3-20。

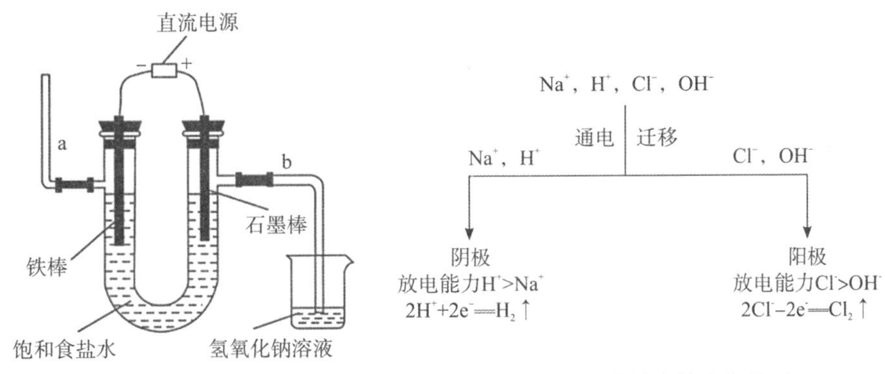

图3-3-19　教材中的电解饱和食盐水装置图

图3-3-20　电解食盐水的电解模型(电极不参加)

[教师]如何检验两极的产物？

[学生]反应一段时间，用向下排空气法收集阴极生成的气体，用点燃法检验；用湿润的淀粉碘化钾试纸检验阳极的气体产物；往食盐水中滴加酚酞，观察溶液颜色的变化。

[教师]如果使用未精制的食盐配置的食盐水，可能会有什么现象？

[学生]阳极区出现白色沉淀。未精制的食盐配置的溶液中含有 Mg^{2+}，通电后，会与阳极反应后生成的大量 OH^-，发生反应生成白色沉淀 $Mg(OH)_2$。

[教师]如果把两个电极对调，会产生什么现象？

[学生]阳极铁棒失电子，生成 Fe^{2+}，阴极 H^+ 放电，得到氢气，剩余 OH^-，与 Fe^{2+} 反应生成 $Fe(OH)_2$ 沉淀，沉淀被氧化，变为灰绿色，最终变为红褐色 $Fe(OH)_3$。

[教师]如何用电解法制备 $Fe(OH)_2$，设计实验方案，分析其中的电解过程。

[学生]通电前，溶液中存在 Na^+、H^+、Cl^-、OH^- 这四种微粒。通电后，阳极 Fe 放电生成 Fe^{2+}，放电顺序：$H^+ > Na^+$，H^+ 在阴极放电，得到氢气，同时生成 OH^-，OH^- 与 Fe^{2+} 反应生成 $Fe(OH)_2$ 沉淀，装置如图 3-3-21。

[教师]如何能保证较长时间看到 $Fe(OH)_2$ 沉淀呢？

[学生]$Fe(OH)_2$ 容易被空气中的氧气氧化，制备过程中需要排除氧气的干扰。可以使用煮沸的水配制溶液并在溶液表面加入有机层。

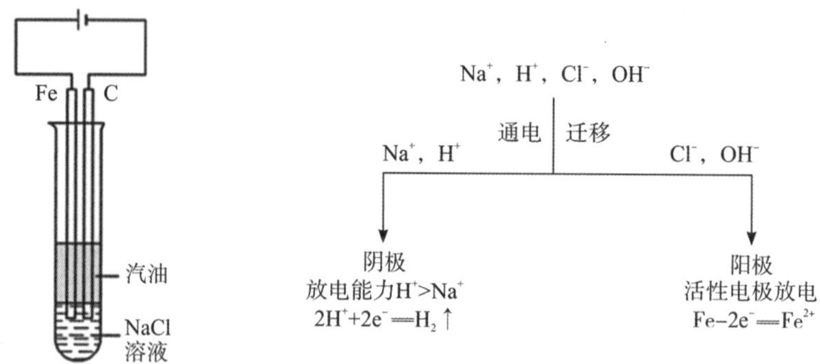

图 3-3-21　电解法制备 $Fe(OH)_2$ 装置图

图 3-3-22　电解法制备 $Fe(OH)_2$ 电解模型（电极参加）

任务 2　探究电解速率的影响因素

[教师]教师演示教材中的电解食盐水的实验。

[学生]发现电解速率很慢，产物量很少，氢气的检验无法成功。

[学生]可能与电压、电极表面积、电极材料、溶液温度、食盐水浓度有关。

【查阅资料】电解速率与离子迁移速率有关。

【设计方案】自选角度，设计实验方案探讨电解速率的影响因素。

实验Ⅰ：验证电极间距离对电解速率的影响。

电解速率与两极间距离有关，距离越大，离子迁移速率越慢，反应越慢。由教材实验，在 U 形管中反应改为在烧杯中进行电解，将两电极靠近后进行电解。

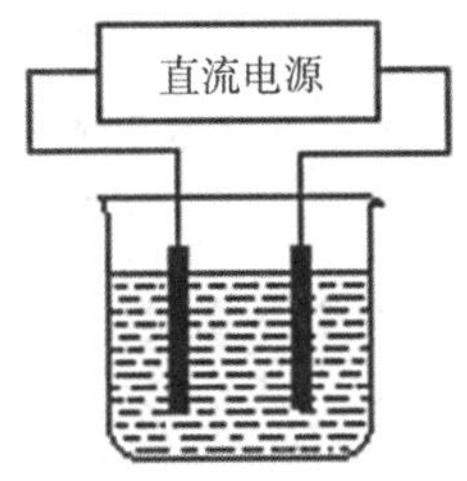

图 3-3-23 电极间距离对电解速率影响装置图

实验Ⅱ:探究电极表面积对电解速率的影响。

将教材实验中的铁棒换成一块铁片,其余装置与教材实验保持一致。

实验Ⅲ:探究电极材料对电解速率的影响。

将阴极的铁棒分别换成石墨、铜电极进行实验,其余装置与教材实验保持一致。

实验Ⅳ:探究电压对电解速率的影响。

将电压由 15 V 提升至 30 V,其余装置与教材实验保持一致。

【分组实验】观察现象,分析现象,得出结论。

(1)加大电压、减小电极间距离、增大电极表面积都会加大电解速率,可以观察到气泡明显增多;

(2)电极材料是影响电解速率的因素,阴极的电解速率:铜>铁>石墨,可能与电极自身的导电能力有关。

任务 3 探究放电能力的影响因素

【资料支持】水银法电解食盐水:利用流动的水银层作阴极电解食盐水,析出钠,与水银形成汞齐,与阳极的产物分离①(如图 3-3-24 所示)。

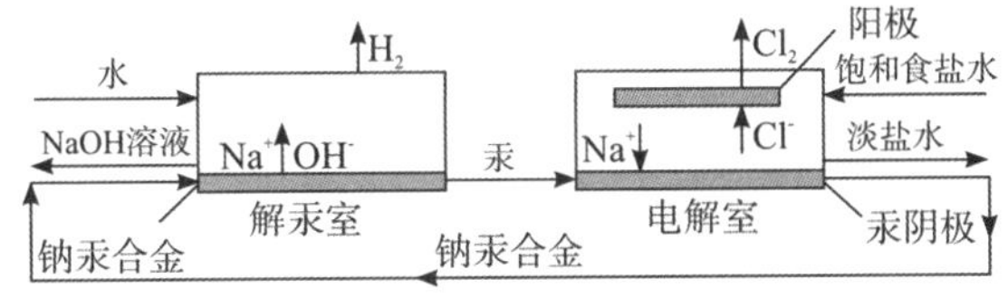

图 3-3-24 水银法电解原理

[学生]水银做阳极材料,放电顺序:Na^+ > H^+。与石墨做阳极材料时

① 李晓明.认知模型的修正与重构——以高三复习课“电解食盐水的再探究”为例[J].化学教学,2020(11):23-28.

相反。

[学生]电极材料对电解速率的影响，可能源于影响微粒的放电顺序。由以上信息可知，阳极用石墨、阴极用铁的目的是使得 Cl^-、H^+ 优先放电。

[教师]为什么电解要用饱和食盐水，不用稀的食盐水？

[学生 1]可能为了增强导电性。

[学生 2]可能是 Cl^- 浓度高，还原能力强，优先放电。

[教师]你为什么提出这样的想法？

[学生]实验室制备氯气，要用 MnO_2 与浓盐酸反应，正是因为提高氯离子浓度，从而使得反应可行，当反应进行一段时间，Cl^- 浓度下降，反应就停止了。

[教师]设计实验验证你的猜想。

[学生 1]可以用相同的装置来电解浓度较小的 NaCl 溶液，用带火星的木条来检验阴极区是否有氧气生成。

[学生 2]产生氧气的量如果太少，无法使木条复燃，怎么办？

[教师]可以使用氧气传感器来检测。如何排除溶液中溶氧的干扰？

[学生]可以使用煮沸的蒸馏水来配制 NaCl 溶液。

【演示实验】用具支 U 形管电解浓度为 1.0 mol·L^{-1} 的 NaCl 溶液，将氧气传感器置于阳极处检验氧气浓度的变化(如图 3-3-25 所示)，可以观测到氧气浓度少量增大。同时用湿润的淀粉-KI 试纸检验阳极区气体产物，发现试纸变蓝。

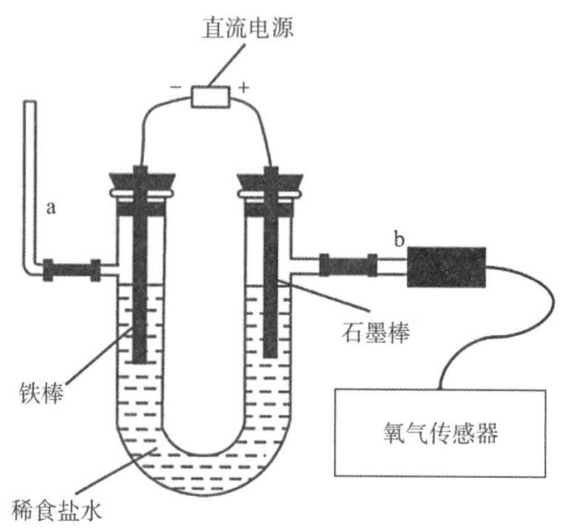

图 3-3-25　氧气传感器测氧气浓度变化

[小结]微粒的氧化或还原能力与微粒浓度有关，浓度越大，氧化或还原能力越强。

[学生]离子在电极的放电顺序取决于离子的氧化或还原能力，可以通过改

变微粒浓度或电极材料的方法进行控制。

[建模]整合影响电解食盐水的因素：热力学（微粒种类、微粒浓度、电极材料等），动力学（电压强度、电极表面、电极距离、反应温度等）。

任务 4　再探氯碱工业

[应用]用电解饱和食盐水的方法来制备 NaOH、H_2 和 Cl_2，并以它们为原料生产一系列化工产品，称为氯碱工业，这是最基本的化学工业之一。

[教师]从实验室的电解食盐水实验到进行化工生产，有哪些问题需要解决？

[学生]H_2 与 Cl_2 混合不安全、Cl_2 与 NaOH 溶液反应生成具有氧化性的 NaClO，导致腐蚀设备、产率下降。

[教师]怎么解决？

[学生]使用离子交换膜。

[教师]阳离子交换膜与普通石棉隔膜的区别？

[学生]石棉隔膜仅可以隔绝 H_2 与 Cl_2，而使用阳离子交换膜，还可以防止 OH^- 离子通过，与氯气发生反应，以提高产率。

[教师]结合氯碱工业的装置图（如图 3-3-26 所示），从微观角度分析两极产品。

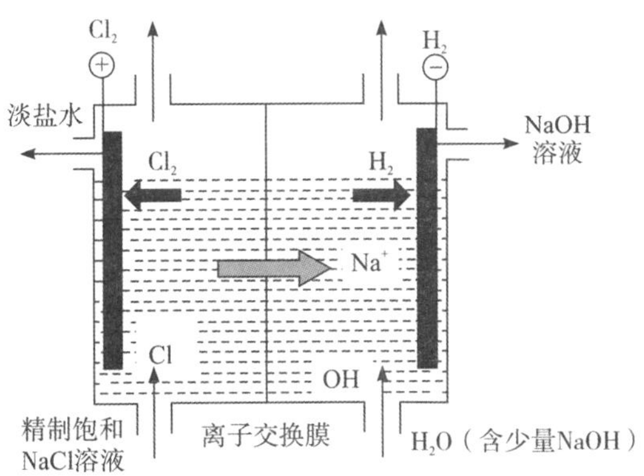

图 3-3-26　氯碱工业的装置图

[学生]精制的饱和食盐水进入阳极室，含少量 NaOH 溶液进入阴极室，H^+ 在阴极表面放电生成氢气，Na^+ 穿过阳离子交换膜进入阴极室，阴极导出液含有浓度较高的 NaOH 溶液。Cl^- 在阳极表面放电生成 Cl_2，阳极导出液为淡盐水。

[教师]基于前面的讨论，你对提高氯碱工业的电解时空产率有哪些建议？

[学生]使用饱和食盐水、增大电压强度、寻找更好的电极材料、设计更合理的电解槽等。

[教师]优化装置设备与寻找新的材料、在低成本条件下提高产能是工业发展的重要思路。

[资料]在氯碱工业采用的阳极材料是以钛作基体,RuO_2-TiO_2 固溶体为涂层,钛的耐腐蚀性好,RuO_2 可催化 Cl^- 放电。传统的阴极采用低碳钢,目前工业研究新的活性阴极,尝试在钢表面覆盖镍、铝涂层来活化阴极。

[教师]在实际工业中,离子交换膜是氯碱工业制碱的核心。离子交换膜的发展大致经过三个阶段:全氟磺酸膜、全氟羧酸膜、羧酸-磺酸复合膜。

[教师]观察全氟磺酸膜的结构图(图 3-3-27),是一个有机高分子化合物,你可以找到它的合成单体吗?

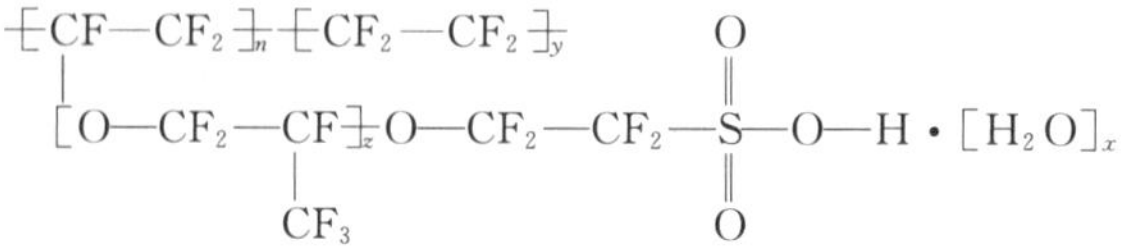

$$\left[CF-CF_2\right]_n\left[CF_2-CF_2\right]_y \quad \left[O-CF_2-CF(CF_3)\right]_z O-CF_2-CF_2-S(=O)_2-O-H\cdot[H_2O]_x$$

$n\approx1000$

$y=5\sim13.5$

$z=1,2$ 或 3

$x=1\sim13$

图 3-3-27 全氟磺酸膜的结构图

[学生]四氟乙烯与一个复杂的有机物通过加聚反应得到。

[教师]该膜抗氯碱腐蚀性较好,且稳定性和机械强度较强,从结构分析可能的原因?

[学生 1]该有机物的主干结构是饱和的碳链,因此其具有较高的稳定性、强度。

[学生 2]我们之前学过,聚四氟乙烯,俗称“塑料王”,耐酸碱、耐冷热、耐磨,性能很优越,推测全氟交换膜也具有相似的一些性能。

[学生 3]F 原子半径小,电负性大,因此 C—F 键能较大,性质稳定。

[教师]这个有机物,具有哪些官能团,预测有哪些性质呢?

[学生]官能团有氟原子、醚键、磺酸基。主要表现出磺酸基的酸性。

[教师]其作为离子交换膜的机理是什么?

[学生 1]该有机物含有—SO_3H,具有酸性,易失去 H^+,生成带有负电荷的离子,容易吸引带有正电荷的离子,如 Na^+,以达到阳离子交换的目的。

[学生 2]之前学过由于氟原子的电负性强,具有吸电子效应,因此 CF_3COOH 酸性强于乙酸。类比推测全氟磺酸膜的酸性也较强。

[教师]既然该有机物很容易发生反应,那么如何保证其结构的整体性,而不容易被“打散”?

［学生 1］我观察到该有机物一端是磺酸基，亲水性很强，一端是含氟碳链，具有疏水性，因此它可以保持相对稳定的结构。

［学生 2］类似于我们学过的表面活性剂肥皂的原理。

［教师］将全氟磺酸膜分子中的—SO_3H替换为—COOH，即为全氟羧酸膜，它们的性能会有哪些不同？

［学生］硫酸的酸性强于羧酸，我推测全氟磺酸膜的酸性较强，所以离子交换的效果更好。为什么要用全氟羧酸膜来替代呢？

【资料支持】离子交换膜（图 3-3-28）中由于相互作用力，会形成一个离子通道①。膜的含水量会影响离子的迁移性，但也会使膜的结构变得松散，离子通道变大（图 3-3-29），从而对离子的选择性迁移造成影响。

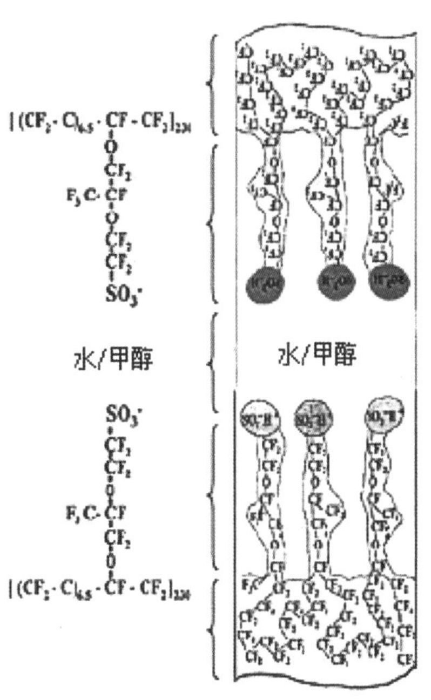

图 3-3-28　离子交换膜示意图

［学生 1］—SO_3H 与—COOH 都是亲水基团，硫酸是强酸，我推测—SO_3H 的亲水性更好，因此会使得膜的含水量过高，使得离子的迁移率更好，但离子的选择性变差。

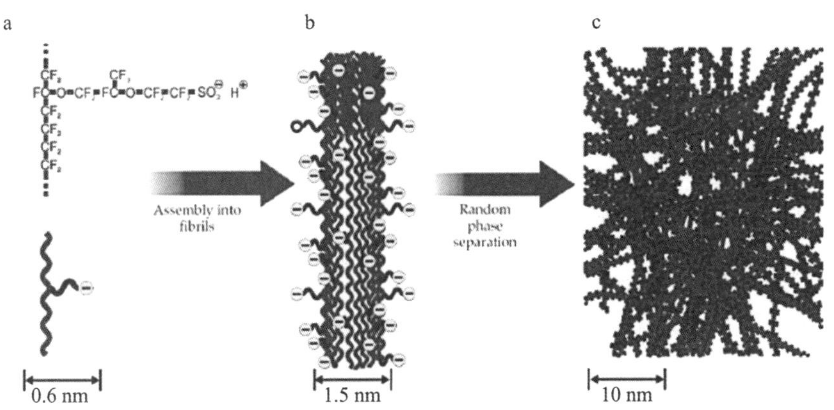

图 3-3-29　离子交换膜中形成的离子通道

［学生 2］考虑到全氟磺酸膜与全氟羧酸膜各有优缺点，因此制成羧酸-磺酸

① 石守稳.燃料电池用全氟磺酸质子交换膜构效关系研究[D].天津：天津大学，2017.

复合膜。

[建模]从“电解饱和食盐水”出发,分析化学学科知识、化学实验探究与工业生产之间的关系,以及由实验室合成走向工业生产所要考虑的问题,发展学生化学工程思维及运用知识解决真实综合性问题的能力。

四、教学反思

学科实践超越了程式化的探究活动,是一种强调学科典型的、真实的新型探究。在这个过程中,要求学生像学科专家一样思考与行动,用“学科的方法”获得并实践“学科知识”。正是这种学科性与实践性的紧密结合,利于学生在实践过程中加深对于学科知识的理解,在项目式学习中强调社会性的建构互动与真实情境的问题解决,进而助力学科实践的创造性学习的实现。

本项目以电解食盐水的实验探究活动为线索,建构从化学反应原理角度分析电解食盐水反应的影响因素的思维模型,体验科学研究的一般过程;再从实验室电解食盐水的实验出发,走进氯碱工业,体验科学研究到工业生成的研究过程,培养学生的工程思维。整个项目精心设计探究型、分析型、评价型等高阶学习任务,在推进过程中,将学科核心知识、学科方法和学科观念进行结构化整合,促进学生从整体视角建构学科多角度认知维度。

附录十一　饱和食盐水的电解及其原理教材

- 任务1　电解饱和食盐水
- 任务2　探究电解速率的影响因素
- 任务3　探究放电能力的影响因素

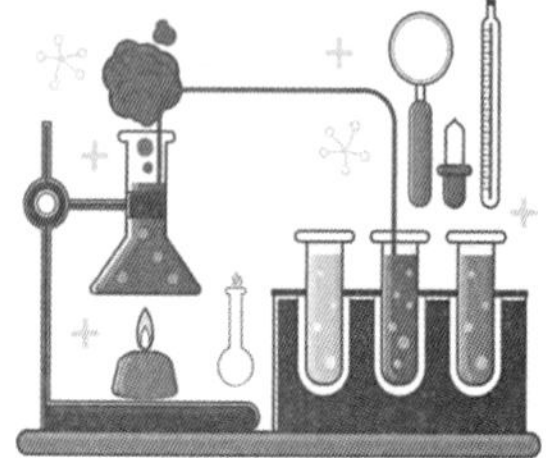

实验目标

(1)基本技能:能通过对电解食盐水及拓展实验的探究,巩固电解的相关知识,同时在设计制备氢氧化亚铁的实验中,初步体验用电化学的方法制备物质的一般思路。

(2)实验研究方法:能通过真实的实验操作,正确评价教材实验的不足,展开科学探究活动分析影响电解的因素,从而寻找到热力学和动力学视角分析对电解过程的影响，回归了反应原理的思维模型。

(3)实验安全意识：在电解实验中，培养学生安全用电的意识。在对电解产物 Cl_2 的处理中，培养学生绿色化学观念。

(4)科学精神与科学态度：能在化学实验中应用反应原理来解释和预测相关问题，并能将实验所得结论用反应原理的分析视角进行归纳和整合，实现化学实验与反应原理的跨模块的融合式学习。

电解饱和食盐水是高中电化学学习的重要演示实验之一。该实验充分体现了运用电化学方法制备物质的思想和方法，对学生后续深入学习电化学的相关知识具有很好的示范作用。在本项目活动中，学生将分析和评价现行教材中电解饱和食盐水实验的优点和不足，并运用对照实验思维设计探究实验，探究电解速率及微粒放电能力的影响因素，建构从热力学和动力学视角分析影响电解的思维模型，体验科学探究的一般流程，寻找适合的电解方案，同时这样的电解模型也可以运用于中学教材中其他电解实验(如电解水、电解氯化铜等)。

实验任务

任务1　电解饱和食盐水

实验用品：直流电源、U形管、橡皮塞2个、碳棒1个、铁棒1个、导线、饱和食盐水、NaOH溶液。

【思考交流】

(1)设计电解饱和食盐水的实验方案，写出电极反应式，画出实验装置图。

(2)两极的主要产物分别有哪些物质？如何验证？

【分组实验】

(1)将精制饱和食盐水注入U形管内，将铁与石墨电极分别连接直流电源的负极与正极，插入U形管的两个管内。

(2)往管内滴入几滴酚酞试液，用湿润的碘化钾淀粉试纸悬放在阳极管口，以检验逸出的气体，将阳极产生的气体通入NaOH溶液中进行吸收。

【交流研讨】

(1)观察电解食盐水的实验现象，思考如何检验两极产物？

(2)电解饱和食盐水的操作中，需要使用精制过的食盐。如果没有将食盐溶液中的 Ca^{2+} 和 Mg^{2+} 除去，则会出现哪些现象？

(3)如果把两个电极对调，会产生什么现象？

(4)如何用电解法制备 $Fe(OH)_2$，设计实验方案，分析其中的电解过程。

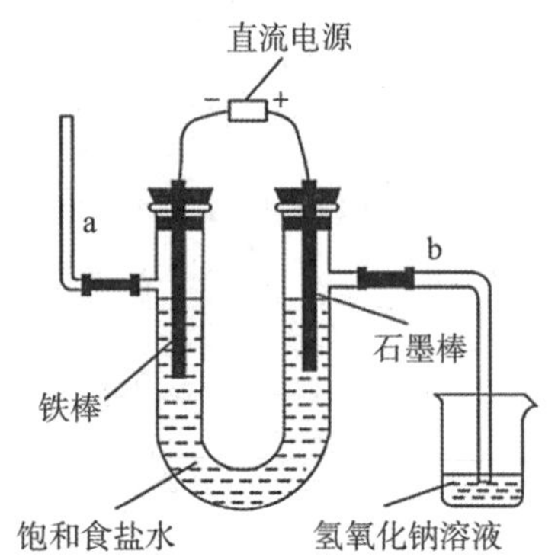

图1　教材中的电解饱和食盐水装置图

【教师答疑】

(1)通电前，溶液中存在 Na^+、H^+、Cl^-、OH^- 这四种微粒。通电后，放电顺序：$H^+>Na^+$、$Cl^->OH^-$，因此 H^+ 在阴极(与电源负极相连)放电，得到氢气，同时生成 NaOH；Cl^- 在阳极(与电源正极相连)放电得到 Cl_2。反应一段时间，用向下排空气法收集阴极生成的气体，用点燃法检验；用湿润的淀粉碘化钾试纸检验阳极的气体产物；往食盐水中滴加酚酞，观察溶液颜色的变化。

(2)未精制的食盐配置的溶液中含有 Ca^{2+}、Mg^{2+}，通电后，会与阳极反应后生成大量 OH^-，生成白色沉淀。

(3)如果把两个电极对调，阳极铁棒失电子，生成 Fe^{2+}，阴极 H^+ 放电，得到氢气，剩余 OH^-，与 Fe^{2+} 反应生成 $Fe(OH)_2$ 沉淀，沉淀易被氧化，变为灰绿色，最终变为红褐色 $Fe(OH)_3$。

(4)用电解法制备 $Fe(OH)_2$ 的装置如图2所示。$Fe(OH)_2$ 容易被空气中的氧气氧化，制备过程中需要排除氧气的干扰。可以使用煮沸的水配制溶液，在溶液表面加入有机层，电解模型如图3所示。

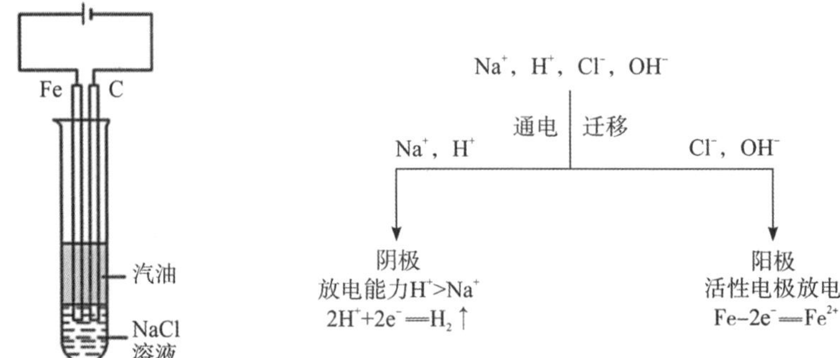

图2　电解法制备 $Fe(OH)_2$ 装置图

图3　电解法制备 $Fe(OH)_2$ 电解模型(电极参加)

实验任务

任务 2　探究电解速率的影响因素

实验用品：直流电源（15 V、30 V）、U 形管、橡皮塞 2 个、碳棒 1 个、铁棒 1 个、导线、饱和食盐水、NaOH 溶液、烧杯、铁片、铜棒。

【思考交流】

（1）评价教材中电解饱和食盐水的实验。

（2）设计实验方案探究电解速率的影响因素。

（查阅资料：电解速率与离子迁移速率有关）

【教师答疑】

电解饱和食盐水实验，是高中化学教材中的重要演示实验。该实验装置具有能有效收集气体和检验气体、易于操作等优点，但课本中的实验操作未能有效解决下列问题：阴极产生氢气量少，进行点燃实验较难；检验氯气时，氯气容易泄漏；电极间距离较大，影响电解速率；没有使用阳离子交换膜，OH^- 扩散到阳极区，与氯气反应。

【分组实验】

表 1　实验方案与结论

	实验目的	实验方案	实验现象	得出结论
实验Ⅰ	验证电极间距离对电解速率的影响	电解速率与两极间距离有关，距离越大，离子迁移速率越慢，反应越慢。由教材实验，在 U 形管中反应改为在烧杯中进行电解，将两电极靠近后进行电解		
实验Ⅱ	探究电极表面积对电解速率的影响	将教材实验中的铁棒换成一块铁片，其余装置与教材实验保持一致		
实验Ⅲ	探究电极材料对电解速率的影响	将阴极的铁棒分别换成石墨、铜电极进行实验，其余装置与教材实验保持一致		
实验Ⅳ	探究电压对电解速率的影响	将电压由 15 V 提升至 30 V，其余装置与教材实验保持一致		

【教师答疑】

加大电压、减小电极间距离、增大电极表面积都会加大电解速率，可以观察到气泡明显增多；电极材料是影响电解速率的因素，阴极的电解速率：铜＞铁＞石墨，这可能与电极自身的导电能力有关。

任务3 探究放电能力的影响因素

实验用品：直流电源、U形管、橡皮塞2个、碳棒1个、铁棒1个、导线、稀食盐水、氧气传感器。

【思考交流】

为什么电解要用饱和食盐水，不用稀的食盐水？可能是为了增强导电性，也可能是Cl^-浓度高，还原能力强，导致优先放电，有各种可能的原因。

【演示实验】

如图4所示，用具支U形管电解浓度为$1.0\ mol \cdot L^{-1}$的NaCl溶液（用煮沸的水进行配制），将氧气传感器置于阳极处检验氧气浓度的变化，可以观测到氧气浓度少量增大。同时用湿润的淀粉-KI试纸检验阳极区气体产物，发现试纸变蓝。

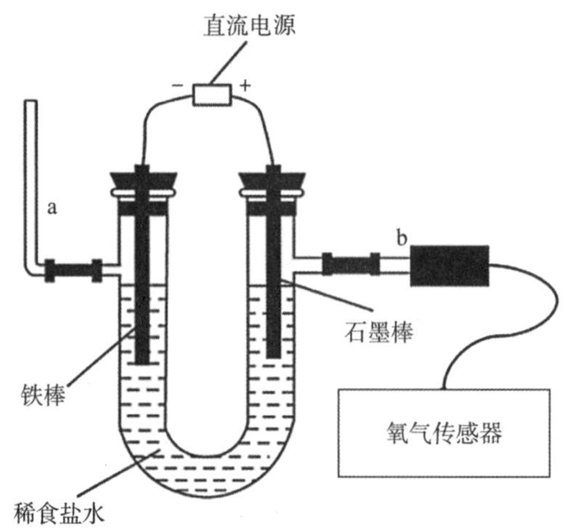

图4 氧气传感器测氧气浓度变化

【教师答疑】

微粒的氧化或还原能力与微粒浓度有关，浓度越大，氧化或还原能力越强。离子在电极的放电顺序取决于离子的氧化或还原能力，可以通过改变微粒浓度或电极材料的方法进行控制。

【项目总结】本项目以电解饱和食盐水为例，学习用电化学的方法制备物质的基本思路，并对教材中的实验方案进行分析与评价，设计对照实验对如何提高电解速率展开探究，以解决传统电解食盐水实验中遇到的问题，最后获得的新电解装置可以用于多种物质的电解实验。同学们可以学习这样的科学探究方式来解决生活中遇到的化学问题。

（该项目由王延老师提供，王延老师是市级学科带头人培养对象，曾获市课堂创新大赛一等奖）

项目 12　硫代硫酸钠的制备及其原理

一、项目内容分析

硫代硫酸钠是一种重要的化工原料，是一种重要的还原剂，在现行教材有出现但是并未详细介绍相关性质，更多的是在相关的习题中出现，属于学生“既熟悉又陌生”的物质。硫代硫酸钠在实验室的制备过程比较成熟，操作难度不大，所需仪器与药品都属于中学实验室常备物质。此制备实验中包括了浓缩结晶、过滤、洗涤干燥等操作过程。硫代硫酸钠含量的测定则需要利用氧化还原滴定的方法，可以建构定量分析的思维模型。定性分析自制硫代硫酸钠时，可以复习常见离子的检验，构建定性分析的一般思路，还可以培养学生的实验设计能力与创新意识素养。而利用硫代硫酸钠与酸反应条件的探究，可以建构单变量的对照实验思维模型。通过对“硫代硫酸钠的制备与探究”这一项目式的实验活动，可以覆盖中学阶段关于物质制备、分离提纯、控制变量、定量分析、实验方案设计等多种实验相关知识与技能，多维度发展学生的实验探究能力。

二、项目教学目标

(1)建构物质制备与分离提纯的一般思路。

(2)深入了解过滤、蒸发、结晶、洗涤等实验操作的原理与应用场合。

(3)能从多角度对物质制备流程的优缺点进行评价。

(4)能利用物质性质的差异选取适当的检验方法与试剂。

(5)能建构实验方案设计的原则与一般性思路。

(6)能建构定量测定物质组成的常见思维模型。

三、项目任务与教学流程

任务1 硫代硫酸钠的制备与提纯

以工业上制取硫代硫酸钠的真实情境，在教师指导下，学生设计实验并在实验室中进行模拟。利用对化工生成流程进行复原与模拟，在提升学生实验探究能力的同时，也可以发展学生解决综合问题的能力，本项目中我们会采用两种不同的方法来制备硫代硫酸钠，让学生分成两组进行实验。通过实验结果来分析两种路线的优劣，引导学生从经济效益与绿色化学等多方面、多角度进行思考。同时通过此项目学习，可以相对完整地将中学阶段需要掌握的物质分离方法，如过滤、蒸发、结晶等操作逐一呈现，有利于学生复习巩固。

任务2 硫代硫酸钠的定性、定量分析

硫代硫酸钠中硫酸根、亚硫酸根的检验实验属于定性分析实验，让学生们利用提供的信息，设计方案并进行实验。实验方案的设计是学生实验探究能力的集中体现，学生需要综合运用所学化学知识，思考化学实验的具体实施方法，初步设计并不断优化实验方案，最终完成实验。该过程既能加深学生对所学化学知识的理解，又能让其体验实验探究的过程，有利于学生学科核心素养的养成。碘量法作为重要的氧化还原滴定方法，应用广泛，在各类试题中经常涉及，通过碘量法测定自制硫代硫酸钠的含量，相当于将试题搬到了实验室，有助于建构定量测定物质组成的常见思维模型。

四、项目实施过程与学生学习成果

(一)分析硫代硫酸钠的工业制法并设计实验方案

[情景]硫代硫酸钠，俗称海波，遇酸、受热都易分解、有较强的还原性。可用于除去自来水中的余氯、摄影的定影液等。工业上一般采用以下两种方法进行制备：

(1)亚硫酸钠法：Na_2SO_3 溶液与硫粉加热，得到 $Na_2S_2O_3$：$Na_2SO_3+S=\!=\!=Na_2S_2O_3$，再经重结晶精制。

(2)硫化钠法：利用 Na_2S，以及 Na_2S 生产过程中产生的 Na_2CO_3 废液、SO_2

废气反应：$2Na_2S+Na_2CO_3+4SO_2 = 3Na_2S_2O_3+CO_2$，再经蒸发、结晶制得。

请同学思考一下，在实验室中设计实验模拟上述两种制备流程。

[学生]亚硫酸钠法比较简单，就是一个固液加热装置，将亚硫酸钠溶液与硫粉混合共热。而硫化钠法则是一个气体有关的制备实验，一个气液反应装置，可以利用亚硫酸钠与浓硫酸制出二氧化硫气体，再通入硫化钠、碳酸钠的混合溶液中。

[教师]制备过程中如何解决以下问题：亚硫酸钠法：①硫粉不溶于水，与亚硫酸钠溶液接触不足导致反应速率太慢，如何增加二者的接触面积？②硫代硫酸钠受热易分解，如何保证反应温度不至于过高？硫化钠法：③制备过程二氧化硫的用量与速率都要控制，为什么？应该如何控制？

[学生]①可以利用硫粉溶于酒精的特性，用酒精润湿硫粉，增加硫粉与亚硫酸钠溶液的接触，同时可以使用搅拌装置。②可以利用水浴加热，防止温度过高。③二氧化硫如果过量、速率过快，会使反应体系呈酸性，不利于产物的生成。可以利用分液漏斗控制浓硫酸的滴入从而控制二氧化硫的产生速率，同时还可以加大碳酸钠的量，以保持反应液呈碱性。

[分组实验]将同学分为两个大组，各安排表 3-3-8 其中一种方法进行实验。

表 3-3-8　硫代硫酸钠制备分组实验方案

实验方案	亚硫酸钠法	硫化钠法
实验流程	称取 5 g 硫粉，研碎后置于 100 mL 烧杯中，用 5 mL 乙醇润湿，再加入 12 g Na_2SO_3、50 mL 水，加热并搅拌至沸腾后改用小火加热，搅拌并保持微沸	组装如图所示仪器，蒸馏烧瓶中加 50 g 无水 Na_2SO_3，分液漏斗中加 70% H_2SO_4；将 15 g $Na_2S\cdot 9H_2O$、10.2 g 无水 Na_2CO_3 用 150 mL 水溶解后置于三颈瓶中；吸收瓶中加 6 $mol\cdot L^{-1}$ NaOH。打开分液漏斗活塞，产生 SO_2，使气体均匀产生进入三颈瓶
实验装置	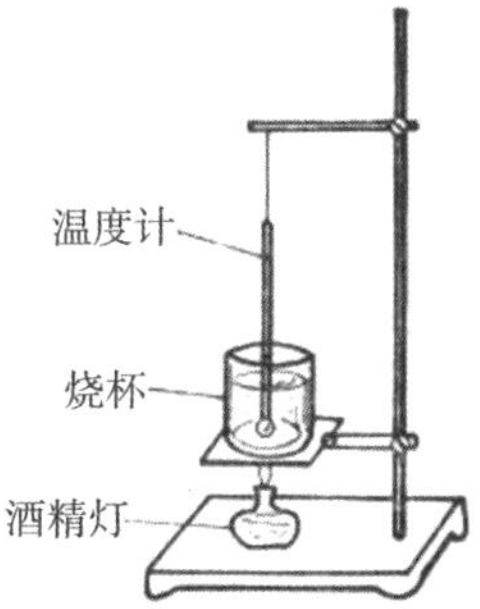 温度计 烧杯 酒精灯	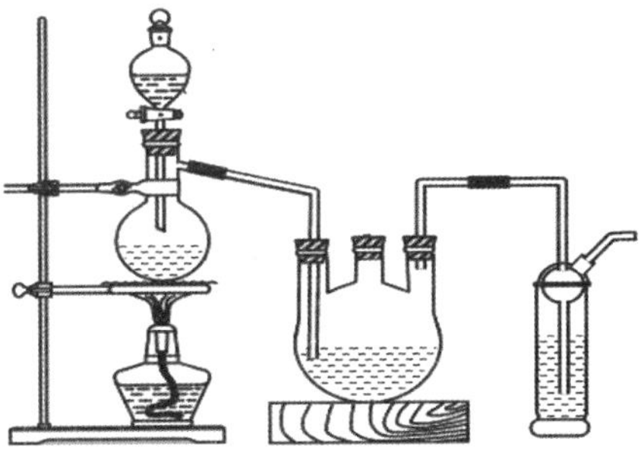

设计意图:学生在真实情境下,在实验室模拟硫代硫酸钠的制备为项目任务,并以此设计和优化实验方案,完成实验操作。在本环节中,重点学习在实验室模拟工业流程的实验设计,体会到化学原理转化为实验方案需要从绿色化学、安全性、条件控制、操作难度等多个角度进行考虑,以及体验物质制备实验的一般流程,多方面发展学生化学学科素养。

(二)自制硫代硫酸钠中杂质离子(SO_4^{2-})的检测

[情景]自制的硫代硫酸钠中常含有硫酸根杂质,为什么会含有硫酸根杂质?请选用下列试剂设计实验检验硫酸根的存在。(已知:$K_{sp}(BaSO_4)=1.1\times10^{-10}$,$K_{sp}(BaS_2O_3)=4.1\times10^{-5}$)。试剂:稀盐酸、稀硫酸、稀硝酸、氯化钡溶液、硝酸钡溶液、碳酸钠溶液、H_2O_2 溶液。

[学生]硫酸根的来源是硫代硫酸钠被空气氧化的产物。硫酸根的检验我们已经学习过了,可以利用钡离子与之反应的形成不溶于酸的原理进行鉴别。但是硫代硫酸钠也会与钡离子发生反应,需要排除它的干扰,而且硫代硫酸根容易被空气氧化为硫酸根,也需要注意。

[分组实验]师生共同讨论,不断完善实验方案后进行分组实验:取少量样品,加入除氧蒸馏水溶解,得到澄清溶液;向溶液加入足量的稀盐酸溶液,生成乳白色沉淀,并有刺激性气体生成;静置,取上层清液加入足量氯化钡溶液,生成白色沉淀。

[小结]师生共同讨论并小结,定性分析的关键是排除其他相似性质离子的干扰,可以利用物质性质的差异选取适当的检验试剂与方法。

设计意图:此环节是任务 2 的核心环节。学生在实践中学习物质检验的方案设计,需要考虑其他物质对待检物质的干扰,如何利用物质性质的差异排除干扰。该过程中,教师应引导学生思考并创造性地提出方案的修改意见。

五、教学反思

(一)项目的真实性

项目式学习中项目情境的真实性是开展此类教学活动的先决条件,普通高中化学课程标准(2017 年版 2020 年修订)中明确指出:“创设真实问题情境,促进学习方式转变”,“以主题为引领,使课程内容情境化,促进学科核心素养的落实”,新修订的课程标准中提倡真实问题情境的创设,提倡基于综合问题解决的主题式教学,这充分说明了基于真实情境开展教学的重要性。

本案例以贴近学生知识背景的“陌生物质”——硫代硫酸钠为项目,活动任务皆来自真实的生产生活实际或者科研论文，可以让学生在真实的情境中分析问题，深入思考和交流，进而解决问题。摆脱了以往高三复习中常见的“纸笔实验题”，将化学实验探究实施具体化、生活化。

（二）项目的综合性

一个完整的项目式教学应是一个单元整体教学。作为一个高三实验复习的项目式学习活动，需要将孤立、碎片化的化学实验知识在真实复杂的情境下重整为一个主题明确、逻辑清晰的项目式活动。而且在选择实验情境素材时，教师还需考虑到该素材能否尽可能地囊括学生需要掌握的高中化学实验核心内容，以及该素材能否帮助学生形成实验思维，发展学生科学探究与创新意识的核心素养。

本案例通过与“硫代硫酸钠”紧密关联且层层递进的实验任务展开。将物质的制备、分离提纯、定性与定量分析、性质探究等内容整合为一体，还从工业生产实际等视角引导学生分析解决问题，从而提升学生深度思维能力以及在真实复杂情境中的实验探究能力。

整个课时的教学目标、活动任务以及学业评价标准如表 3-3-9 所示，我们从整体规划实现了“教、学、评”一体化。

表 3-3-9　硫代硫酸钠的制备项目教学目标、活动任务与学业评价

课时	教学目标	活动任务	学业评价
任务 1 硫代硫酸钠的制备与提纯	1.1 建构物质制备与分离提纯的一般思路	活动 1.1：分析硫代硫酸钠的工业制法，并设计实验方案模拟	能根据提供的信息，以及实验室已有的设备，设计出制备、分离产物的方案
	1.2 深入了解过滤、蒸发、结晶、洗涤等实验操作的原理与应用场合	活动 1.2：分组对两种制法分别进行实验	能利用已有的实验方案，制备出硫代硫酸钠产品
	1.3 能从多角度对物质制备流程的优缺点进行评价	活动 1.3：讨论两种方法实验过程中存在的优缺点	可以从产率、绿色化学、经济效益等角度对两种流程做出对比分析
任务 2 硫代硫酸钠的定性、定量分析	2.1 能利用物质性质的差异选取适当的检验方法与试剂	活动 2.1：分析讨论自制硫代硫酸钠中可能存在的杂质，并设计实验方案检测	能根据所给信息，经过交流与讨论设计出实验方案并实施
	2.2 能建构实验方案设计的原则与一般性思路	活动 2.2：自制硫代硫酸钠中杂质离子（SO_4^{2-}）的检测	
	2.3 能建构定量测定物质组成的常见思维模型	活动 2.3：设计实验测定自制硫代硫酸钠的含量	能完成滴定操作，记录完整的实验数据并处理分析

附录十二　硫代硫酸钠的制备及其原理教材

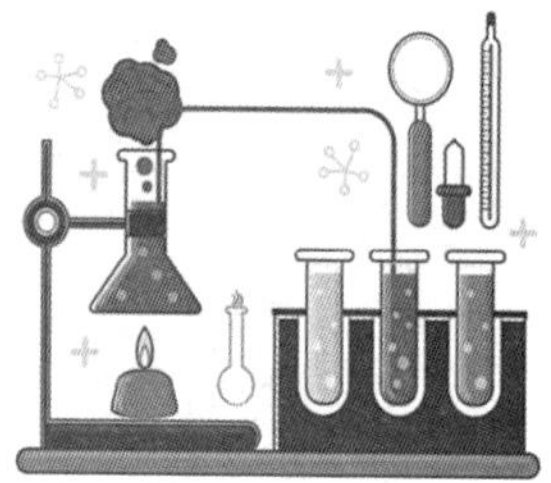

- 任务 1　硫代硫酸钠的制备
- 任务 2　硫代硫酸钠的检验

实验目标

(1)建构物质制备与分离提纯的一般思路。

(2)熟练掌握物质制备实验方法，熟悉过滤、蒸发、结晶、洗涤等实验操作的原理与应用场合，能从多角度对物质制备流程的优缺点进行评价。

(3)能利用物质性质的差异选取适当的检验方法。

(4)能建构定量分析物质组成的思维模型。

硫代硫酸钠，又名大苏打、海波、次亚硫酸钠。为单斜晶系白色结晶粉末，易溶于水，不溶于醇。其常用于分析试剂，用途非常广泛。

硫代硫酸钠在碱性或中性条件下稳定，遇酸分解立刻分解放出二氧化硫气体并产生硫的沉淀。$S_2O_3^{2-}+2H^+ = S\downarrow+SO_2\uparrow+H_2O$。该反应常用于演示反应条件对反应速率的影响。硫代硫酸钠有一定的还原性，能将氯气等物质还原，在空气中受热易被氧化成硫酸钠、二氧化硫：$2Na_2S_2O_3+3O_2 = 2Na_2SO_4+2SO_2$。能与 I_2 发生定量反应，该反应是“碘量法”主要反应：$2Na_2S_2O_3+I_2 = Na_2S_4O_6+2NaI$。

实验任务

任务 1　硫代硫酸钠的制备

活动 1.1　硫代硫酸钠制备方案设计

已知硫代硫酸钠有以下两种常见制法：

(1)亚硫酸钠法：Na_2SO_3 溶液与硫粉加热，得到 $Na_2S_2O_3$：$Na_2SO_3+S = Na_2S_2O_3$。

(2)硫化钠法：利用 Na_2S、Na_2CO_3、SO_2 反应：$2Na_2S+Na_2CO_3+4SO_2 = 3Na_2S_2O_3+CO_2$。

请同学思考一下，在实验室中设计实验模拟上述两种制备流程，并思考下列问题：

(1)亚硫酸钠法中，硫粉不溶于水，与亚硫酸钠溶液接触不足导致反应速率太慢，如何增加二者的接触面积？硫代硫酸钠受热易分解，如何保证反应温度不至于过高？

(2)硫化钠法中，制备过程中，为什么要控制 SO_2 的用量与速率？应该如何控制？

活动 1.2　硫代硫酸钠制备实验

根据同学们选择的实验路线，将分为两组进行实验，并收集产物。

亚硫酸钠法实验方案：组装如图 1 所示仪器，称取 5 g 硫粉，研碎后置于 100 mL 烧杯中，用 5 mL 乙醇润湿，可以增强硫粉在水溶液中的溶解性，提高反应速率。往烧杯中再加入 12 g Na_2SO_3、50 mL 水，加热并搅拌至沸腾后改用小火加热，搅拌并保持微沸，防止温度过高造成产品受热分解。反应一段时间后，过滤除去未反应的硫粉，通过蒸发浓缩、冷却结晶后过滤得到晶体，收集晶体，干燥后称量。

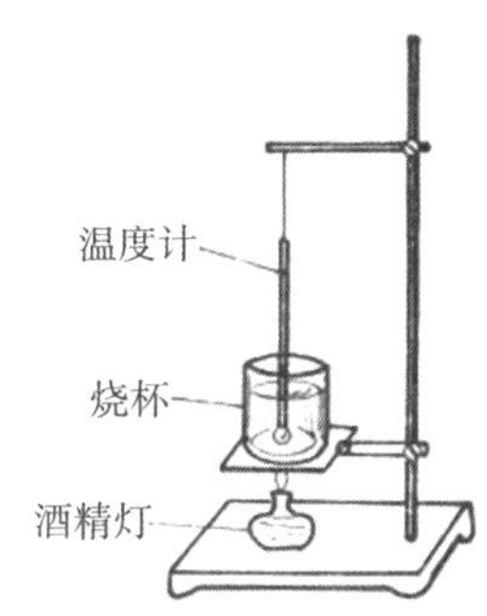

图 1　亚硫酸钠法制备硫代硫酸钠实验装置

硫化钠法实验方案：组装如图 2 所示仪器，蒸馏烧瓶中加 50 g 无水 Na_2SO_3，分液漏斗中加 70% H_2SO_4；将 15 g $Na_2S \cdot 9H_2O$、10.2 g 无水 Na_2CO_3 用 150 mL 水溶解后置于三颈瓶中；吸收瓶中加 6 $mol \cdot L^{-1}$ NaOH。打开分液漏斗活塞，产生 SO_2，使气体均匀产生进入三颈瓶。通过蒸发浓缩、冷却结晶后过滤得到晶体，收集晶体，干燥后称量。

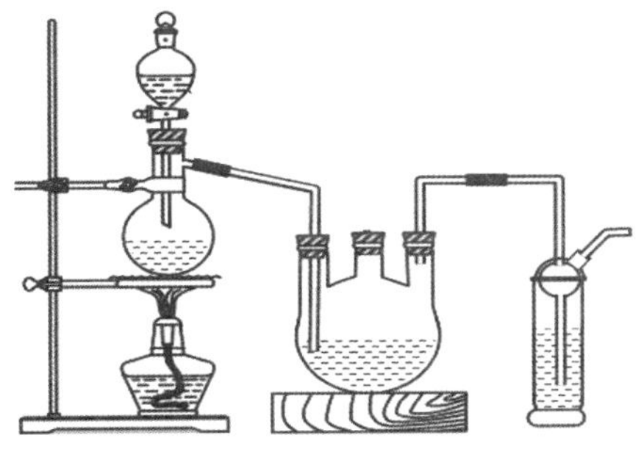

图 2　硫化钠法制备硫代硫酸钠实验装置

实验任务

任务2 硫代硫酸钠的检验

活动2.1 硫代硫酸钠杂质检测方案设计与实施

放置在空气中的硫代硫酸钠中可能含有哪些杂质？设计实验方案填写在表1,并与其他人交流后进行实验。

表1 实验设计和记录

实验内容	实验现象	实验结论

硫代硫酸钠晶体中可能含有杂质亚硫酸钠，而且硫代硫酸钠在空气中极易被氧化，因此还可能含有硫酸钠杂质。在检验硫酸根时要注意硫代硫酸钠与酸反应得到的硫沉淀对实验的干扰。

活动2.2 硫代硫酸钠晶体含量测定

称取0.5 g自制的硫代硫酸钠晶体，置于锥形瓶中，用少量水溶解，滴入1～2滴酚酞，再注入10 mL HAc-NaAc缓冲溶液，以保证溶液呈微酸性。用0.1000 $mol \cdot L^{-1}$的碘标准溶液滴定，以淀粉为指示剂，滴定至终点，重复三次，并计算硫代硫酸钠的纯度。

(1)$\omega(Na_2S_2O_3)=$____________%。

(2)为什么要加入缓冲溶液，如果没有加入缓冲溶液，对实验结果会有什么影响？

(3)请根据计算出来的结果，分析哪种硫代硫酸钠的合成路线更合适？

硫代硫酸钠能与I_2发生定量反应：$2Na_2S_2O_3+I_2=Na_2S_4O_6+2NaI$，该反应是“碘量法”的主要反应。由于碘溶液呈酸性，为了保证体系呈弱酸性，保持pH的稳定，防止硫代硫酸钠与酸反应，需要加入HAc-NaAc缓冲溶液。

请根据实验的结果，总结两种制备方法的不同，完成表2，并展示交流。

表2　对比两种制备方法

比较参数	亚硫酸钠法	硫化钠法
产品质量		
产品外观		
纯度		
选择依据		

项目拓展

$Na_2S_2O_3$ 是重要的化工原料，易溶于水，在中性或碱性环境中稳定。

1. 制备 $Na_2S_2O_3 \cdot 5H_2O$

【反应原理】$Na_2SO_3(aq)+S(s) = Na_2S_2O_3(aq)$

【实验步骤】

①称取 15 g Na_2SO_3 加入圆底烧瓶中，再加入 80 mL 蒸馏水。另取 5 g 研细的硫粉，用 3 mL 乙醇润湿，加入上述溶液中。

②安装实验装置（如图3所示，部分夹持装置略去），水浴加热，微沸 60 min。

③趁热过滤，将滤液水浴加热浓缩，冷却析出 $Na_2S_2O_3 \cdot 5H_2O$，经过滤、洗涤、干燥，得到产品。

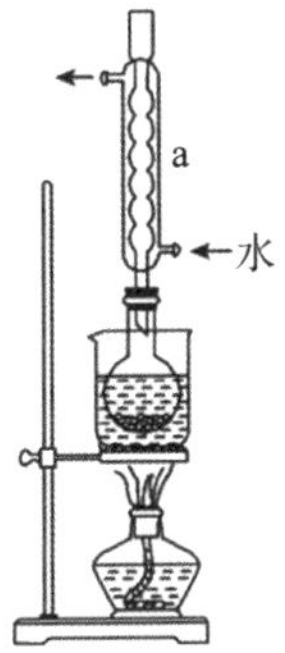

图3　实验装置图

回答问题：

(1)硫粉在反应前用乙醇润湿的目的是________。

(2)仪器 a 的名称是________，其作用是________________。

(3)产品中除了有未反应的 Na_2SO_3 外，最可能存在的无机杂质是________________。检验是否存在该杂质的方法是________________。

(4)该实验一般控制在碱性环境下进行，否则产品发黄，用离子反应方程式表示其原因：________________________________。

2. $Na_2S_2O_3$ 的应用

(1)$Na_2S_2O_3$ 还原性较强，在溶液中易被 Cl_2 氧化成 SO_4^{2-}，常用作脱氯剂，该反应的离子方程式为________________________________。

(2)已知市售硫代硫酸钠中常含有硫酸根杂质,选用下列试剂设计实验方案进行检验:

试剂:稀盐酸、稀 H_2SO_4、$BaCl_2$ 溶液、Na_2CO_3 溶液、H_2O_2 溶液。

表 3 实验步骤与现象

实验步骤	现象
①取少量样品,加入除氧蒸馏水	②固体完全溶解得无色澄清溶液
③____________	④____________,有刺激性气体产生
⑤静置,____________	⑥____________

(该项目由林伟老师提供,林伟老师为省级学科带头人)

第四节 STSE 综合实验

STSE 是英文科学(science)、技术(technology)、社会(society)和环境(environment)的缩写,分别指科学、技术、社会和环境。STSE 教育是对 STS 的延伸,以理科教学应用作为实施的落脚点,以综合实践活动作为实施的重要途径,以建构主义学习理论为基础,强调学科知识与社会生产实践和环境保护、资源节约相结合,以此来培养学生学习的自主性、探究性,最终达到提高科学素养的目的。

STSE 综合实验是以社会生活中的真实情境为基础,以化学知识为载体,以化学实验为媒介,培养学生的实践能力,进而培养学生科学探究与创新意识、科学态度与社会责任的化学学科核心素养。

STSE 综合实验可围绕资源、能源与环境等与可持续发展密切相关的问题开展综合实验项目。

项目 13 选择在实际的生产生活中对环境监测、水污染控制和废水处理工艺控制等领域有着重要意义的溶解氧测定法,以校园生态园中天然水样为研究对象,围绕水样中溶解氧的测定方法进行探究,利用碘量法以及电化学法两种测量方法进行实验。既能帮助学生梳理定量实验的基本原则,又能形成解决真实问题的思路方法,最重要的是能培养学生“科学探究与创新意识”“科学态度与社会责任”等化学学科核心素养。

STSE 综合实验还可围绕生命健康相关问题，以食物成分的检测、食品加工过程探究、天然药物提取、药物成分检验、药物设计与合成，以及化妆品等日用化学品的制备等为载体开展综合实验项目。

项目 14 选择水产运输或养殖过程中一种常用的化学增氧剂——鱼浮灵，学生通过认识“鱼浮灵”的过程，体验化学探究的过程，对“鱼浮灵”成分进行定性检验和定量测定，并对增氧原理进行深入分析，培养学生的化学学科核心素养“科学探究与创新意识”；学生通过分析“鱼浮灵”的成分，建构从定性和定量视角分析化学物质的思维模型；学生通过对增氧原理的分析，学习并建构单变量的对照实验思维模型，进行实验设计与数据分析，发展学生证据推理与模型认知的化学学科核心素养。

项目 15 通过定量实验测定“三维亚铁咀嚼片”中含铁物质的含量是否符合标准，掌握溶液配置等基础实验操作，运用仪器法定量分析，利用标准曲线法来分析处理数据，将化学知识应用于解决实际生活问题，感受化学学科的价值与意义，增强学生的学科认同感，并发展学生的化学学科核心素养“科学精神与社会责任”。

项目 16 将茶叶中的咖啡因的提取和表征设计成项目式实验活动，作为有机化学实验和物质表征的素材。让学生利用分离提纯方法进行咖啡因的提取，能利用现代化的实验技术手段分析咖啡因的成分。学生在分析推理、质疑、猜想和设计等高阶思维中加深对分离提纯相关方法的理解，同时在项目式活动中培养“实验探究与证据推理”等学科关键核心素养。将提取茶叶中的咖啡因作为实验情境，把传统文化元素茶叶与高中化学联系紧密的问题融入实验情境，外显出化学的实际应用价值，增强对茶文化的理解认识，以培养学生的科学态度和社会责任感，这符合新课程的改革理念，能推动传统文化创新性地发展。

综上所述，STSE 综合实验的实施，不仅能提高学生的综合实验能力，培养学生资源忧患意识和关注环境的习惯，更重要的是学生在真实复杂情境中利用所学知识解决实际问题，增强学生的学科认同感，感受化学学科的魅力与价值，发展学生“科学探究与创新意识”“科学精神与社会责任”等化学学科核心素养。

项目 13　水中溶解氧的测定

一、项目内容分析

天然水中溶解氧含量与空气中氧的分压、大气压力和水温有密切关系，当水体被有机物质污染后，溶解氧就会不断降低，因此水样中溶解氧 DO 是水质综合指标之一。在 20 ℃、100 kPa 下，纯水 DO 为 9 $mg \cdot L^{-1}$，而作为水源 DO≥5 $mg \cdot L^{-1}$。以校园生态园中天然水样为研究对象，围绕水样中溶解氧的测定方法进行探究，利用碘量法以及电化学法两种测量方法进行实验，既能帮助学生梳理定量实验的基本原则，又能形成解决真实问题的思路方法，达成核心素养建构的教学目标。本项目学习主题为“水中溶解氧的测定”，项目学习成果为“校园生态园水体溶解氧数值报告”以及“碘量法与电化学法测定溶解氧比较研究”。

溶解氧的测定实验过程所采用的碘量法、电化学法的基本原理，属于高中学生已有知识范围，在高考试题中也有涉及。实验所需要使用的药品与仪器也是中学实验室条件下所具备的，适合在中学开展。研究的对象是校园中生态园的天然水体，有助学生认识化学与日常生活的紧密联系，体会到化学的学科价值。

二、项目教学目标与教学流程

(1)通过对溶解氧的测定，能够掌握经典氧化还原滴定-碘量法的基本原理，能熟悉碘量法测定溶解氧的基本操作规程。

(2)能根据示意图，解释手持技术(电化学法)测定溶解氧的基本原理，并能辩证地看待传统化学分析与仪器分析两种方法的优缺点。

(3)能根据实验结果对生态园中天然水的水质进行合理评价，并体会化学定量实验在解决实际问题中的重大价值。

三、项目任务分析

该项目中共设置三个项目任务：首先为“水样的获取与固定”，以校园中生态园区的天然水为水样，进行取样与固定。然后将水样带回实验室中，以碘量法测定溶解氧，并测量自来水的溶解氧作为对比，判断出校园生态园水样的水质情况。最后利用现代手持技术，利用溶解氧电传感器测量上述两种水样的溶解氧，并与碘量法的测量数据作对照，分析出两种方法各自的优缺点。以学生为主体，项目任务中教师作为指导者，学生通过一系列项目任务的完成，建构了包含“宏观辨识与微观探析”“科学探究与创新意识”“科学精神与社会责任”等多个化学学科核心素养。

四、项目教学流程

任务1　天然水样的获取与固定

活动1.1　项目任务介绍

[教师]同学们，我们现在所在的地点是学校的生态园，大家觉得生态园中水体水质怎么样？

[学生]生态园的水体好像有点浑浊，有一些悬浮物，会不会水质不太好呢？

[教师]水质的检测有非常多的生化指标，光用眼睛看是不足以判断水质的。我们今天的任务就是要测量学校中生态园水体的溶解氧含量，从而判断生态园水质的情况。

请看老师提供的溶解氧的资料卡片。

> 资料卡片
>
> 天然水中溶解氧的饱和含量与空气中氧的分压、大气压力和水温有密切关系，当水体被有机物质污染后，溶解氧就会不断降低，因此水样中溶解氧DO是水质综合指标之一，在20 ℃、100 kPa下，纯水DO为9 $mg \cdot L^{-1}$，而作为水源DO≥5 $mg \cdot L^{-1}$。

活动1.2　利用虹吸法获取水样并固定

【演示实验】教师展示溶解氧瓶并示范虹吸法获取水样的操作：用待测水样润洗溶解氧瓶，再将乳胶管插入溶解氧瓶底部，利用虹吸原理将水样导入溶解氧瓶中，取样时应注意水的流速不应过大，直至水样从瓶口溢流，同时记录水温。

[教师]请观察溶解氧瓶的结构，思考其结构的特点是什么？

[学生]溶解氧瓶结构为带有磨口塞的细口瓶，同时还有外盖，其结构具有极佳的密封性，目的在于防止水样中的氧气逸出，或者是空气中氧气溶解进入水样。

[教师]从溶解氧瓶的结构以及老师获取水样的操作中，你有什么体会？

[学生]由于溶解氧的数值很小，容易产生误差。溶解氧瓶特殊结构，以及取水样的操作都是为了保证测量结果的准确性。

【演示实验】教师向水样中依次加入约 1 mL 硫酸锰溶液及 2 mL 的碱性碘化钾溶液，盖好瓶塞，勿使瓶内有气泡，颠倒混合，观察到棕色絮状沉淀，静置至所有的沉淀沉降至瓶中三分之一以下。

[教师]我们获取完水样后，需要立刻加入碱性硫酸锰，硫酸锰会与水中溶解的氧气反应得到棕色的 $MnO(OH)_2$ 沉淀，请思考本操作的目的。

[学生]取完水样后需要回到实验室进行测量。一方面是长时间的存放可能会造成氧气的溢出或者是溶解，还有就是震动也可能会影响溶解氧，就好像摇晃会改变汽水中二氧化碳的溶解量一样。利用碱性硫酸锰溶液与氧气的反应时，需要根据实验进程及时加入碱性溶液，得到在碱性条件下相对稳定的 $MnO(OH)_2$ 沉淀，避免造成测量结果的误差。

【学生实验】学生参照教师演示的方法操作获取一瓶校园的生物园中的天然水样，并对天然水样进行固定，带回化学实验室。

设计意图：以学生身边的事物创设真实情境，在激发学生学习兴趣的同时，也渗透化学学科在解决日常生产生活实际问题的学科价值。

任务 2　碘量法测定水中溶解氧

活动 2.1　设计测定水中溶解氧实验方案

[教师]展示 $MnO(OH)_2$ 相关信息，要求学生在阅读后，设计出测定水中溶解氧的实验方案以及需要记录的物理量。

资料卡片
① $MnO(OH)_2$ 为棕色絮状沉淀，化学式为 $MnO_2 \cdot nH_2O$，并无确定的结晶水；
② $MnO(OH)_2$ 碱性溶液较为稳定，酸性条件下具有氧化性，可以将 I^- 氧化为 I_2。

[教师]我们得到 $MnO(OH)_2$ 沉淀,能否通过过滤的方法收集沉淀再测量其质量,从而推算出样品中的溶解氧含量?

[学生]因为 $MnO(OH)_2$ 无确定的化学式,而且为絮状沉淀,过滤操作难度大,不适宜使用过滤称重方法进行定量实验。

[学生]过滤后通过加热灼烧的方法,可以得到 MnO_2 固体,但是根据之前的数据我们知道,纯水的饱和溶解氧为 9 mg・L^{-1},我们取的 500 mL 水样中氧总量才 4.5 mg,得到的 MnO_2 沉淀才 24 mg,质量太小,故不适合采用重量法。

[教师]如果重量法不适合,请各个实验小组讨论一下,如何测量?

[学生]根据信息分析,先加入酸调节 pH,酸性条件下将 I^- 氧化为 I_2,再利用之前学习过的碘量法的原理,利用已知浓度(a mol・L^{-1})的硫代硫酸钠标准溶液滴定 I_2,利用测得的硫代硫酸钠标准溶液体积,推导出水中溶解氧(mg・L^{-1})。

[教师]能否写出相关的反应方程式?

[学生]$MnO(OH)_2 + 2I^- + 4H^+ \xlongequal{} Mn^{2+} + I_2 + 3H_2O$;$2S_2O_3^{2-} + I_2 \xlongequal{} 2I^- + S_4O_6^{2-}$。

[教师]实验过程中需要记录哪些数据?请推导出待测物理量与水中溶解氧(DO,mg・L^{-1})之间的关系式。

[学生]需要记录滴定终点消耗硫代硫酸钠标准溶液体积 V_1,以及取样的水样的体积 V_2 以进行计算。DO(mg・L^{-1})$=aV_1\times8\times10^3/V_2$。

活动 2.2　利用碘量法测定溶解氧

【分组实验】打开天然水样(已经固定)的溶解氧瓶瓶塞,立即将吸管插入液面下,加入 1.5～2.0 mL 浓硫酸,小心盖好瓶塞,颠倒混合摇匀至沉淀物全部溶解为止。用移液管吸取 50 mL 上述溶液,注入锥形瓶中,用 0.025 mol・L^{-1} 硫代硫酸钠标准溶液滴定到溶液呈微黄色,加入 1 mL 淀粉溶液,继续滴定至蓝色恰好褪去为止,记录用量 $V(S_2O_3^{2-})$,重复 2～3 次。对自来水样重复上述操作。

[教师]请各个实验小组汇报实验结果。

[学生]测得数据表明,生态园中水体的溶解氧在 7.2～8.1 mg・L^{-1}之间,稍低于纯净水的标准值,但是超过了国家标准中对水源地的要求,是合格的水体。而自来水中溶解氧在 15 mg・L^{-1}以上,远高于水中饱和溶解氧的数值。

[教师]请分析自来水中溶解氧的数值偏高的可能原因。

[学生]由于自来水中残留有氯气,氯气具有氧化性,也会与 Mn^{2+}、I^- 发生反应,从而会造成溶解氧数值偏大。

[课堂练习]展示课堂讨论题:

天然水样中经常含有以下物质,请分析下列物质的存在对碘量法测定溶解氧的影响？

(1)亚硝酸盐　　(2)铁离子　　(3)有机物　　(4)悬浊漂浮颗粒

[学生]亚硝酸盐具有氧化性，会造成溶解氧测量值偏高；铁离子也具有氧化性，也会造成测量值偏高，同时铁离子有颜色可能会干扰反应终点的判断；有机物可能会与碘量法终点 I_2 反应，而造成测量值偏低。

[教师]实际的检测过程中遇到这些干扰物质是如何去除的，其原理又是什么？请同学们以小组为单位在课后查阅资料，以小论文的形式提交，作为本节课的课后作业。

设计意图：引导学生设计合理可行的定量实验方案，培养学生信息的提取、分析和处理能力以及严谨的科学态度；通过分组实验、处理数据、误差分析等步骤，逐步提升学生运用已有知识解决真实情境问题的能力。

任务 3　电化学传感器测定水中溶解氧

活动 3.1　电化学传感器原理分析

[教师]除了碘量法以外，工业上经常使用电化学传感器法进行水体溶解氧的快速测量，尤其是环境监测领域。教师展示下列资料，要求学生阅读后根据传感器的结构图，写出传感器工作时，阳极与阴极的电极反应式。根据传感器的工作原理，思考电化学传感器法对比碘量法，有哪些优势？

资料卡片

溶解氧传感器由两个与支持电解质相接触的金属电极及选择性薄膜组成。

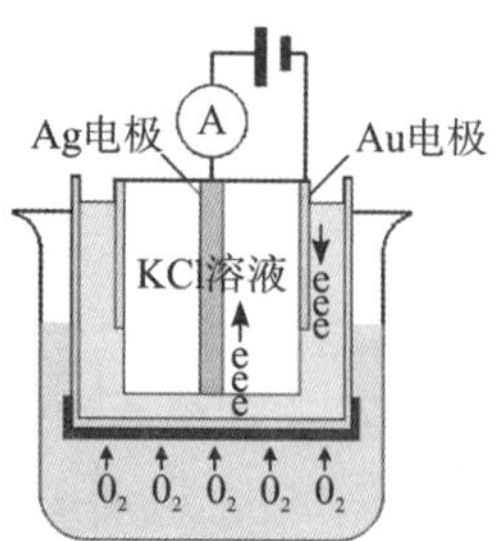

选择性薄膜只能透过氧分子，水和可溶物质不能透过。在外加电源的条件下，透过膜的氧气在阴极上发生还原反应，产生微弱电流，在一定温度下电流强度大小与水样溶解氧含量成正比，通过测量电流即可测量出水体溶解氧含量。

[学生]阳极上电极反应为 $Ag-e^-+Cl^- \xlongequal{} AgCl\downarrow$，阴极上为 O_2+4e^-+

$2H_2O$ ══ $4OH^-$。当水样中含有有色物质，可和碘反应的有机物、氧化性物质时，不宜用碘量法，可以采用电化学传感器法。

活动 3.2　利用电化学传感器法测定溶解氧

【分组实验】使用传感器测量天然水样以及自来水样的溶解氧数值，并与碘量法测定数据进行对比。

[教师]请各个实验小组汇报实验结果，并总结电化学传感器法的优缺点。

[学生]利用电化学传感器法测量溶解氧，可以避免如氯气等氧化性物质带来的干扰，如测量自来水中溶解氧时，数值在正常值范围。但是使用传感器测量时，不同组的测量数据差距比较大，而且传感器数值不稳定，即使是轻微的晃动也会造成数值的变化。

[教师]请根据实验的结果，总结两种溶解氧测定方法的不同，并展示交流。

表 3-4-1　两种溶解氧测定方法的比较

比较条件	碘量法	电化学传感器法
工作地点	实验室	不受场地限制
适用水体	较为纯净的水体	无特殊限制
测定精度	误差小	误差大
设备成本	成本低	设备成本高
干扰因素	氧化剂、还原剂、有色物质等	无

设计意图：通过实际操作体验碘量法以及电化学两种方法的适用范围，既能让学生体会到科学技术的发展在分析化学领域的重大价值，认识到化学学科的学科价值，同时能够理解分析测量手段的局限性与使用范围，能用辩证、发展的观点看待实验方法。

五、教学反思

本节课体现了以下几个特点：

(1)真实性：以学生身边的事物(生态园水质)为项目素材，学生经历问题确定、实验方案设计、第一次分组实验、优化反思、第二次分组实验等过程，深刻体验了“怎样做”“为什么这样做”“还可以如何做”的科学探究过程。

(2)活动性：实验教学的主体始终指向学生，从实验方案设计、数据处理、误差分析到多种实验方法的实施，再到实验结果的评价等，学生既是实验过程的设计者又是实施者，同时还是评判者。而教师只是资料的提供者、问题的共同思考者、活动研讨的组织者。

(3)创新性:学生参考实验文献资料,分析实验数据,但并非简单盲从,而是通过思考分析实验误差来源;教师引导学生对各种实验结果进行比对研究,对比传统化学方法以及现代仪器方法的优缺点,极大地激发了学生的创造性思维。

(4)拓展性:碘量法对水体要求高,实际测量过程中需要进行预处理,本项内容作为学生的课后作业,具有拓展性,为学生在课外的继续学习指明了方向。学生查阅资料完成作业的同时,能体会到定量分析实验的复杂性与严谨性。

我们围绕社会、环境等 STSE 问题,开发适合学生认知特点的实验项目,丰富"实验化学"校本课程,以真实的问题情境引领学生自觉应用知识解决实际问题,让学生在感悟化学学科价值的同时发展学科核心素养。

附录十三　水中溶解氧的测定教材

- 任务 1　水样的获取与固定
- 任务 2　碘量法测定水中溶解氧
- 任务 3　电化学传感器测定水中溶解氧

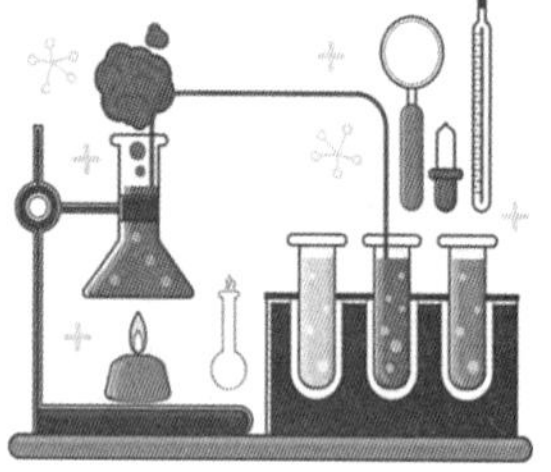

实验目标

(1)能说明经典氧化还原滴定-碘量法的基本原理。

(2)能掌握碘量法测定溶解氧的基本操作规程。

(3)能解释电化学传感器法测定溶解氧的基本原理。

(4)能辩证地看待化学分析与仪器分析两种方法的优缺点。

(5)能体会化学定量实验在解决实际问题中的重大价值。

溶解在水中分子态氧称为溶解氧,通常记作 DO,用每升水里氧气的毫克数表示。溶解氧跟空气里氧的体积分数、大气压力、水温和水质有密切的关系。

在自然情况下,空气中的含氧量与大气压强变化不大,故水温是主要的因素,水温愈低,水中溶解氧的含量愈高。在 20 ℃、100 kPa 条件下,纯水里大约溶解氧 9 $mg \cdot L^{-1}$。当水体水质较差,水体受到有机物污染时,水中有机物发生生物降解的过程中,要消耗水里的溶解氧,因此水体中溶解氧的多少是衡量水质的一个重要指标。

常见的测量水中溶解氧的方法有碘量法与电化学传感器法两种。

实验任务

任务1　水样的获取与固定

活动1.1　溶解氧瓶结构分析

请观察图1溶解氧瓶的结构,思考其结构的特点。

思考在获取水样的时候有哪些注意事项?

图1　溶解氧瓶

溶解氧瓶结构为带有磨口塞的细口瓶,同时还加有外盖,其结构具有极佳的密封性,在于防止水样中氧气逸出,或者是空气中氧气溶解进入水样。

在采集水样时,要注意不使水样曝气或有气泡存在采样瓶中。可用水样冲洗溶解氧瓶后,沿瓶壁直接倾注水样或用缸吸法将细管插入溶解氧瓶底部,注入水样至溢流出溶解氧瓶。

活动1.2　水样收集与固定

用溶解氧瓶收集一瓶纯净水水样(已经暴露在空气中超过1天)与一瓶校园生物园中的天然水样并固定,同时回答下列问题。

(1)请写出水样固定过程中发生反应的离子方程式。

(2)户外的水体溶解氧测定时,水样采集后,需要立即进行水样固定,请说明其原因。

先用待测水样(纯净水样与天然水样)分别润洗溶解氧瓶,再将乳胶管插入溶解氧瓶底部,利用虹吸法将水样导入溶解氧瓶中,取样时应注意水的流速不应过大,直至水样从瓶口溢流,同时要记录水温。

将移液管插入溶解氧瓶液面下,依次加入约1 mL硫酸锰溶液及2 mL的碱性碘化钾溶液，盖好瓶塞，勿使瓶内有气泡，颠倒混合，观察到棕色絮状($MnO(OH)_2$)沉淀，静置至所有的沉淀沉降至瓶中三分之一以下，则完成水样的固定。

硫酸锰在碱性条件下与水中的溶解氧反应，$2Mn^{2+} + O_2 + 4OH^- \xlongequal{} 2MnO(OH)_2\downarrow$。氧气在水中处于溶解—逸出的平衡状态，在户外采样后需要及时加入试剂使其反应，得到在碱性条件下相对稳定的 $MnO(OH)_2$ 沉淀。

实验任务

任务2　碘量法测定水中溶解氧

活动2.1　设计测定水中溶解氧实验方案

已知：(1) $MnO(OH)_2$ 为絮状沉淀，化学式为 $MnO_2 \cdot nH_2O$，并无确定的结晶水。

(2)碱性溶液中较为稳定，酸性条件下具有氧化性，可以将 I^- 氧化为 I_2

请据此设计测定水样中溶解氧($mg \cdot L^{-1}$)的实验方案以及需要记录的物理量。

因为 $MnO(OH)_2$ 无确定的化学式，而且为絮状沉淀，不适宜使用过滤称重的方法进行定量分析。根据信息分析，先加入酸调节pH，酸性条件下将 I^- 氧化为 I_2，再利用之前学习过的碘量法的原理，利用已知浓度的硫代硫酸钠标准溶液滴定 I_2，利用测得的硫代硫酸钠标准溶液体积，推导出水中溶解氧($mg \cdot L^{-1}$)，相关的反应如下：

$$MnO(OH)_2 + 2I^- + 4H^+ \xlongequal{} Mn^{2+} + I_2 + 3H_2O$$

$$2S_2O_3^{2-} + I_2 \xlongequal{} 2I^- + S_4O_6^{2-}$$

实验过程中需要记录的数据，除了硫代硫酸钠标准溶液体积 V 以外，还有待测水样的体积，以进行计算。

实验方案如下：

(1)打开纯净水样(已经固定)的溶解氧瓶瓶塞，立即将吸管插入液面下，加入1.5～2.0 mL浓硫酸，小心盖好瓶塞，颠倒混合摇匀至沉淀物全部溶解为止。

(2)用移液管吸取50 mL上述溶液，注入锥形瓶中，用0.025 mol·L^{-1}硫代硫酸钠标准溶液滴定到溶液呈微黄色，加入1 mL淀粉溶液，继续滴定至蓝色恰好褪去为止，记录用量$V(S_2O_3^{2-})$，重复2～3次。

(3)对天然水样重复上述操作。

活动2.2　误差分析

天然水域中的水样中经常含有以下物质，请分析下列物质的存在对碘量法测定溶解氧的影响，并思考如何消除其影响。

(1)亚硝酸盐；

(2)铁离子；

(3)有机物；

(4)悬浊漂浮颗粒。

亚硝酸盐具有氧化性，会造成溶解氧测量值偏高；铁离子也具有氧化性，也会造成测量值偏高，同时铁离子有颜色可能会干扰反应终点的判断；有机物可能会与碘量法终点I_2反应，造成测量值偏低。

实验任务

任务3　电化学传感器测定水中溶解氧

活动3.1　溶解氧电化学传感器的工作原理

溶解氧测定仪中电化学传感器的装置图如图2所示。

(1)请写出传感器工作时，阴极反应的电极反应式。

(2)根据传感器的工作原理，对比碘量法，其有哪些优势？

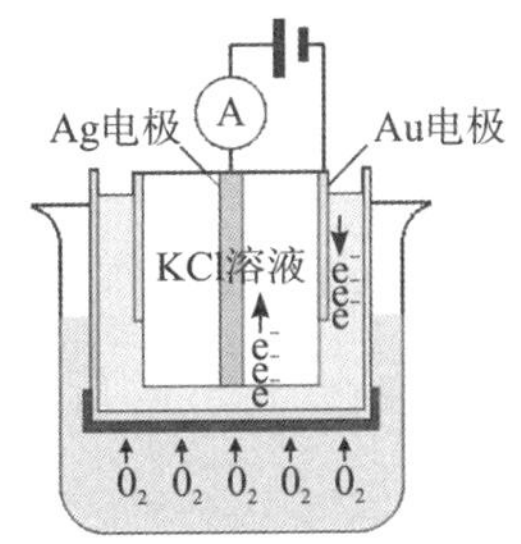

图2　溶解氧测定仪装置图

除了碘量法以外，工业上经常使用电化学传感器法进行水体溶解氧的快速测量，尤其是环境监测领域。溶解氧传感器由两个与支持电解质相接触的金属电极及选择性薄膜组成，选择性薄膜只能透过氧分子，水和可溶物质不能透过。在外加电源的条件下，透过膜的氧气在阴极上发生还原反应：$O_2+4e^-+2H_2O=4OH^-$，产生微弱电流，在一定温度下电流强度大小与水样溶解氧含量成正比，通过测量电流即可测量出水体溶解氧含量。当水样中含有有色物质，可与碘反应的有机物、氧化性物质时，不宜用碘量法，可以采用电化学传感器法。

活动 3.2　利用传感器测量水样中的溶解氧

连接数据采集器和溶解氧传感器，预热并校正传感器，将传感器插入溶解氧瓶液面下，运行数据采集器，用电脑收集数据，并与碘量法测定数据进行对比，完成表 1。请根据实验的结果，总结两种溶解氧测定方法的不同，再展示交流。

表 1　两种溶解氧测定方法的比较

比较条件	碘量法	电化学传感器法
工作地点		
适用水体		
测定精度		
设备成本		
干扰因素		

项目拓展

水中溶解氧是水生生物生存不可缺少的条件。某课外小组采用碘量法测定学校周边河水中的溶解氧。实验步骤及测定原理如下：

(1)取样、氧的固定：用溶解氧瓶采集水样。记录大气压及水体温度。将水样与 $Mn(OH)_2$ 碱性悬浊液（含有 KI）混合，反应生成 $MnO(OH)_2$，实现氧的固定。

(2)酸化，滴定：将固氧后的水样酸化，$MnO(OH)_2$ 被 I^- 还原为 Mn^{2+}，在暗处静置 5 min，然后用标准 $Na_2S_2O_3$ 溶液滴定生成 I_2（$2S_2O_3^{2-}+I_2=2I^-+S_4O_6^{2-}$）。

回答下列问题：

(1)取水样时应尽量避免扰动水体表面，这样操作的主要目的是________

________________________________。

(2)"氧的固定"中发生反应的化学方程式为____。

(3)$Na_2S_2O_3$ 溶液不稳定,使用前需标定。配制该溶液时需要的玻璃仪器有烧杯、玻璃棒、试剂瓶和____________;蒸馏水必须经过煮沸、冷却后才能使用,其目的是杀菌、除________及二氧化碳。

(4)取 100.00 mL 水样经固氧、酸化后,用 a mol·L^{-1} $Na_2S_2O_3$ 溶液滴定,以淀粉溶液作指示剂,终点现象为________________________________;若消耗 $Na_2S_2O_3$ 溶液的体积为 b mL,则水样中溶解氧的含量为________mg·L^{-1}。

(5)上述滴定完成后,若滴定管尖嘴处留有气泡会导致测量结果偏______。(填"高"或"低")

(该项目曾在中国化学会 2021 年第十五届全国基础教育化学新课程实施成果交流会上展示,由林伟老师提供)

项目 14　揭秘"鱼浮灵"

一、项目内容分析

"鱼浮灵"是水产运输或养殖过程中一种常用的化学增氧剂。在认识"鱼浮灵"的过程中,教师带领学生体验化学探究的过程,对"鱼浮灵"成分进行定性检测和定量检测,并对增氧原理进行深入分析,培养学生科学探究和创新意识素养。在分析"鱼浮灵"成分的过程中,建构从定性和定量视角分析化学物质的思维模型。在对增氧原理分析的过程中,学习并建构单变量的对照实验思维模型,进行实验设计与数据分析①。

二、项目教学目标

(1)通过定性检测"鱼浮灵"的成分,复习中学化学常见离子及性质的检测

① 张晓红.鱼浮灵增氧原理的实验探究[J].化学教学,2017(11):74-76.

思路。

(2)通过定量检测“鱼浮灵”的成分，掌握滴定法用于定量检测物质的研究思路。

(3)通过对“鱼浮灵”增氧原理的探究，学习并建构单变量对照实验思维模型，培养学生获取有效信息、建立“宏观—微观—符号—曲线”四重表征、从不同角度分析问题的能力。

三、项目式学习教学过程

任务1　生活中的化学

[教师]厦门是一个美丽的海滨城市，出海捕鱼是渔民们的日常工作。渔民捕来的鱼在运输过程中，常遇到的问题会有什么？

[学生]缺氧或者细菌感染等。

[教师]水体缺氧是一个常见的问题，缺氧会导致鱼虾窒息死亡，造成经济损失。渔民们怎么解决这个问题呢？

[学生]给水体增氧。联想鱼缸，提出可以在水里放入氧气泵，也可以加入化学试剂产生氧气。

[教师]“鱼浮灵”是常用的一种化学增氧剂。我们一起来认识一下。

[学生]共同阅读“速效鱼浮灵”的说明书。“鱼浮灵”是一种速效增氧剂，能够进行鱼虾缺氧的急救等。什么是“过碳酸钠”？

[资料]过碳酸钠的成分是 $2Na_2CO_3 \cdot 3H_2O_2$。“鱼浮灵”的增氧原理是什么呢？

设计意图：从远洋运输海鱼会遇到的实际问题入手，选择“鱼浮灵”作为探究对象，可以极大地激发学生的探究兴趣，并帮助学生形成从生活中发现化学问题的意识。学习阅读产品说明书，从中获得信息，并学习运用现代网络来查询陌生信息。

任务2　探究“鱼浮灵”的增氧原理

[教师]“鱼浮灵”的增氧原理是什么？

[学生]可能是 Na_2CO_3 与 H_2O_2 发生了化学反应生成了 O_2；可能是 Na_2CO_3 催化 H_2O_2 分解，促进 O_2 的释放。

[教师]从复分解反应及氧化还原视角分析 Na_2CO_3 与 H_2O_2 是否会发生化学反应。

[资料]H_2O_2 是一种弱酸,酸性比碳酸弱。

[学生]Na_2CO_3 与 H_2O_2 不会发生复分解反应,Na_2CO_3 没有还原性不会与 H_2O_2 发生氧化还原反应。推测是 Na_2CO_3 催化 H_2O_2 的分解。

[追问]Na_2CO_3 溶液中有什么微粒,可能是什么微粒起到促进 H_2O_2 分解的作用?

[学生 1]CO_3^{2-} 促进双氧水分解。

[学生 2]OH^- 促进双氧水分解。

[学生 3]OH^- 和 CO_3^{2-} 共同促进双氧水分解。

[分组实验]往等体积等浓度的双氧水溶液中,分别加入等体积、等 pH 的 Na_2CO_3 和 NaOH 溶液,另外一支试管加入等体积 H_2O,观察现象。

[学生汇报]三只试管都产生不少泡泡,但是对照不明显,无法得出结论。

[教师]通过观察无法判断产生气体的快慢,要从定量的角度进行测定。实验中要测定哪些数据?

[学生]相同时间内产生气体的量。对于怎么测定,学生很难提出一个较为简便的做法。

[教师]若气体体积不便测定时,可以测定相同时间容器内压强的改变量,以判断反应快慢。

[演示实验]实验方案同上,使用相对压强传感器测定三个锥形瓶内压强改变量。

[学生汇报]加入等体积、等 pH 的 Na_2CO_3 和 NaOH 溶液的试管,反应 30 s后,容器内相对压强变化基本相同,其变化远大于加入等体积水的试管。

[结论]OH^- 促进双氧水分解。

设计意图:初步体验科学探究的过程:提出问题—进行猜想—设计方案—进行实验—结果分析—得出结论。学生通过自主设计实验,学习像科学家一样思考问题,体验探究实验的一般思路,同时在实验设计中强化培养学生的单一对照实验思维,将所学知识融会贯通并应用于解决真实情境的实际问题。定量思想是化学学习的重要思想,高一的学生应该逐步学会从定性思维向定量测定思维的跨越。运用相对压强传感器可以让学生体会定量思想,同时提高学生数据分析的实战能力。

任务3 探究溶液酸碱性对双氧水分解的影响

[反思]为什么 OH^- 会促进 H_2O_2 分解？

[资料1] CO_3^{2-} 会部分与水反应生成 OH^-，使溶液显碱性。

[资料2]碱性条件下，H_2O_2 分解机理：$H_2O_2+OH^- \rightarrow HOO^-+H_2O$；$H_2O_2+HOO^- \rightarrow OH^-+H_2O+O_2$。

[教师]不同的酸碱性条件下 H_2O_2 分解快慢究竟是不是如我们所预测的呢？

[猜想](1)碱性越强，H_2O_2 释放氧气越快；(2)酸性条件下，H_2O_2 释放氧气较慢。

[学生]设计实验：探究溶液酸碱性对 H_2O_2 分解快慢的影响。

[演示实验]往等浓度等体积的 H_2O_2 溶液中，分别加入盐酸、氢氧化钠来调节溶液的pH(pH大致为：3、8、10、14)。用相对压强传感器进行定量测定。

[学生汇报]酸性条件下，H_2O_2 分解明显变慢；碱性条件下，H_2O_2 分解更快；碱性越强，H_2O_2 分解越快，但是碱性过大，H_2O_2 分解反而变慢。

[教师]我们需要通过查阅资料来进一步弄清反应的本质原因。

[资料]双氧水分解反应快慢与碱性有关，当pH为10～11.6时，pH越大，分解越快；当 $pH=11.6$ 时，分解速度最快；当 $pH>11.6$ 时，pH越大，分解越慢。

[教师]说一说“鱼浮灵”、双氧水与过氧化钠作为增氧剂的优劣。

[资料]室温下，碳酸钠溶液的pH约为10～12。

[学生1]过氧化钠与水反应生成强碱，碱性太强，对水体环境有较大的破坏。

[学生2]加入碳酸钠后，使得双氧水分解变快。

[学生3]加入碳酸钠后，溶液呈碱性，可以吸收生物释放的 CO_2。

[学生4]双氧水是液体，不好运输，制备成过碳酸钠能方便运输。

[教师]从反应快慢、环保、经济角度而言，在 H_2O_2 中加入 Na_2CO_3，溶液呈碱性，利于加快 H_2O_2 分解，还可以吸收水体里的 CO_2 等酸性物质，可以维持水体的酸碱度。加入 Na_2CO_3 后可以制成固体粉末过碳酸钠，以方便运输。

设计意图：在探究活动基础上，针对想解决的新问题设计了新的探究活动。学生可以在第二次探究活动中，运用第一次探究活动习得的探究方法和一般思路。同时应用本节课所获得的知识进行产品评测，让学生体会生产生活中选择过碳酸钠的意义。初步体会化学工程的思想，包括速率、环保、经济、运输等。

任务 4　构建研究物质性质方法和基本程序的思维模型

［师生归纳］从探究“鱼浮灵”的增氧原理到探究溶液酸碱性对双氧水分解的影响的两个活动中，构建研究物质性质方法和基本程序的一般思路：从真实复杂的化学情境中，抽提出需要解决的化学问题，结合已有学科知识和生活常识，进行有理有据的猜想，根据猜想设计实验方案，并动手实验，再根据实验现象和数据不断调整优化实验方案，重新实验得出结论，对实验现象和数据进行分析整理，得出实验结论。查阅资料，对所得实验结论进行深入的理论研究，还可以提出新的问题进行新一轮化学探究活动，如图 3-4-1 所示。

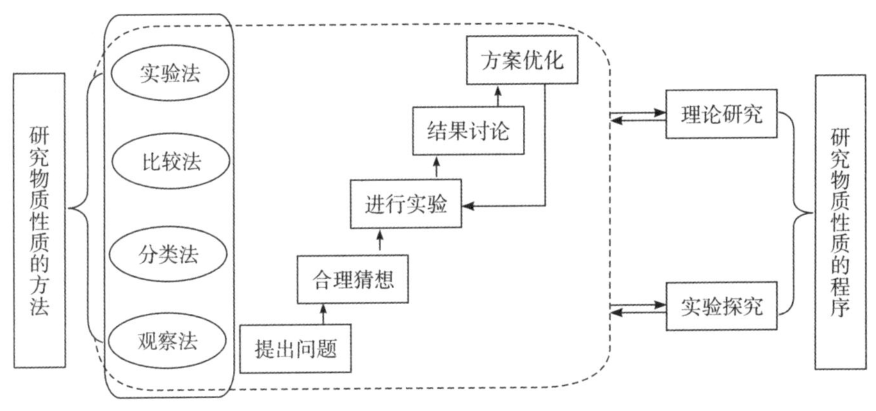

图 3-4-1　研究物质性质的方法与程序

四、教学反思

本项目从学生已有的认识出发，以“揭秘鱼浮灵”为载体体验研究物质性质的基本方法和程序的实用价值，做了一些初步的尝试与探究。教学内容的结构化是促进学科知识转向学科素养的关键，本项目通过设计 3 个进阶的学习任务，包括：鱼浮灵增氧原理的定性探究、从定量视角探究“鱼浮灵”增氧原理、探究溶液酸碱性对双氧水分解的影响。在推进问题解决的进程中，引导学生不断挖掘新的问题，鼓励学生深入探究，培养学生单一变量对照以及定量测定实验思维，建构研究物质性质的方法与程序的思维模型，在解决真实的化学情境的过程中，实现学科知识、能力和学科素养的全面发展。

附录十四 揭秘“鱼浮灵”教材

- 任务1 “鱼浮灵”增氧原理的定性探究
- 任务2 “鱼浮灵”增氧原理的定量探究
- 任务3 探究溶液酸碱性对双氧水分解的影响

实验目标

1. 基本技能：能通过对“鱼浮灵”增氧原理的探究实验，加强基础实验操作与技能的训练，初步体验研究物质性质的一般思路。

2. 实验研究方法：通过3个进阶的学习任务，即鱼浮灵增氧原理的定性探究、定量测定视角探究“鱼浮灵”增氧原理、溶液酸碱性对双氧水分解影响的探究，能应用单变量对照实验思维自主设计实验方案，能从定性和定量的视角分析问题、优化实验方案，从而构建研究物质性质的基本方法与程序的思维模型。

3. 实验安全意识：在双氧水的使用中，培养学生实验安全意识。

4. 科学精神与科学态度：通过开展“揭秘鱼浮灵”项目，能认识到化学在缓解环境问题中发挥的重要作用，增强学科理解力和社会责任感。在项目活动中，学生能自主发现问题、获取信息、进行有理有据的解释和推理，发展学生的化学探究能力，落实“科学探究和创新意识”的学科素养培育。

“鱼浮灵”是一种常用的化学增氧剂。“鱼浮灵”溶于水能迅速增加水体溶氧量，并能在长时间内维持，提高鱼苗及活鱼运输的成活率，消除水体中有机酸及氨分子的积累，增强水生动物的抗病能力。通过产品说明书和查阅资料可知，“鱼浮灵”的主要成分是过氧碳酸钠（$2Na_2CO_3 \cdot 3H_2O_2$）。

实验任务

任务1 鱼浮灵增氧原理的定性探究

实验用品：锥形瓶3个、3%的双氧水、等体积、等pH的Na_2CO_3溶液和NaOH溶液、肥皂水。

【思考交流】

阅读“鱼浮灵”的产品说明书，猜想过氧碳酸钠（$2Na_2CO_3 \cdot 3H_2O_2$）溶液可能的增氧原理，设计实验进行探究。

【分组实验】取三个小锥形瓶，分别加入等体积的3%的双氧水溶液，再分别加入等体积、等 pH 的 Na_2CO_3 溶液和 NaOH 溶液，剩余的一个锥形瓶加入等体积的蒸馏水。为了使实验现象更为明显，可以加入少量的肥皂水。

【交流研讨】

(1)加入等体积、等 pH 的 Na_2CO_3 溶液和 NaOH 溶液的目的是什么？

(2)在实验中观察到，三只试管都产生不少泡泡，但是对比不明显，无法得出结论，可能的原因是什么？你将如何改进实验方案？

实验任务

任务2　“鱼浮灵”增氧原理的定量探究

实验用品：锥形瓶3个，3%的双氧水，等体积、等 pH 的 Na_2CO_3 溶液和 NaOH 溶液，压强传感器。

【思考交流】

通过观察法很难比较相同时间内产生气体的快慢，需要对相同时间内产生气体的量进行较为准确的定量测定，设计实验方案。

【演示实验】

取三个小锥形瓶，分别加入等体积的3%的溶液，再分别加入等体积、等 pH 的 Na_2CO_3 溶液和 NaOH 溶液，剩余的一个锥形瓶加入等体积的蒸馏水。用相对压强传感器分别测定相同时间内容器的相对压强改变量并完成表1。

表1　实验记录

实验	$H_2O_2+H_2O$	$H_2O_2+Na_2CO_3$	H_2O_2+NaOH
反应时间			
反应液的 pH			
相对压强			

【交流研讨】

(1)加入等体积、等 pH 的 Na_2CO_3 溶液和 NaOH 溶液，目的是什么？

(2)通过实验，你得出了什么结论？

(3)你对控制单一变量法有什么认识？

【教师答疑】

该实验是控制单一变量的实验。加入等体积、等 pH 的 Na_2CO_3 溶液和 NaOH 溶液，可以对比得出 CO_3^{2-} 对 H_2O_2 分解速率的影响。与只加入等体积的蒸馏水的 H_2O_2 的实验结果进行对比，可以得出碱性条件对 H_2O_2 分解速率的影响。实验中需重复实验 2～3 次，排除实验误差。由结果得出，OH^- 是 H_2O_2 分解的催化剂。

实验任务

任务 3　探究溶液酸碱性对双氧水分解的影响

实验用品：锥形瓶 3 个，3%的双氧水，等体积、等 pH 的 Na_2CO_3 溶液和 NaOH 溶液，压强传感器。

【思考交流】

(1)根据 H_2O_2 在碱性条件下的分解机理，猜测溶液酸碱性对 H_2O_2 分解的影响。

资料：H_2O_2 是一种弱酸，酸性比碳酸弱。

碱性条件下，H_2O_2 的分解机理：$H_2O_2 + OH^- \rightarrow HOO^- + H_2O$；$H_2O_2 + HOO^- \rightarrow OH^- + H_2O + O_2$。

(2)设计实验探究溶液酸碱性对双氧水分解的影响。

【演示实验】

取三个小锥形瓶，分别加入等体积的 3%的 H_2O_2 溶液，再分别加入等体积、不同浓度的 NaOH 溶液。用相对压强传感器分别测定相同时间内容器的相对压强改变量并完成表 2。

表 2　实验记录

实验			
反应时间			
反应液的 pH			
相对压强			

【交流研讨】

(1)加入等体积、不同浓度的 NaOH 溶液，目的是什么？

(2)通过实验，你得出了什么结论？

【教师答疑】

通过实验可以发现，OH^- 是 H_2O_2 分解的催化剂，但并不是碱性越强，分解速率越大。查阅资料可知，H_2O_2 分解反应快慢与碱性有关，当 pH 在 10～11.6 时，碱性越强，H_2O_2 分解越快；当 pH＝11.6 时，H_2O_2 分解速度最快；当 pH＞11.6 时，pH 越大，H_2O_2 分解越慢。因此，这也是在实际生活中选择过氧碳酸钠作为速效增氧剂的重要原因。

（该项目曾在中国化学会 2021 年第十五届全国基础教育化学新课程实施成果交流会上展示，由王延老师提供）

项目 15　补铁剂中铁含量的测定

傅鹰先生说过："化学是实验的科学，只有实验才是最高的法庭。"实验能够帮助学习者更好的体验研究化学世界的程序和方法，提高学习者的学习兴趣，更能帮助学生培养观察、分析和思考的能力，在解决异常实验现象的过程中提升综合素质。《普通高中化学课程标准(2017 年版 2020 年修订)》指出："要重视素养为本的教学，即倡导真实问题情境的创设，开展以实验为主的多种探究活动。要深刻地认识实验在化学科学中的地位和对化学学习的重要性，掌握基本化学实验的技能和方法，进一步体验实验探究的基本过程，进一步发展学生解决综合实验问题的能力。"①

项目式教学承载着培养学生核心素养和发展学生学科能力的功能，能丰富学生的认识角度，并不再是简简单单地教授知识点，而是学以致用，考虑真实情境的复杂性来解决问题，形成认识事物的新思路②。有关实验教学的项目式学习不再以原本预设好的实验方案来进行，而是学生围绕特定的学习项目自主研究方案，通过学习、探究、展示、评价等环节，实现问题解决和知识建构的过程，在这个过程中进行能力训练，解决实验中真实发生的问题。

实践证明，在完成教材实验要求的基础上，开发校本实验案例，开展基于真实实验情境和实验问题的项目式学习，对提高学生的问题解决能力有一定的帮

① 普通高中化学课程标准(2017 年版 2020 年修订)[S].北京：人民教育出版社，2020.

② JOSEPH S K，CHARLENE M C，CARL F B.中小学科学教学：基于项目的方法与策略[M].王磊，等译.北京：高等教育出版社，2004：9-13.

助。据此，本项目以课程标准中推荐的补铁剂这一素材①为载体自主研发校本实验项目式学习课例，以提升学生基于真实情境的问题解决能力，促使学科素养落地。

一、项目内容分析

通常补铁药物和保健品中含有正二价的铁元素，如硫酸亚铁、葡萄糖酸亚铁、乳酸亚铁、琥珀酸亚铁、血红素铁等。Fe^{2+} 经氧化可变为 Fe^{3+}。Fe^{3+} 与 SCN^- 反应生成 $Fe(SCN)_3$ 等血红色配合物，溶液呈现红色，并且溶液中的 $Fe(SCN)_3$ 浓度越高，溶液的红色就越深。通过眼睛观察比较待测溶液与标准溶液颜色深浅来确定物质含量的方法，叫作目视比色法。

因此，将含铁药物经过必要的处理后（如溶解、氧化使 Fe^{2+} 变为 Fe^{3+}），滴加 KSCN 溶液，配成一定体积的溶液，利用比色法测定其数据，并与标准液进行比对，得到最后结果。

本项目通过定量实验测定"三维亚铁咀嚼片"中含铁物质的含量是否符合标准，掌握溶液配置等基础实验操作，运用仪器法定量分析，利用标准曲线法来分析处理数据，将化学知识应用于解决实际生活问题，发展学生的科学探究精神和社会责任感。

本项目从鲁科版必修第一册中第三章的学生必做实验出发②，承接课本内容，从教材中的定性实验开始，结合真实情境中存在的干扰，设计实验方案；针对较难检验的二价铁，结合有机模块和物构模块的知识，进行检验，基于实验异常现象，分析影响因素，优化实验方案，找到最适宜的检测条件；而后发展到定量实验，对比多种定量方法，选用目视比色法这一半定量方法得出铁含量，进行数据处理；最后根据目视比色法的缺点做出相应改进，利用分光光度计测定溶液的透光率，根据朗伯比尔定律，找出吸光度与浓度之间的线性关系，绘制标准曲线，测定未知液体的透光率，对应出相应浓度，进行定量测定。学生在实验的过程中能根据实验问题不断优化方案，提高了发现问题和解决问题的能力。

二、项目教学目标

(1)通过对补铁剂药物主要成分的分析，使学生掌握二价铁、三价铁的性质

① 王磊，支瑶.化学学科能力及其表现研究[J].教育学报，2016(8)：46-55.

② 王磊，陈光巨.普通高中实验标准实验教科书：化学 1(必修)[M].济南：山东科学技术出版社，2010.

及检验方法，能从结构的角度，利用配合物的知识分析二价铁的检验过程。

(2)通过溶液的配置过程，帮助学生体会控制变量法的思想，掌握实验基本技能，掌握容量瓶配制溶液的使用方法，提升实验操作能力。

(3)通过该定量实验，使学生了解比色法原理，初步了解分光光度法，掌握数据处理分析能力，用标准曲线法建立物质定量测定的一般模型，培养学生的模型认知能力。

(4)通过对实验异常现象的分析，使学生经历提出假设—设计方案—实验验证—得出结论—交流评价，体会科学探究的真实过程，培养证据意识和养成严谨、实事求是的科学态度。

三、项目式学习教学过程

任务1　补铁剂中铁元素的存在形式及检验

[教师]今天我们来做一次质检员，将要测试一种补铁剂中铁含量是否合格。首先我们回忆一下哪些化学物质含有铁元素？以价-类二维图的形式呈现。

[学生]完成铁元素的价-类二维图如图3-4-2。

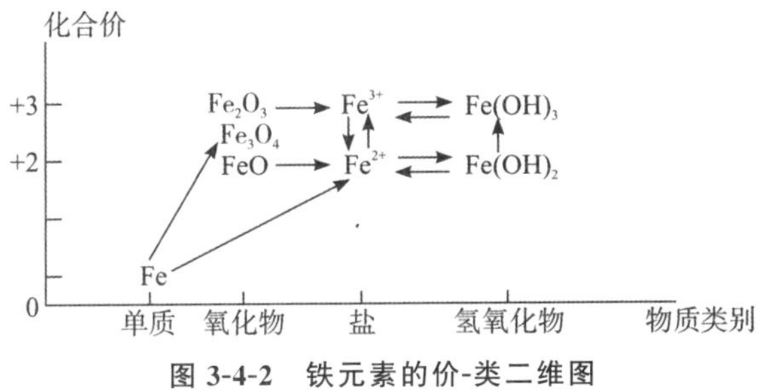

图3-4-2　铁元素的价-类二维图

[教师]人体所需要的铁元素是什么形式？请观察三维亚铁咀嚼片的主要成分，并思考维生素C的作用。

[学生]血红蛋白转运氧的过程主要依靠二价铁来完成，缺铁性贫血主要是因为缺乏二价铁，动物肝脏中的铁均为三价铁，而三价铁是不能为人体所吸收的，其必须在转化为二价铁之后，才能够被人体吸收利用。

由于补铁剂中主要成分为二价铁，易被氧化，故可在药物中添加可食用还原剂维生素C。

[教师]二价铁如何检验？三价铁如何检验？该补铁剂中应如何检验其中

的铁元素价态？

[学生] Fe^{3+} 的检验：Fe^{3+} 与 SCN^- 反应生成血红色的配合物 $Fe(SCN)_3$，溶液呈现红色；Fe^{3+} 与 OH^- 反应生成红褐色沉淀 $Fe(OH)_3$。

Fe^{2+} 的检验：①可向溶液中加入高锰酸钾或氯水等溶液，若褪色，则说明具有还原性的 Fe^{2+}。②先加入 KSCN 溶液，不变红，再加入氯水，观察是否变红。

[学生]由于该补铁剂中可能有二价铁被氧化，故不能采用上述方法②。

[教师]上述方法①是否可行？

[学生]因为补铁剂中含有还原剂维生素 C，会对方法①产生干扰，所以不可行。

[教师] Fe^{2+} 与铁氰化钾反应生成特征性蓝色沉淀；Fe^{2+} 与邻二氮菲形成配合物，溶液呈黄色。

设计意图：通过该学习任务，能巩固铁元素有关性质，从真实情境出发，分析实验过程中的多种可能性，最后选择最优方案，培养学生看待事物的整体性思维。

任务 2　铁元素定量测定方法

[教师]铁元素定量测定方法有哪些？

[学生]沉淀法，但是在溶液中形成的氢氧化铁是絮状沉淀，不便称重，故难以实施。

[教师]在有色溶液很稀的情况下，浓度与颜色是成正比的。Fe^{2+} 经氧化可变为 Fe^{3+}。Fe^{3+} 与 SCN^- 反应生成血红色 $Fe(SCN)_3$，溶液呈现红色，并且溶液中 $Fe(SCN)_3$ 的浓度越高，溶液的红色就越深。通过眼睛观察比较待测溶液与一系列浓度梯度的标准溶液颜色深浅（透光率）来确定物质含量的方法，叫作目视比色法。如 pH 试纸的使用。

设计意图：通过该学习任务引导学生认识几种定量测定方法，知道比色法实验原理，为后续实验提供理论依据。

任务 3　定量测定补铁剂中的铁含量

[教师]根据我们的实验目的，要进行什么操作？

[学生]配置标准液—称量—溶解—氧化—配置待测液—比色。

[教师]标准液的浓度梯度如何选取？

[学生]标准溶液的浓度梯度必须在待测液浓度附近，故需要先对样品的浓度进行大致的估算，以说明书标明的量为基准计算出理论浓度，以此为中值点，

确定色阶。

[教师]本实验计划将大约两片药片样品(每片药片 0.5 g,含有富马酸亚铁 15 mg)溶解,溶解过程应该怎么操作?

[学生]先研磨成粉末状,再称量后溶解。

[教师]是否应该在称量前去除药片的外包衣,请问为什么?

[学生]药片的质量不包括外包衣,若不去除外包衣直接称重,会影响实验的准确度。

[教师]本实验计划将大约两片药片样品配置成 50 mL 溶液,请根据数据计算出浓度梯度范围。

[学生]根据计算结果,理论上铁元素浓度为 3.5×10^{-3} 左右,故将 1 mL 5%的 KSCN 溶液滴入已知浓度的氯化铁溶液中,配成浓度($mol\cdot L^{-1}$)分别为 1.0×10^{-3}、2.0×10^{-3}、3.0×10^{-3}、4.0×10^{-3}、5.0×10^{-3} 的 50 mL 溶液,得到标准溶液。

[教师]本实验需要将铁元素转化为 $Fe(SCN)_3$,而样品中是二价铁,故需要先将其氧化,再加入 KSCN 溶液。请问应选用什么氧化剂?并解释原因。

[学生]可选用少量低浓度过氧化氢,其氧化能力足以将二价铁氧化成三价铁,同时没有副产物出现。

[教师]是否可采用高锰酸钾氧化剂?

[学生]不可选用高锰酸钾,其一氧化性太强,其二有颜色干扰。

[教师]实验时可滴加 2 滴管 3% H_2O_2 溶液,搅拌至 H_2O_2 完全分解(无气泡产生),还需使用容量瓶定容后,再加入比色管中与色阶进行对比。

[教师]在这个实验过程中需要测量什么数据?怎么进行数据处理?

[学生]本实验的目的是定量测定铁的含量,通过计算发现,主要测量的数据是称量的样品质量 m 以及浓度 c,而浓度 c 可通过吸光度对应标准曲线得到。

设计意图:通过该学习任务,开展真实情境的实验教学过程,能够根据真实情境的多种影响因素,展开多方面思考,选择最合适的方案,强化整体思维。通过实验过程中各个数据测量以及处理,提升学生的数据处理能力。学生从配置标准液—研磨称量—溶解—氧化—配置待测液—比色的实验过程中,体会完整的实验过程,提升实验操作实践能力。

实验方案:

配置标准比色液(已提前配好)。

研磨:将两片已经刮去外包糖衣的药片放入研钵中磨成粉末。

称量:将研钵中固体药品转移到托盘天平上,称固体质量,并记录。

溶解过滤:将固体倒入烧杯中,量取 20 mL 6 mol · L^{-1}盐酸加入烧杯中,用玻璃棒搅拌至固体基本溶解,装置如图 3-4-3 所示。

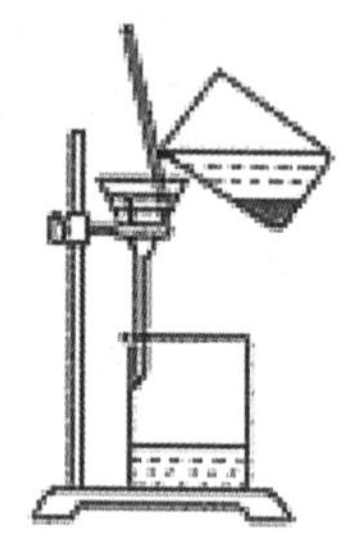

图 3-4-3 溶解过滤装置图

氧化:取滤液,滴加 2 滴管 3%H_2O_2 溶液,搅拌至 H_2O_2 完全分解(无气泡产生)。

配置样品溶液:用胶头滴管量取 1 mL 5%KSCN 溶液,加入上述反应的烧杯中,恢复至室温,将溶液转移至容量瓶中。

用少量蒸馏水洗涤反应烧杯 2 次,并将洗涤液转移至容量瓶,加入蒸馏水距刻度线 2~3 cm 处,改用胶头滴管定容,配成 50 mL 的样品溶液。配制流程图见图 3-4-4。

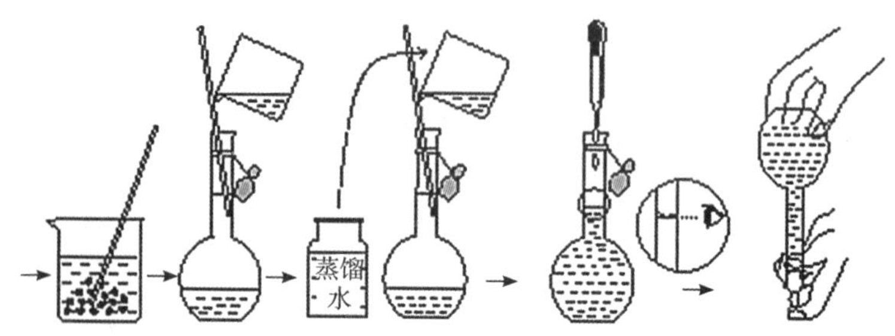

图 3-4-4 配置样品溶液流程图

比色:将容量瓶中溶液倒入比色管中,与色阶对比,得出铁离子浓度。

给出结论:最后,根据测出的实验数据,得出补铁剂中的铁含量,对铁含量是否达标给出结论。

任务 4 实验实施过程中的问题分析

[学生]为什么我做实验时溶解的过程很慢,且出现黄色浑浊。

[教师]溶解时还需注意溶解试剂的选择,如果用水会比较慢,且三价铁会

水解生成氢氧化铁沉淀，故需在酸性环境中溶解样品。

[学生]为什么氧化后滴加 5% KSCN 溶液后，溶液不变色？

[教师]可能存在的原因是什么？

[学生]KSCN 溶液与三价铁结合导致溶液变红，现在不变红，说明要么缺少 KSCN 溶液，要么缺少三价铁。

[教师]请设计实验验证。

[学生]再加入 KSCN 溶液，或再加入三价铁。

[教师]实验验证，再加入 KSCN 溶液后，溶液变红。

[学生]说明是 KSCN 溶液少了。

[教师]理论上三价铁和微量的 KSCN 溶液都能显色，此时溶液中为什么会缺少 KSCN。

[学生]有可能是过氧化氢加多了，氧化 KSCN。

[教师]现在加入 KSCN 溶液后，是否能去比色，然后得出结论？

[学生]不可以，要控制变量，色阶中 KSCN 溶液只有 1 mL，此时加入的 KSCN 溶液的量也应只有 1 mL。

[教师]部分同学测出的数据与理论值存在差异，其一可能是样品本身的差异问题，也可能是实验中存在的误差，请问这个实验中，哪些地方会造成误差？

[学生]称量结束后，部分粉末残留在称量纸上；会导致溶解不完全；转移至容量瓶时未洗涤等等。

[教师]目视比色法有什么优缺点？

[学生]优点：操作简单，现象明显。缺点：误差比较大，不够精确。如当待测液颜色介于两个色阶间，不知道该如何判断。

[教师]可选择颜色更靠近待测液的那个色阶，如果颜色介于色阶之间，则取两色阶平均值。

[学生]是否有更精确的方法？

[教师]随着科学技术的发展，根据朗伯比尔定律，可采用分光光度计来进行更方便更精确的测量。

根据朗伯比尔定律 $A=\lg(1/T)=Kbc$，A 为吸光度，T 为透射比（透光度），K 为摩尔吸收系数。它与吸收物质的性质及入射光的波长 λ 有关，c 为吸光物质的浓度，b 为吸收层厚度。

对一系列已知浓度梯度的溶液，用分光光度计测出 A，即可得到有关 A 和 c 的一条标准线性曲线及对应的关系式，而后对于配置的样品溶液，用分光光度

计测出 A，对应标准曲线的关系式，即可得出其浓度。实验结果见图 3-4-5。

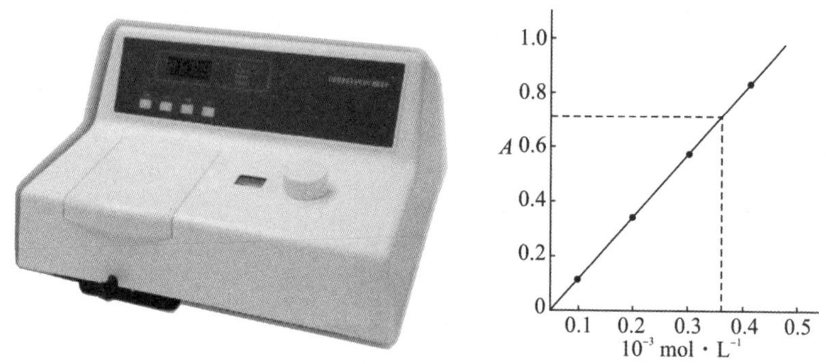

图 3-4-5 分光光度计装置及其测出的标准曲线

设计意图：通过该学习任务，学生对实验中的异常情况进行分析，培养化学学科素养"证据推理"及科学探究精神，体会在定量实验中无处不在的控制变量法。通过对实验结果进行分析，找出实验中可能导致误差的原因，提升学生的实验反思能力和综合思考能力。

对目视比色法的优缺点进行分析，针对缺点，寻找更好的方法。利用化学仪器对生活中的物质进行定量分析，将化学与生活联系起来，用化学知识解决生活实际问题，从化学的角度和思维来观察生活，发展化学学科的社会价值。

四、教学反思

本项目以"补铁剂中铁含量的测定"为载体，引领学生开展基于真实实验情境的项目式学习。

本项目涉及的内容在《高中化学：必修 1》和《高中化学：选修 2》都有出现，在必修阶段主要是基础知识模型建构，实验方法和数据处理对学生要求较高；在选修阶段，则更重在定性检验铁元素的角度上，与配合物的知识相结合，选择更好的定性检测试剂，如果课时安排在高二下或者高三，可以将邻二氮菲与二价铁的显色实验加入定性检测处，融合物质结构相关知识，更显综合性。

本项目从定性到半定量，再发展到定量检测，夯实基础知识，建构元素化合物认知分析测定体系。

回顾离子检验方法，在真实情境中思考如何进行离子检验，进一步优化实验方案，分析在真实情境中如何选择试剂，练习实验技能，体会数据的处理过程，反思实验过程，贯穿控制变量等实验方法，发展实验探究精神，进一步提升实验的精准度，利用化学仪器对生活中的物质进行定量分析，将化学与生活联系起来，用化学知识解决生活实际问题，从化学的角度和思维来观察生活，发展化学学科的社会价值。

总之，实验情境是重要的教学情境，我们要不断开发适合学生认知特点的校本实验，基于真实的问题情境引领学生自觉应用知识解决实际问题，不断提升学生问题解决的能力，进而发展学科核心素养。

附录十五　补铁剂中铁含量的测定教材

- 任务1　补铁剂中铁元素的存在形式及检验
- 任务2　铁元素定量测定方法
- 任务3　定量测定补铁剂中的铁含量

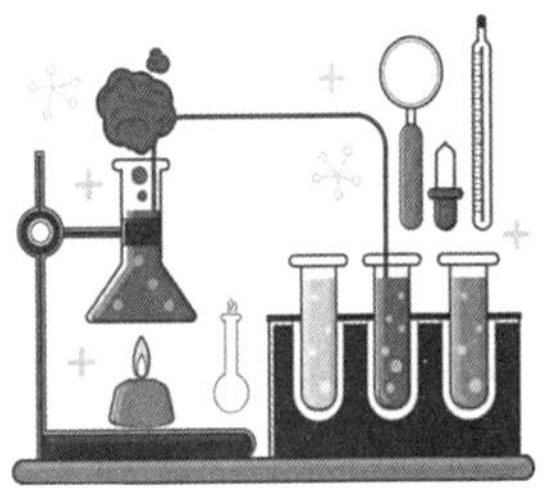

实验目标

(1)基本知识：掌握二价铁、三价铁的性质及检验方法，建立铁元素的价-类二维图。

(2)基本技能：掌握基本的实验操作方法，如研磨、液体的取用、过滤、容量瓶配制溶液的操作等。

(3)实验研究方法：了解比色法原理，初步了解分光光度法，掌握数据处理分析能力，建立用标准曲线法定量测定的一般模型，培养学生的模型认知能力。能利用控制变量法选择各个溶液的体积和浓度。

(4)实验安全意识：能遵守实验室规章制度，保持实验室整洁，对仪器、药品能合理使用和有序摆放，熟悉危险品的使用规范，知道突发事件的处理方法。

(5)科学精神与科学态度：养成严谨、实事求是的科学态度。

补铁剂中铁元素价态的检验是鲁科版必修第一册中的学生必做实验，本实验承接课本内容，从定性到半定量，利用比色法得出铁含量，再发展到定量实验，利用分光光度计测定溶液的透光率，根据朗伯比尔定律，找出吸光度与浓度之间的线性关系，绘制标准曲线，测定未知液体的吸光率，对应出相应浓度，进行定量测定。

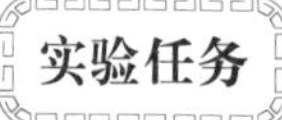

任务 1　补铁剂中铁元素的存在形式及检验

补铁药物和保健品中含有化合态的铁元素，如硫酸亚铁、葡萄糖酸亚铁、乳酸亚铁、琥珀酸亚铁、富马酸亚铁等。

活动 1.1　补铁剂的主要成分

【回忆思考】你知道哪些含有铁元素的化学物质？请将其以价-类二维图的形式呈现。人体所需要的铁元素是什么形式？铁元素的价-类二维图见图 1。

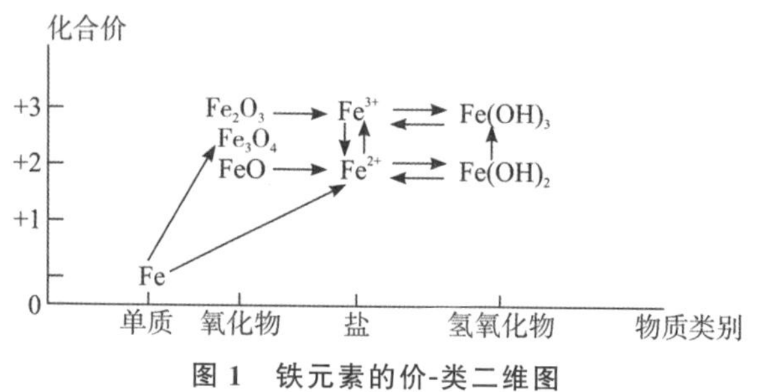

图 1　铁元素的价-类二维图

血红蛋白转运氧的过程主要依靠二价铁来完成，缺铁性贫血主要是缺乏二价铁，动物肝脏中的铁均为三价铁，而三价铁是不能为人体所吸收的，必须在转化为二价铁之后，人体才能够吸收利用。

【思考交流】请观察三维亚铁咀嚼片的主要成分（见图 2），并思考维生素 C 的作用。三维亚铁咀嚼片为复方制剂，其组分为每片（去除包衣后为 0.5 克）含：富马酸亚铁 15 mg、维生素 C 11.25 mg。本品为糖衣片或薄膜衣片，除去包衣后显棕灰色。

富马酸亚铁：
化学名称：反丁烯二酸亚铁
化学式：$C_4H_2FeO_4$
相对分子质量：170

图 2　二价铁的药品

活动 1.2　三维亚铁咀嚼片中铁元素存在形式的检验

【交流研讨】二价铁如何检验？三价铁如何检验？

低浓度的 Fe^{3+}、Fe^{2+} 溶液因太稀，看不到明显的溶液颜色，因此可采用离子检验方法。

Fe^{3+} 的检验：Fe^{3+} 与 SCN^- 溶液反应生成血红色的配合物 $Fe(SCN)_3$，溶液呈现红色；Fe^{3+} 与 OH^- 反应生成红褐色沉淀 $Fe(OH)_3$。

Fe^{2+} 的检验：①可向溶液中加入高锰酸钾或氯水等溶液，若褪色，则说明溶液中具有还原性的 Fe^{2+}。②先加 KSCN，再加氯水，观察溶液是否变红。

【交流研讨】Fe^{3+} 的检验：用 KSCN 溶液检验 Fe^{3+} 时，出现了异常现象，对比实验过程发现：用酸溶解药片配置成悬浊液的小组，用 KSCN 溶液检验 Fe^{3+} 观察到溶液变红；用蒸馏水溶解药片的小组没有观察到溶液变红。请讨论导致这种差异的原因，并思考该采取哪种实验条件。

用 KSCN 溶液检验 Fe^{3+} 时，SCN^- 会和 OH^- 竞争结合 Fe^{3+}。由于 OH^- 更易与 Fe^{3+} 结合，在 pH>3 时，SCN^- 无法竞争到 Fe^{3+}；在 pH<3 时，OH^- 浓度很小，这时 SCN^- 可以竞争到 Fe^{3+}，从而溶液显红色。

【思考交流】Fe^{2+} 的检验：该咀嚼片中可能含有还原性的物质。加入过量氯水，可能会氧化 SCN^-，从而导致溶液呈无色。该咀嚼片中部分二价铁可能被氧化为三价铁，应当采取什么方法更好地检验其中的二价铁？在利用配合物检验时，是否需要考虑溶液环境？

Fe^{2+} 与铁氰化钾反应生成蓝色沉淀；Fe^{2+} 与邻二氮菲形成配合物，溶液呈黄色。

邻二氮菲与 Fe^{2+} 的结合受到 pH 的影响，当 H^+ 浓度过高时，邻二氮菲中的 N 会优先与 H^+ 结合形成配位键，导致与金属离子的配位能力减弱。若 OH^- 浓度过高，OH^- 又会与 Fe^{2+} 作用，同邻二氮菲形成竞争。实验表明，邻二氮菲检验 Fe^{2+} 的适宜 pH 是 2～9。

实验任务

任务 2　铁元素定量测定方法

【交流研讨】定量测量方法：重量分析法是通过物质质量的变化值来确定被测组分含量的一种方法，如沉淀法、气体法等；滴定法是根据指示剂的颜色变化指示滴定终点，然后目测标准溶液消耗体积，计算分析结果；仪器分析法是以物质的物理化学性质为基础的分析方法，其根据物质的某种物理性质，如相对密度、相变温度、折射率、透光率及光谱特征等，不经化学反应，以特殊的仪器直接进行定性、定量、结构和形态分析的方法。测定铁元素含量可以采用什么方法？

重量分析法：使铁元素沉淀下来，并且氧化为 $Fe(OH)_3$，计算沉淀的质量，得到铁元素的质量。

Fe^{2+} 经氧化可变为 Fe^{3+}。Fe^{3+} 与 SCN^- 溶液反应生成血红色 $Fe(SCN)_3$，溶液呈现红色，并且溶液中 $Fe(SCN)_3$ 的浓度越高，溶液的红色就越深。通过眼睛观察比较待测溶液与标准溶液颜色深浅（透光率）来确定物质含量的方法，叫作目视比色法。

【思考交流】请比较重量分析法和目视比色法的优缺点。

重量分析法具有准确度较高的优点，不足之处是操作烦琐，费时较长，对低含量组分的测定误差较大。且氢氧化铁为絮状沉淀，不易称量，高温下会分解，不易进行过滤和干燥。

目视比色法的主要优点是设备简单，操作简便，广泛应用于准确度要求不高的常规分析中。其主要缺点是准确度不高，如果待测液中存在第二种有色物质，甚至会无法进行测定。另外，由于许多有色溶液颜色不稳定，标准系列不能久存，经常需在测定时配制，比较麻烦。

实验任务

任务 3　定量测定补铁剂中铁含量

【思考交流】标准液的浓度梯度如何选取？需要测定哪些数据？如何进行数据处理？

标准溶液的浓度梯度必须在待测液浓度附近，故需要先对样品的浓度进行大致的估算，以说明书标明的浓度为基准计算出理论含量时的浓度，以此为中值点，确定色阶。本实验将 1 mL 5%的 KSCN 溶液滴入氯化铁溶液中，配成浓度（$mol \cdot L^{-1}$）分别为 1.0×10^{-3}、2.0×10^{-3}、3.0×10^{-3}、4.0×10^{-3}、5.0×10^{-3} 的 50 mL 溶液，得到标准溶液，也称色阶。

本实验的目的是定量测定铁的含量，通过计算发现，主要测量的数据是称量的样品质量 m 以及浓度 c，而浓度 c 通过吸光度对应标准曲线得到。

【思考交流】本实验需要将铁元素转化为 $Fe(SCN)_3$，而样品中是二价铁，故需要先将其氧化，再加入 KSCN 溶液。请问应选用什么氧化剂？并解释原因。

(1)可选用少量低浓度过氧化氢，足以将二价铁氧化成三价铁，同时没有副产物出现。

(2)不可选用高锰酸钾,其一氧化性太强,其二有颜色干扰。

【思考交流】本实验想要达到实验目的,需进行什么实验操作?

【实验展示】记录实验数据,完成表1,并展示交流。

表1　实验现象记录

实验步骤		实验现象和数据记录
研磨	将两片已经刮去糖衣的药片放入研钵中磨成粉末	
称量	将研钵中固体药品转移到托盘天平上,称固体质量,并记录	固体质量为______g
溶解	将固体倒入烧杯中,用量筒量取20 mL 6 $mol \cdot L^{-1}$盐酸加入烧杯,用玻璃棒搅拌至固体基本溶解	
过滤	将溶液过滤 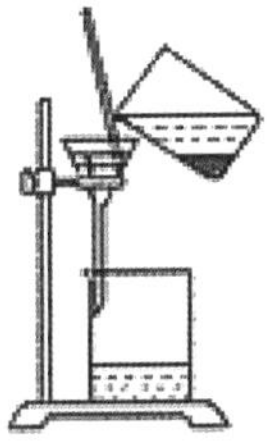	
氧化	取滤液,滴加2滴3% H_2O_2溶液,搅拌至H_2O_2完全分解(无气泡产生)	
配制样品溶液	用胶头滴管在量筒中量取1 mL 5% KSCN溶液,加入上述反应的烧杯中,恢复至室温,将溶液转移至容量瓶中; 用少量蒸馏水洗涤反应烧杯2次,并将洗涤液转移至容量瓶,加入蒸馏水距刻度线2～3 cm处,改用胶头滴管定容,配成50 mL的样品溶液 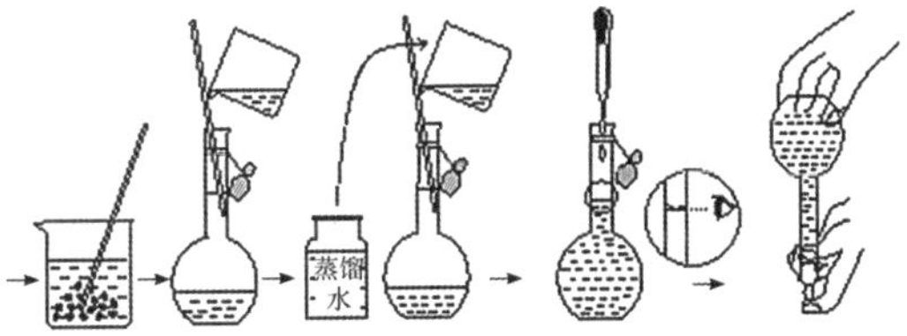	
比色	将容量瓶中溶液倒入比色管中,与色阶对比	铁离子浓度为________
结论		铁元素含量为________

【实验反思】

(1)滴加5%KSCN溶液后,溶液不变色的原因。

(2)目视比色法存在的问题。

目视比色法为半定量方法,存在误差,本实验为提升精确度,采用色度计(见图3)或分光光度计(见图4)来测定并分析相应数据。

图3　色度计

图4　分光光度计

根据朗伯比尔定律 $A=\lg(1/T)=Kbc$,A 为吸光度,T 为透射比(透光度),K 为摩尔吸收系数.它与吸收物质的性质及入射光的波长 λ 有关,c 为吸光物质的浓度,b 为吸收层厚度。对一系列已知浓度梯度的溶液,用分光光度计测出 T,取其负对数,即可得到一条 $A—c$ 标准线性曲线及对应的关系式,而后对于配置的样品溶液,用分光光度计测出 T,取其负对数,对应进标准曲线的关系式(见图5),即可得出其浓度。

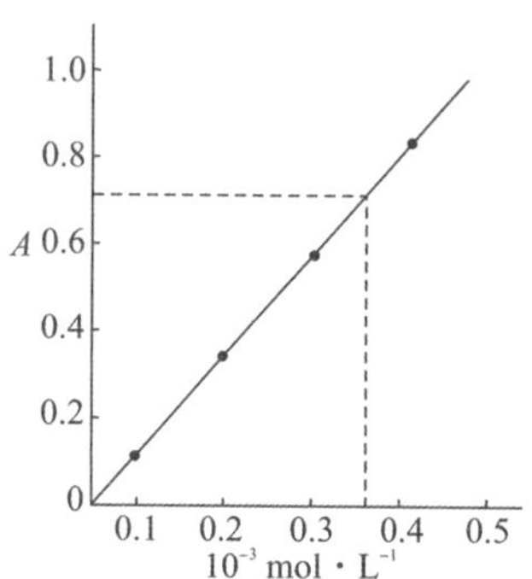

图5　通过标准曲线计算浓度

【项目总结】

利用化学仪器对生活中的物质进行定量分析,将化学与生活联系起来,用化学知识解决生活实际问题,从化学的角度和思维来观察生活,发展化学学科的社会价值。

(该项目曾在中国化学会2021年第十五届全国基础教育化学新课程实施成果交流会上展示,由廖宗信老师提供)

项目 16　茶叶中咖啡因的提取

一、项目内容分析

我国是世界的产茶大国，对于饮茶也有着悠久的历史。茶叶中含有的咖啡因具有增加肾脏血流量、强心、利尿、兴奋神经中枢、消除疲劳等作用，因此作为中枢神经兴奋药，应用前景广阔。

从茶叶中提取咖啡因是化学实验中的基础实验，它的重要价值在于，用纯物理的方法将茶叶中含有的咖啡因提取出来。在实验室里，常用的提取方法包括有机溶剂提取法、水-有机溶剂提取法、水提法等。提取好的物质经过蒸干得到提取物，提取物经过提纯就得到咖啡因。将茶叶中的咖啡因的提取和表征设计成项目式实验活动，作为有机化学实验和物质表征的素材，让学生利用分离提纯方法进行咖啡因的提取，能利用现代化的实验技术手段分析咖啡因的成分。学生在分析推理、质疑、猜想和设计等高阶思维中加深对分离提纯相关方法的理解，同时在项目式活动中培养了实验探究与证据推理等学科关键核心素养。

二、项目教学目标

(1)能掌握实验的操作方法，如索氏提取器的使用、升华法等。

(2)能根据提取物质的性质选择合适的溶剂提取目标物质，能优选合适的仪器对茶叶中的咖啡因进行提取。

(3)能遵守实验室规章制度，保持实验室整洁，对仪器、药品能合理使用和摆放有序，熟悉危险品的使用规范，知道突发事件的处理方法，养成严谨、实事求是的科学态度。

三、项目教学过程

任务 1　茶叶中的酸碱性和成分探究

[教师]我们常喝的茶水是酸性还是碱性呢？现有普洱茶、红茶、绿茶和白茶，请用 pH 试纸测定四种茶的 pH 并完成表 3-4-2。

表 3-4-2　不同茶叶的 pH 数据记录表

茶叶种类	不同时间内的 pH			
	5 min	15 min	30 min	720 min
红茶				
普洱茶				
白茶				
绿茶				

[学生活动]取红茶、普洱茶、白茶和绿茶分别放入 100 mL 烧杯中，加入 40 mL 热水浸泡，待冷却后，用玻璃棒蘸取茶水滴到 pH 试纸上，用标准比色卡对照，填写表格。

[学生分析]四种茶叶的 pH 范围在 5 至 7 之间，大多数为弱酸性，因为茶叶中含有一些没食子酸、酚类物质等显酸性的物质。

[教师]请利用所学的有机化学知识，设计实验方案证明茶叶中含有酚类物质。

[学生]利用有机官能团的性质检验，采用 $FeCl_3$ 溶液来检测酚羟基，若显紫色，说明含有酚羟基。可以采用浓溴水检验酚羟基，若有白色沉淀，则含有酚羟基。

[教师]茶水的酸碱性会不会影响人体的酸碱平衡呢？

[学生]人体的酸碱度维持在 7.35～7.45，而人体的酸碱平衡是靠体内外细胞液中一系列的离子来维持的，这是一个动态平衡的过程。维持人体酸碱平衡最重要的离子对是碳酸根和碳酸氢根离子，这对离子不受所食用的食物影响。

任务 2　提取茶叶中咖啡因方案的探究

[教师]茶叶中含有咖啡因，请设计实验流程提取茶叶中的咖啡因。

[学生活动]根据咖啡因的性质，设计实验方案提取物质。

[学生分析]茶叶中提取咖啡因的流程如图 3-4-6 所示。

图 3-4-6　咖啡因的提取流程示意图

[教师]咖啡因是弱碱性化合物，易溶于热水、乙醇、苯、氯仿，微溶于石油醚，应选择哪种提取液作为溶剂？

[学生]根据绿色化学思想，选择热水和乙醇进行提取。

[教师]按照提取方式不同可分为微波萃取、加热震荡浸提、超声提取等方式。观察图 3-4-7，分析选择茶叶提取的方式和使用乙醇的体积分数。

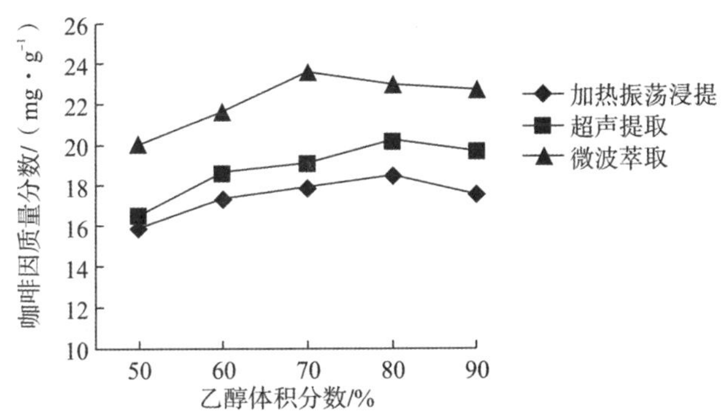

图 3-4-7　提取方法及乙醇体积分数对咖啡因提取效果的影响

[学生讨论分析]从上图可见，提取方法和乙醇体积分数对咖啡因提取效果存在不同程度的影响。当茶叶样品基本数据相同时，乙醇体积分数在加热振荡法下所产生的咖啡因质量最低，微波萃取方法效果最好，其具有操作简单、用时最短的特征。

[教师]实验室常采用索氏提取器提取茶叶中的咖啡因，如图 3-4-8 所示，分析该实验仪器的优点。

[学生]索氏提取器可实现连续的萃取，提取效率高。

[教师]如何判断提取充分？

[学生]当提取液变为浅色后，可判断提取充分。

[教师]请思考如何将乙醇提取液与咖啡因分离。

[学生]可以利用两者的沸点不同，采用蒸馏的方式将两者分开。

[教师]咖啡因易升华，请查阅相关资料，找到合适的实验装置将咖啡因和提取液中的一些生物碱和杂质分开。

[学生活动]查阅资料，找到如图 3-4-9 所示的升华装置。

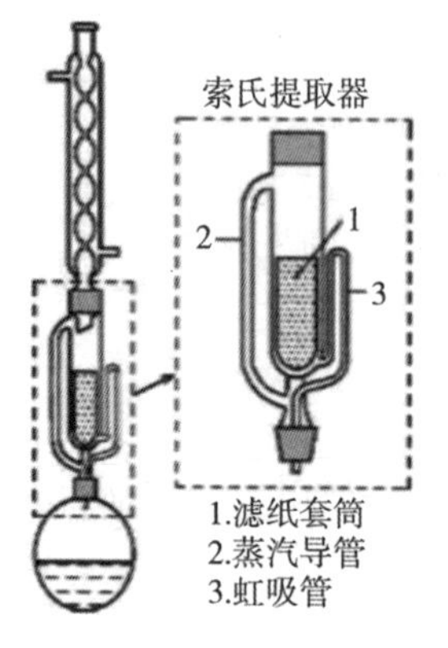

图 3-4-8 索氏提取器示意图

图 3-4-9 升华装置

任务3 茶叶中咖啡因的表征

[教师]每种官能团在红外光谱中都有一个特定的吸收区域，因此，从未知物的红外光谱中就可以准确判断有机化合物含有哪些官能团。如图 3-4-10 所示为咖啡因的红外光谱图，分析咖啡因所含有的官能团。

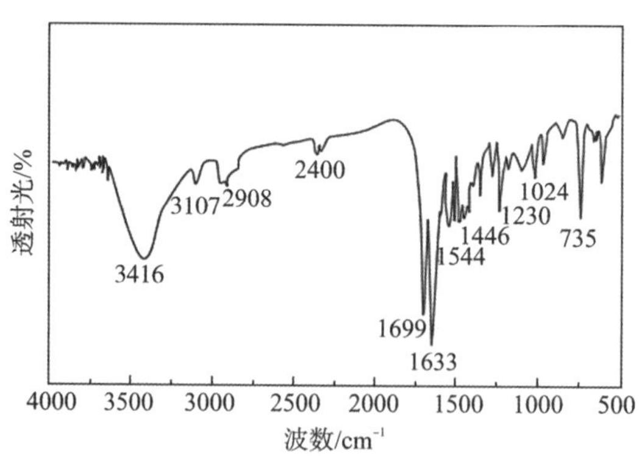

图 3-4-10 咖啡因的红外光谱

[学生]从红外光谱的吸收峰可知，咖啡因中含有酮羰基、氮碳双键。

[教师]通过质谱法测定有机化合物的相对分子质量。质谱图记录了有机化合物分子裂解碎片形成的带正电荷的各种离子的质量大小。一般最大的离子质量就是有机化合物的相对分子质量。咖啡因的质谱图如图 3-4-11 所示，请问咖啡因的相对分子质量是多少？

[学生]从咖啡因的质谱图可知，咖啡因的相对分子质量为 194，是有机小

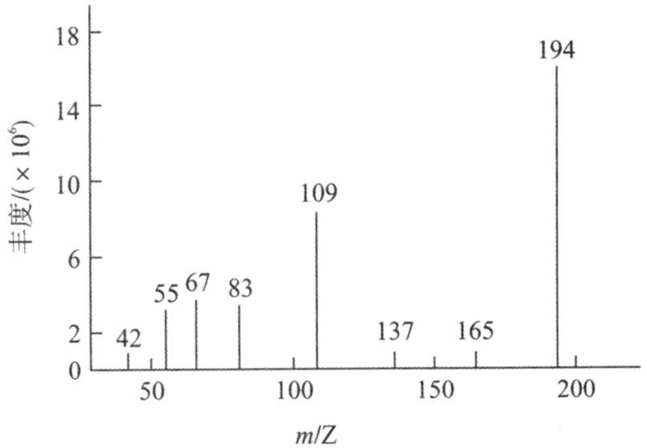

图 3-4-11　咖啡因的质谱图

分子。

[教师]利用核磁共振波谱仪得到的某种有机化合物的核磁共振谱，可以鉴定该有机化合物分子中含有的基团及基团的连接关系等。利用氢谱能够确定有机化合物分子中氢原子的个数及在碳骨架上的位置，进而推断出有机物的碳骨架结构。图 3-4-12 为咖啡因的氢谱图。请根据红外、质谱、核磁共振氢谱推测咖啡因的结构。

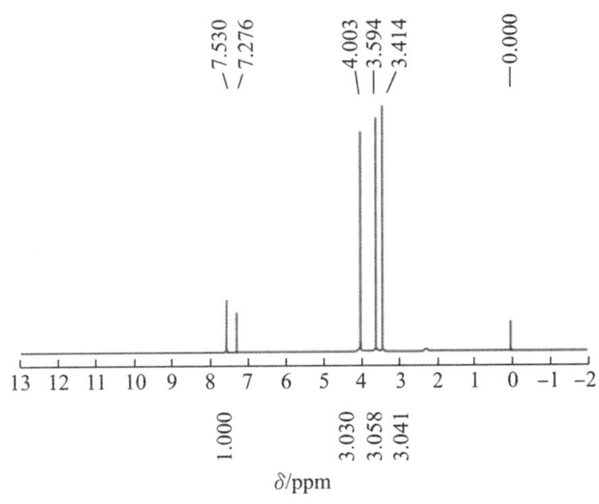

图 3-4-12　咖啡因的核磁共振氢谱图

[学生]从咖啡因的图形分析，咖啡因的结构如图 3-4-13 所示。咖啡因的结构中含有氮元素，可以结合水电离的氢离子，使得溶液呈碱性，因此咖啡因是碱性的。

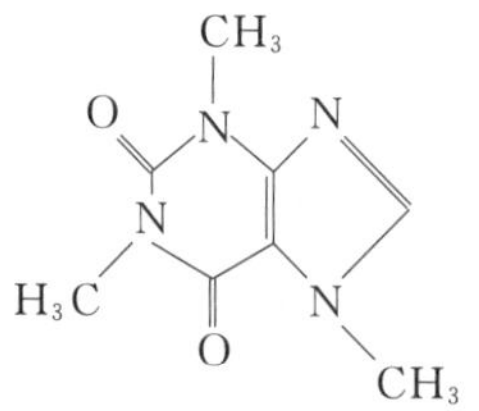

图 3-4-13　咖啡因的结构

［教师］工业上常以氰基乙酸为原料，经过缩合、硝化、甲基化等反应来合成咖啡因，如图 3-4-14 所示。

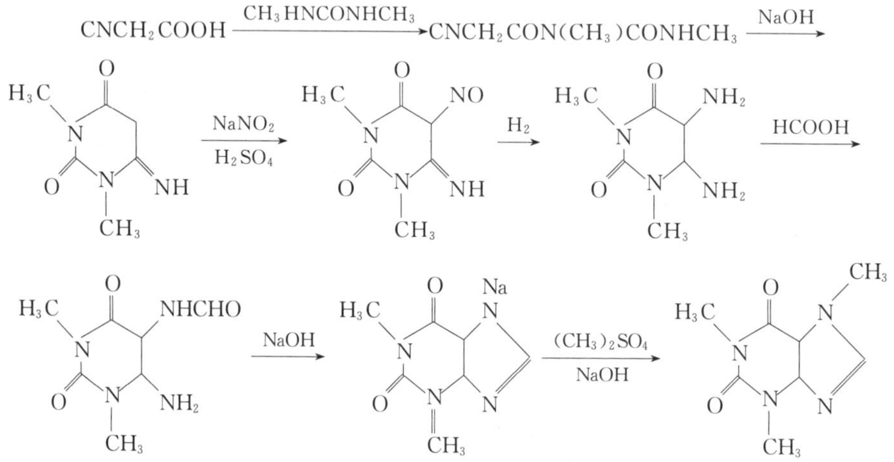

$$CNCH_2COOH \xrightarrow{CH_3HNCONHCH_3} CNCH_2CON(CH_3)CONHCH_3 \xrightarrow{NaOH}$$

$$\xrightarrow[H_2SO_4]{NaNO_2} \quad \xrightarrow{H_2} \quad \xrightarrow{HCOOH}$$

$$\xrightarrow{NaOH} \quad \xrightarrow[NaOH]{(CH_3)_2SO_4}$$

图 3-4-14　咖啡因合成方法

［学生活动］观察咖啡因的结构，请以氰基乙酸为原料，分析采用逆合成方法合成咖啡因的过程。

［教师总结］因工业上人工合成咖啡因的成本较高，常采用从茶叶中提取咖啡因的方式得到咖啡因。

四、项目教学反思

结构测定在研究和合成有机化合物中占有极其重要的地位。测定有机化合物的方法很多。实际上，用化学的方法来确定有机化合物结构的工作是相当复杂的。由于科学技术的发展，近代有机化合物结构的测定工作已大为改观。现代物理测试方法和仪器的出现，使人们能通过核磁共振谱（NMR）等快速准确地确定有机化合物分子的结构。

将提取茶叶中的咖啡因作为实验情境，把传统文化元素茶叶与高中化学联系紧密的问题融入实验情境，外显出化学的实际应用价值，增强对茶文化的理解认识，以培养学生的科学态度和社会责任感，这符合新课程的改革理念，同时推动传统文化创新性地发展。

附录十六　茶叶中的咖啡因的提取教材

- 任务1　茶叶中的酸碱性和成分探究
- 任务2　提取茶叶中咖啡因方案的探究
- 任务3　茶叶中咖啡因的表征

我国是世界的产茶大国，饮茶也有着悠久的历史。茶叶中含有的咖啡因具有增加肾脏血流量、强心、利尿、兴奋神经中枢、消除疲劳等作用，因此作为中枢神经兴奋药，应用前景广阔。

从茶叶中提取咖啡因是化学实验中的基础实验，它的重要价值在于，用纯物理的方法将茶叶中含有的咖啡因提取出来。在实验室里，常用的提取方法包括有机溶剂提取法、水-有机溶剂提取法、水提法等。提取好的物质经过蒸干得到提取物，提取物经过提纯就得到咖啡因。

实验目标

(1)基本技能：掌握实验的操作方法，如索氏提取器的使用、升华法等。

(2)实验研究方法：能根据提取物质的性质选择合适的溶剂提取目标物质，能优选合适的仪器对茶叶中的咖啡因进行提取。

(3)实验安全意识：能遵守实验室规章制度，保持实验室整洁，注意仪器、药品的合理使用和摆放有序，熟悉危险品的使用规范，知道突发事件的处理方法。

(4)科学精神与科学态度：养成严谨、实事求是的科学态度。

实验任务

任务1　茶叶中的酸碱性和成分探究

活动1.1　茶叶酸碱性的探究

【思考交流】

我们常喝的茶水是酸性还是碱性呢？现有普洱茶、红茶、绿茶和白茶，请用

pH 试纸测定四种茶的 pH。

分别取等少量的红茶、普洱茶、白茶和绿茶放入 100 mL 烧杯中，加入 40 mL 热水浸泡，待冷却后，用玻璃棒蘸取茶水滴到 pH 试纸上，用标准比色卡对照，填写的表格如表 1 所示。茶叶的 pH 范围在 5 至 7 之间，大多数为弱酸性，因为茶叶中含有一些没食子酸、酚类物质等显酸性的物质。

表 1　不同茶叶在不同时间内的 pH

茶叶种类	不同时间内的 pH			
	5 min	15 min	30 min	720 min
红茶	5	5	6	7
普洱茶	5	6	6	6
白茶	5	6	6	6
绿茶	5	6	6	6

活动 1.2　茶叶中其他物质的测定

【思考交流】

如何证明茶叶中含有酚类物质？

利用官能团的性质，采用 $FeCl_3$ 溶液来检测酚羟基，若显紫色，说明含有酚羟基。可以采用浓溴水检验酚羟基，若有白色沉淀，则含有酚羟基。

【思考交流】

茶水的酸碱性会不会影响人体的酸碱平衡呢？

人体的酸碱度维持在 7.35～7.45，而人体的酸碱平衡是靠体内外细胞液中一系列的离子来维持的，这是一个动态平衡的过程。维持人体酸碱平衡最重要的离子对是碳酸根和碳酸氢根离子，这对离子不受所食用的食物影响。

实验任务

任务 2　提取茶叶中咖啡因方案的探究

【讨论探究】

请设计流程提取茶叶中的咖啡因

茶叶中本身就含有咖啡因，设计方案将咖啡因从茶叶中提取出来，应该用物理的方法。设计的流程如图 1 所示。

图 1　咖啡因的提取流程示意图

【讨论探究】

请根据咖啡因的结构分析，从绿色化学的角度选择合适的提取咖啡因的溶剂。

咖啡因是弱碱性化合物，易溶于热水、乙醇、苯、氯仿等，微溶于石油醚。根据绿色化学思想，选择热水和乙醇进行提取。

【讨论探究】

按照提取方式不同可分为微波萃取、加热震荡浸提、超声提取等方式。观察图2，分析选择茶叶提取的方式和使用乙醇的体积分数。

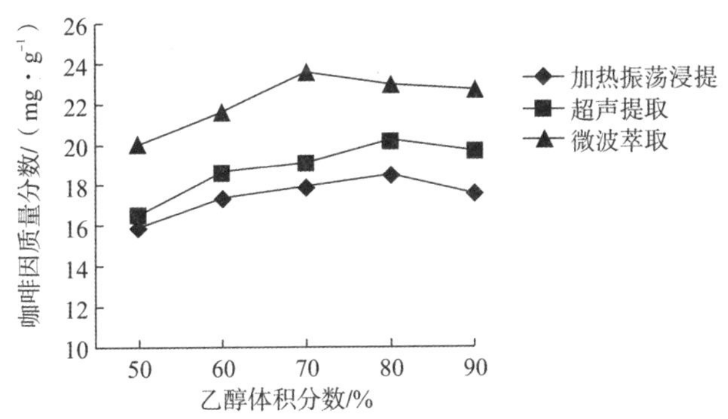

图2　提取方法及乙醇体积分数对咖啡因提取效果的影响

从图可见，提取方法和乙醇体积分数对咖啡因提取效果存在不同程度的影响。当茶叶样品基本数据相同时，乙醇体积分数为70%，通过微波萃取方式来提高咖啡碱的质量；当乙醇体积为80%时，依旧是利用微波萃取法所得到的咖啡碱质量最高；当乙醇体积小于70%时，加热振荡法所产生的咖啡因质量最低。从以上数据可知，当乙醇溶液体积在70%时，微波萃取方法效果最好，其具有操作简单、用时最短的特征。

【思考交流】

用什么仪器提取咖啡因，能够连续不断提取？

实验室常采用索氏提取器提取茶叶中的咖啡因，装置如图3所示。

【思考交流】

当提取液变为浅色后，可判断提取充分，请思考如何将乙醇提取液与咖啡因分离？

可以利用两者的沸点不同，采用蒸馏的方式将两者分开。

【思考交流】

咖啡因易升华，请设计实验装置，将咖啡因和提取液中的一些生物碱和杂质分开。

可以设计如图4所示的升华装置，在滤纸上扎上小孔，提取咖啡因。

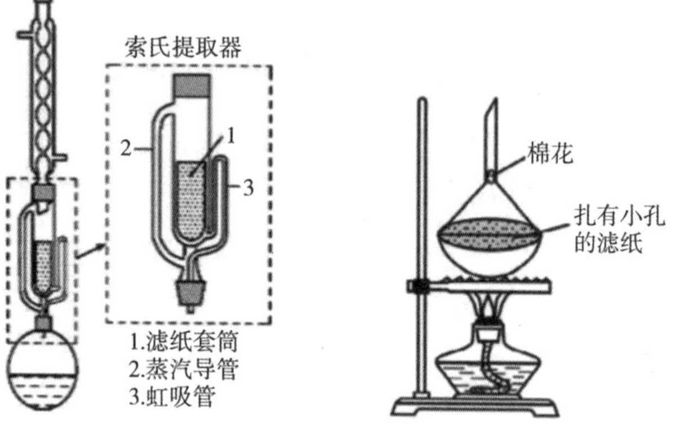

图3 索氏提取器示意图　　图4 升华装置

实验任务

任务3 茶叶中咖啡因的表征

结构测定在研究和合成有机化合物中占有极其重要的地位。测定有机化合物的方法很多。实际上，用化学的方法来确定有机化合物结构的工作是相当复杂的。由于科学技术的发展，近代有机化合物结构的测定工作已大为改观。现代物理测试方法和仪器的出现，使人们能通过核磁共振谱(NMR)等快速准确地确定有机化合物分子的结构。

【思考交流】

每种官能团在红外光谱中都有一个特定的吸收区域，因此，从一未知物的红外光谱中就可以准确判断有机化合物含有哪些官能团。图5为咖啡因的红外光谱图，请分析咖啡因所含有的官能团。

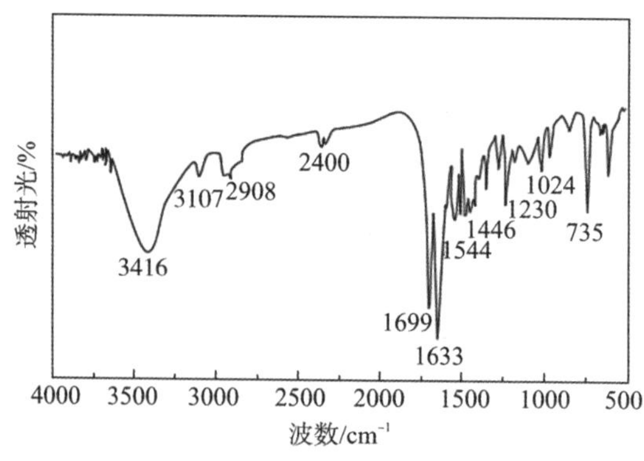

图5 咖啡因的红外光谱

从红外光谱的吸收峰可知，咖啡因中含有酮羰基、氮碳双键。

【思考交流】

通过质谱法测定有机化合物的相对分子质量。质谱图记录了有机化合物分子裂解碎片形成的带正电荷的各种离子的质量大小。一般最大的离子质量就是有机化合物的相对分子质量。图 6 为咖啡因的质谱图。咖啡因的相对分子质量为多少？

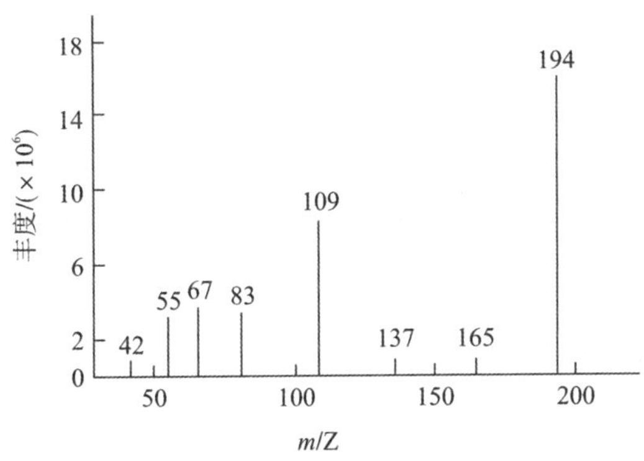

图 6　咖啡因的质谱图

从咖啡因的质谱图可知，咖啡因的相对分子质量为 194，是有机小分子。

【思考交流】

利用核磁共振谱仪得到的某种有机化合物的核磁共振谱，可以鉴定该有机化合物分子中含有的基团及基团的连接关系等。利用氢谱能够确定有机化合物分子中氢原子的个数及在碳骨架上的位置，进而推断出有机物的碳骨架结构。图 7 为咖啡因的氢谱图。请根据红外、质谱、核磁共振氢谱推测咖啡因的结构。

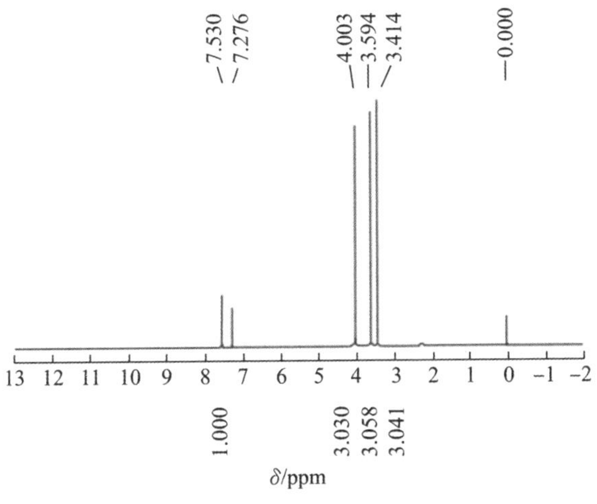

图 7　咖啡因的核磁共振氢谱图

咖啡因的结构如图8所示，其咖啡因的结构中含有氮元素，可以结合水电离的氢离子，使得溶液呈碱性，因此咖啡因是碱性的。

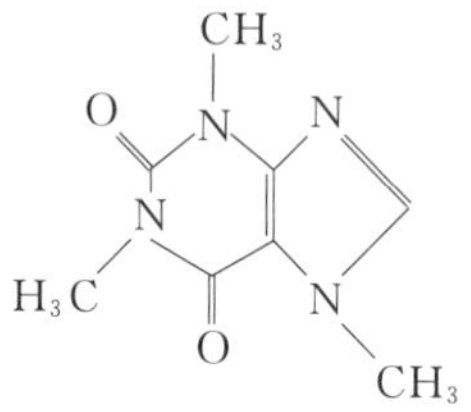
CH3
O
N
N
N
H3C
N
O
CH3

图8　咖啡因的结构

【思考交流】

观察咖啡因的结构，请以氰基乙酸为原料，分析采用逆合成法合成咖啡因的过程。

工业上常以氰基乙酸为原料，经过缩合、硝化、甲基化等反应来合成咖啡因，如图9所示，但因工业上人工合成咖啡因的成本较高，常采用从茶叶中提取咖啡因的方式得到咖啡因。

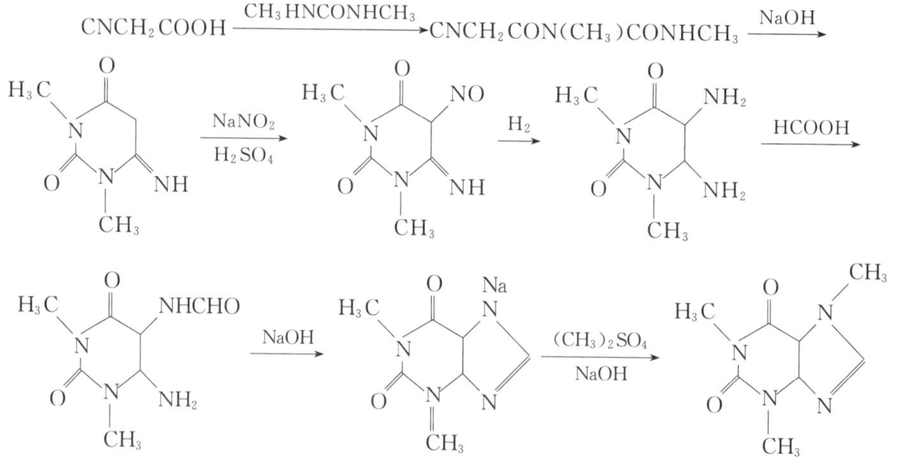
CNCH2COOH
CH3HNCONHCH3
CNCH2CON(CH3)CONHCH3
NaOH
NaNO2
H2SO4
H2
HCOOH
NO
NH2
NH
NHCHO
NaOH
Na
(CH3)2SO4
NaOH

图9　咖啡因合成方法

【项目总结】

将提取茶叶中的咖啡因作为实验情境，把传统文化元素“茶叶”与高中化学联系紧密的问题融入实验情境，外显出化学的实际应用价值，增强对茶文化的理解认识，以培养学生的科学态度和社会责任感，这符合新课程的改革理念，能推动传统文化创新性地发展。

（该项目由韩晓老师提供，韩晓老师是市级学科带头人培养对象，曾获省优质课、市课堂创新大赛二等奖）

第四章≫

基于真实情境的实验教学评价

第一节　基于真实情境的实验教学过程性评价

一、过程性评价的概念

过程性评价最早是由美国评价专家斯克里芬提出的，之后在不同国家有不同程度的开展。美国著名学者布鲁姆将过程性评价运用于教育评价实践中，帮助教师找出了用于改善终结性评价的方法和措施，使得现代教育评价理论得以发展。美国学者斯塔弗尔比姆在提出的 CIPP 模式中解释道："过程性评价是对事先设计并确定好的方案实施过程的评价，其目的是让制定方案者发现方案中存在的问题，进而不断优化计划方案。"

我国张曙光教授在其《过程性评价的哲学诠释》一文中从哲学的角度对过程性评价的含义进行解释，他认为使用"过程性评价"可以激勉学生的学习动机，改进学习措施，优化学习成效，借以优化学习者的学习过程、调整教师的教学策略从而实现教学过程和学习过程价值增值的活动。

过程性评价着重于对学生智力因素及与发展密切相关的非智力因素的过程性结果的处理，并即时或及时地对学生学习成效做出判定和反馈。而且它强调教学的主体——学生也参与到评价中，不是被动地接受来自教师的价值评判，而是主动地通过了解自身的学习状态去进行自我反思、反省，因此学生学习评价也是学习的一部分。过程性评价注重学生的可持续发展，不是"一考定音"，符合终身学习的理念。

二、过程性评价的特点

(一)注重学习过程的延续性

教学活动和学习进程是持续动态改变的,过程性评价也随着进程的改变而不断发展,具有时间上的延续性和完整性。如杜威所指出的,“对于学习者来说,每个学习终点都是一个新的起点,每个起点都来自之前的学习终点”。

(二)注重学生的个体差异性

因为学生的生理和心理素质、个人能力、个性特点、生活环境、兴趣爱好、价值取向等都是不同的,所以学生的个体发展必然存在差异。学生在相同的学习进程中会选取各式各样的方式去完成知识构建,各异的学习方式可能会引起不同的学习成效。在新课程改革标准要求下的学生观重点提到要“以人为本”,即“一切都是为了学生更好地发展”,通过明确学生存在的个体差异,教师可以把控各个学生个体之间发展的特点而采取不同的措施。对于学生做得好的方面,教师予以表扬称赞,使其继续保持,做得不尽如人意的,予以及时纠正。

(三)注重评价主体的多元化

不同的评价主体给出的评价信息也在一定程度上存在差异,因为当评价主体处在不同的情境或具有不同的需求时,其情绪状态和判断能力会受到影响,最终则会造成有差异的评价结果。所以若想得到接近于真实的评价信息,必须改变学生在课堂中一直作为被评判的对象的状况,引导学生也转变成参与评价的主体,从而能得到更加客观、全面、科学的评价信息。

(四)注重反馈结果的指导性

评价的目的是使学习者了解自己目前的学习现状,从而及时调整学习方法,尽最大可能优化自己的学习效果,因此评价后收到的信息要及时反馈给学生。通过在评语中提出对于学生的发展具有一定指导性的合理建议,帮助学生认识到自身学习的不足及长处,因势利导使学生的发展有更大的成效。

三、高中实验教学进行过程性评价的流程

实验是化学学科的基础，要进行基础教育改革，对于化学学科而言，实验的教、学、评一定备受关注。过程性评价作为教学的重要组成部分，因其自身具有导向、激励、反馈等功能，能帮助教师了解学习者在学习过程中的各项表现情况，从中察觉学生的所长和所短，通过即时或及时的反馈，使学习者调整自身学习情况、学习策略，从而尽可能地达到自我实现、自我发展，同时也为教师的下一阶段的教学计划制定提供依据。

实验教学中过程性评价可以采用的流程如下：

(1)实验进行前，教师和学生仔细阅读评价标准表和此次实验的评价量表内容。

(2)实验过程中，教师评估并收集各种途径观察到的学生信息。

(3)实验结束后，学生回顾自己完整的实验过程中的各项表现情况及与小组成员讨论时其他同学的表现情况，依据评价量表的评价内容进行打分并写出个人小结。

教师在收齐学生的评价量表后根据学生的打分算出各项比例，依据比例情况结合实验过程中收集到的信息为学生写下总结性评语，最后结合整体情况为学生给出一个综合等级：优秀、良好、及格或者不及格。

四、高中实验教学进行过程性评价的工具

目前常见的过程性评价工具有以下几种：①学生学习日志；②评价量表；③自我总结汇报表；④教师观察轶事记录表；⑤角色扮演和模拟；⑥诊断式谈话表。化学实验教学中采用评价量表，操作性强，且直观性好。

评价量表依据实验探究的环节制定。评价维度是对学生表现的一种提炼和概括，也是制定评价标准和评价内容的基础，评价量表中的评价维度可从七个方面评价：实验知识、实验方案设计、实验探究过程、实验操作技能、实验探究结果、被评价者对待实验的态度、被评价者小组表现情况。基础评价标准如表4-1-1所示。

表 4-1-1　基础评价标准表

评价维度	评价项目	评价标准(1～5分)
实验知识	1. 能否提出具有探究意义的化学问题,并比较明确地表示	①既能提出又能明确表示(5分) ②能提出但表达不准确(2～4分) ③不能提出(1分)
	2. 能否本人或在他人启发下对提出的实验问题做出假设,并清楚表达	①既能做出假设又能明确表示(5分) ②能做出假设但表达不准确(2～4分) ③不能做出假设(1分)
	3. 能否基于现有知识经验对假设进行初步论证,并得到明确说明	①既能进行初步论证又能明确表示(5分) ②能进行初步论证但表达不准确(2～4分) ③不能进行初步论证(1分)
	4. 能否写出此次实验的实验目的	①能正确写出实验目的(5分) ②不能正确写出实验目的(1分)
	5. 能否写出此次实验的原理	①能正确写出实验原理(5分) ②不能正确写出实验原理(1分)
	6. 能否完整详细地写出这个实验的注意事项	①能完整详细写出实验注意事项(5分) ②能部分写出注意事项(2～4分) ③不能写出实验注意事项(1分)
实验方案设计	1. 设计的实验方案是否明确指向实验目的	①完全明确实验目的(5分) ②基本指向实验目的(2～4分) ③不能指向实验目的(1分)
	2. 能否根据正确的实验原理选择充分且可执行的方法	①能选择充分且恰当的实验方法(5分) ②能选择一些可执行的实验方法(2～4分) ③不能选择充分且恰当的实验方法(1分)
	3. 能否根据正确的实验原理选择充分且合理的药品和仪器	①能选择充分且合理的药品和仪器(5分) ②能选择部分合理的药品和仪器(2～4分) ③不能选择充分且合理的药品和仪器(1分)
	4. 设计的实验方案是否易操作且经济环保	①易操作且经济环保(5分) ②易操作但不经济环保(2～4分) ③不能操作也不经济环保(1分)

续表

评价维度	评价项目	评价标准(1～5分)
实验探究过程	1. 能否按照先前设计的方案安全、规范、顺利地进行实验	①完全按照设计安全、规范、顺利地进行实验(5分) ②部分按照设计安全、规范、顺利地进行实验(2～4分) ③不能按照设计安全、规范、顺利地进行实验(1分)
	2. 能否如实地记录观察的实验现象或实验数据	①完全能如实记录(5分) ②部分如实记录(2～4分) ③不能如实记录(1分)
实验操作技能	1. 能否正确连接和使用仪器	①能正确连接和使用(5分) ②出现部分错误(2～4分)
	2. 能否正确进行药品的取用	①能正确进行药品的取用(5分) ②出现部分错误(2～4分)
	3. 能否正确运用相关实验方法	①能正确运用(5分) ②出现部分错误(2～4分)
实验探究结果	1. 能否正确分析和处理收集的实验数据或现象	①能进行正确的分析和处理(5分) ②只能分析处理一部分(2～4分)
	2. 若假设与实验结果间有差别存在,能否分析造成原因	①能进行分析(5分) ②只能分析处理一部分(2～4分)
	3. 能否达到实验目的	①达到实验目的(5分) ②未达到实验目的但能分析出问题点(2～4分) ③未达到实验目的也不能分析出问题点(1分)
	4. 能否总结归纳出正确结论	①能总结归纳出正确结论(5分) ②不能总结归纳出正确结论但能意识到原因(2～4分) ③不能总结归纳出正确结论也不能意识到原因(1分)
被评价者对实验的态度	1. 是否对实验探究充满积极的兴趣	①非常感兴趣(5分) ②有一些兴趣(2～4分) ③十分消极被动(1分)
	2. 实验过程中若遇到问题时的态度	①积极寻找解决方法(5分) ②忽视问题不解决(2～4分)

续表

评价维度	评价项目	评价标准(1～5分)
被评价者小组表现情况	1. 能否积极参与小组合作实验	①能积极参与(5分) ②消极怠慢不愿意参与(1分)
	2. 在小组中能否认真完成自己的分工	①能认真完成(5分) ②消极怠慢不愿完成(1分)
	3. 能否尊重小组成员,认真倾听并思考其他同学的观点	①能认真倾听并思考(5分) ②不能认真倾听并思考(1分)
	4. 能否用于发表自己的观点	①能(5分) ②不能(1分)

泰勒认为“连续反馈评价可以形成学生与学习之间的良性循环体系,反馈出需要改进的问题也与未来的学习发展密切相关”。

以过程促进结果,以结果反思过程。学生是课堂教学活动和学习活动的主体,在化学实验教学过程中,通过反馈评价信息来帮助学生修正实验学习过程,提高学生实验探究能力。

第二节　基于真实情境的实验教学试题评价

一、问题的提出

《普通高中化学课程标准(2017年版2020年修订)》指出,应树立以“素养为本”的化学学习评价观,紧紧围绕化学学科核心素养的发展水平和化学学业质量标准来确定化学学习评价目标。而核心素养中的“科学探究与创新意识”“科学态度与社会责任”素养的评价就必须依托化学实验这一重要载体。

当前在各类化学考试评价中,笔试型实验试题仍是考查实验能力的主要形式。正因为如此,一些学校的学生平时很少有真正的化学实验活动,教师在教学中往往以“黑板实验”“叙述实验”代替了真实的化学实验。学生在考试时,仅仅依靠“背诵实验”“想象实验”来解答笔试型实验试题也获得了不低的分数,这就使化学实验能力与相应学科素养的评价陷入了一种尴尬境地。如何把握“素养”“情境”“问题”“知识”的相互联系,构建以化学学科核心素养为导向的实验试题命题框架，使笔试型实验试题能有效地评价学生的实验能力与素养，从而对教学产生重视实验、关注过程、探究方法的正确导向是当前的化学教学的研究热点和热门话题①。

我们以新高考方案实施以来，2021 年各个试验区高考化学试题（因浙江与上海考试与命题模式和其他地区有较大区别，未纳入研讨范围）为研究对象，从实验题分值比重统计入手，然后再一一对考查方法、内容、知识点、学科思想、核心素养等进行分析，最后把所有结果进行归纳分析，揭示课程标准发布以来高考化学实验题的命题特征。

二、分析框架

（一）试卷结构与情境素材

从化学实验题考查形式来看，填空题都是只有一题，但是进入单独命题后，实验试题的题目数目与分值较往年有明显增加，通常在 20 分以上。各地高考实验试题所涉及的情境素材如表 4-2-1 所示。

表 4-2-1　高考实验试题所涉及的情境素材

省份	题号	题型	素材
全国甲卷	T9	选择题	实验室典型气体制备方法研究
	T27	填空题	胆矾（$CuSO_4 \cdot 5H_2O$）的制备及其结晶水的含量的测定
全国乙卷	T8	选择题	实验室典型气体制备试剂选择
	T27	填空题	通过氧化剥离石墨制备氧化石墨烯
福建	T4	选择题	古法制备硝酸流程
	T7	选择题	实验装置图分析
	T12	填空题	$NaNO_2$ 与 NH_4Cl 反应速率测定实验
北京	T5	选择题	实验室典型气体制备方法研究
	T6	选择题	二氧化硫与水反应实验探究
	T16	填空题	$Ag^+ + Fe^{2+} = Fe^{3+} + Ag\downarrow$ 反应平衡常数测定

① 何文，英华，康宁，等.化学“科学探究与创新意识”的评价与思考：以 2020 年天津市高中学业水平等级性考试化学学科为样本[J].考试研究，2021(3)：3-13.

续表

省份	题号	题型	素材
天津	T6	选择题	实验仪器选择
	T15	填空题	氧气制备与 C_2H_5OH 氧化探究实验
江苏	T3	选择题	废铜屑制取 $CuSO_4 \cdot 5H_2O$ 实验装置分析
	T17	填空题	以软锰矿粉制备 MnO_2
辽宁	T8	选择题	常见离子检验
	T9	选择题	实验方案正误判断
	T18	填空题	Fe_3O_4 磁性材料的制备
山东	T3	选择题	实验仪器用途分析
	T7	选择题	蔗糖水解产物检验
	T8	选择题	无水亚硫酸氢钠制备
	T11	选择题	实验仪器与试剂选择
	T18	填空题	六氯化钨的制备与测度测定
湖南	T3	选择题	实验方案正误判断
	T11	选择题	1-溴丁烷的制备
	T15	填空题	碳酸钠的制备与碳酸氢钠含量测定
广东	T7	选择题	浓硫酸含量测定
	T12	选择题	实验方案正误判断
	T17	填空题	氯气的制备与氯化银电导率的测定
海南	T3	选择题	实验室常见气体制备
	T6	选择题	常见离子鉴别
	T14	选择题	实验方案正误判断
	T15	填空题	无水三氯化铁的制备
	T17	填空题	亚硝酰氯制备

而从题设的实验素材来看，命题者注重选择实验探索情境素材，利用典型化学物质的制备方法、物质鉴别、含量的测定等实验内容，综合考查学生的实验探究能力和创新精神，但是题型的变化很大，跨度大、覆盖面广、形式灵活多变。从选择题的命题角度上来看，题设中也开始出现问题情境，不再是以往常见并列式的选项，四个选项都是针对同一问题情境。当然，为了追求知识点的覆盖，选择题中选用实验装置图分析、实验方案正误判断等常见命题模式依然存在。

(2021·湖南)1-丁醇、溴化钠和70%的硫酸共热反应，经过回流、蒸馏、萃取分液制得1-溴丁烷粗产品，装置如图4-2-1所示：

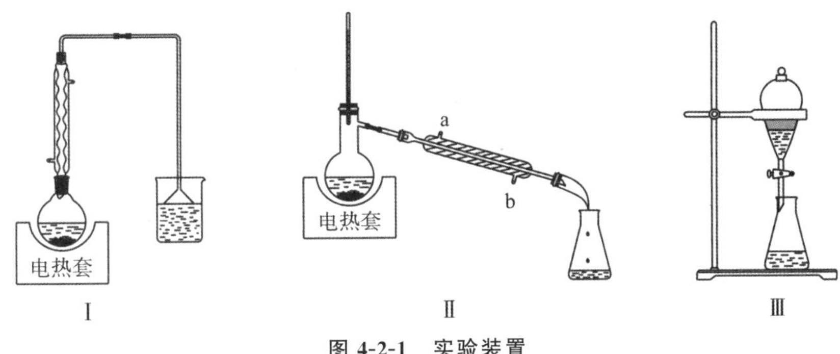

图4-2-1　实验装置

已知：$CH_3(CH_2)_3OH + NaBr + H_2SO_4 \xrightarrow{\triangle} CH_3(CH_2)_3Br + NaHSO_4 + H_2O$

下列说法正确的是(　　)。

A.装置Ⅰ中回流的目的是减少物质的挥发，提高产率

B.装置Ⅱ中a为进水口，b为出水口

C.用装置Ⅲ萃取分液时，将分层的液体依次从下放出

D.经装置Ⅲ得到的粗产品干燥后，使用装置Ⅱ再次蒸馏，可得到更纯的产品

本题主要考查学生对物质制备与分离提纯等实验操作，涉及素材并非教材已有内容，需要学生通过学习过的有机制备实验进行迁移应用。以选择题的形式多角度考查一个实验素材，学生需要综合考虑整道题的问题情境，而非以往四个选项彼此孤立。这样的命题视角对学生的实验探究能力、信息能力提出了更高的要求，也更加有利于对学生的实验素养的评价。

(二)信息表达形式

这些题目的呈现方式如表4-2-2所示。有流程图、数据表、文字表达、函数曲线、化学用语，学生既可以养成分析处理数据、图像识别等多方面的能力，体现核心素养中“证据推理与模型认知”的要求；还能在众多数据及图表中自主提取有用信息，将其内化为自身的化学素养与能力。

表4-2-2　高考试题呈现方式

省份	文字表达	化学用语	数据表	函数曲线	装置图	流程图
全国甲卷	2	0	0	0	0	1

续表

省份	文字表达	化学用语	数据表	函数曲线	装置图	流程图
全国乙卷	1	0	0	0	2	0
福建	1	1	1	0	2	1
北京	1	1	0	0	4	0
天津	1	1	0	0	3	0
江苏	1	0	0	1	2	1
辽宁	2	0	0	0	2	1
山东	2	0	0	0	2	1
湖南	2	1	1	0	2	1
广东	2	0	1	0	2	1
海南	5	1	0	0	1	1

(2021·海南)无水 $FeCl_3$ 常作为芳烃氯代反应的催化剂。某研究小组设计了如下流程,以废铁屑(含有少量碳和 SiO_2 杂质)为原料制备无水 $FeCl_3(s)$。

已知:氯化亚砜($Cl—\overset{O}{\overset{\|}{S}}—Cl$)熔点 -101 ℃,沸点 76 ℃,易水解。

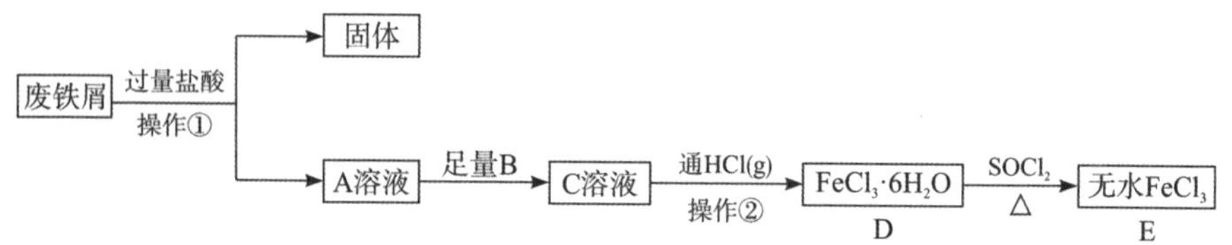

回答问题:

(1)操作①是过滤,用到的玻璃仪器有烧杯、玻璃棒和__________。

(2)为避免引入新的杂质,试剂 B 可以选用__________(填编号)。

A.$KMnO_4$ 溶液　　B.Cl_2 水　　C.Br_2 水　　D.H_2O_2 溶液

(3)操作②是蒸发结晶,加热的同时通入 HCl(g)的目的是__________。

(4)取少量 D 晶体,溶于水并滴加 KSCN 溶液,现象是__________。

(5)反应 D→E 的化学方程式为__________。

(6)由 D 转化成 E 的过程中可能产生少量亚铁盐,写出一种可能的还原剂__________,并设计实验验证是该还原剂将 Fe^{3+} 还原:__________。

以无水氯化铁制备为素材,考查学生对常见实验操作的理解,以实验流程图代替以往的实验步骤描述,相当于将原有的工业流程以及实验题相结合,学生需要对流程图中物质的状态、转化进行分析，除了海南高考试题中出现外，广东、湖南、福建等的实验试题中也出现类似的形式，对学生的信息提取能力提出了更高的要求。

（三）核心素养考查

高考化学实验题对学科核心素养的考查可从四个维度进行统计，内容详见表 4-2-3。通过以上的分析可以看出，化学实验题在考查学科核心素养时，科学探究与创新意识所占的比重最大，这与中学提倡培养学生的实验探究能力和创新能力的教学情况相符合。其次是证据推理与模型认知，是科学认证的基础证据推理能力的培养，能为学生今后解决社会问题提供帮助，科学态度与社会责任所占比重也不能忽视，这是因为具有严谨求实的科学态度是学生进行化学实验的首要条件。

表 4-2-3 高考化学实验题对学科核心素养的考查

省份	变化观念与平衡思想	证据推理与模型认知	科学探究与创新意识	科学态度与社会责任
全国甲卷	0	0	2	1
全国乙卷	0	0	2	1
福建	1	1	2	0
北京	1	4	2	0
天津	0	0	2	0
江苏	0	2	2	1
辽宁	0	2	2	1
山东	0	0	5	0
湖南	0	0	4	0
广东	0	2	2	0
海南	0	1	4	0

（2021·广东）某合作学习小组进行以下实验探究。

①实验任务。通过测定溶液电导率，探究温度对 AgCl 溶解度的影响。

②查阅资料。电导率是表征电解质溶液导电能力的物理量。温度一定时，强电解质稀溶液的电导率随溶液中离子浓度的增大而增大；离子浓度一定时，稀溶液电导率随温度的升高而增大。25 ℃时，$K_{sp}(AgCl)=1.8\times10^{-10}$。

③提出猜想。

猜想 a：较高温度的 AgCl 饱和溶液的电导率较大。

猜想 b：AgCl 在水中的溶解度 $S(45\ ℃)>S(35\ ℃)>S(25\ ℃)$。

④设计实验、验证猜想。取试样Ⅰ、Ⅱ、Ⅲ(不同温度下配制的 AgCl 饱和溶液)，在设定的测试温度下，进行表 4-2-4 中实验 1～3，记录数据。

表 4-2-4　实验 1～3 数据

实验序号	试样	测试温度/℃	电导率/(μS/cm)
1	Ⅰ：25 ℃的 AgCl 饱和溶液	25	A_1
2	Ⅱ：35 ℃的 AgCl 饱和溶液	35	A_2
3	Ⅲ：45 ℃的 AgCl 饱和溶液	45	A_3

⑤数据分析、交流讨论。25 ℃的 AgCl 饱和溶液中，$c(Cl^-)=$__________ $mol \cdot L^{-1}$。

实验结果为 $A_3>A_2>A_1$。小组同学认为，此结果可以证明③中的猜想 a 成立，但不足以证明猜想 b 成立。结合②中信息，猜想 b 不足以成立的理由有__________。

⑥优化实验。小组同学为进一步验证猜想 b，在实验 1～3 的基础上完善方案，进行实验 4 和实验 5。请在答题卡上完成表 4-2-5 中内容。

表 4-2-5　实验 4、5 数据

实验序号	试样	测试温度/℃	电导率/(μS/cm)
4	Ⅰ	________	B_1
5	________	________	B_2

⑦实验总结。根据实验 1～5 的结果，并结合②中信息，小组同学认为猜想 b 也成立。猜想 b 成立的判断依据是__________。

以氯化银的电导率与温度的关系为探究内容，由于电导率是学生并未学习过的知识，题中给出充足的信息，介绍了电导率的原理以及影响因素，引导学生进行思维实验，要求学生在原有实验方案的基础上对实验方案进行补充，并需要根据实验结果预测实验现象。以某一实验异常现象或者某种物质性质的影响因素为实验研究目标的探究类实验，在北京、福建等地高考试题中也出现了，此类实验大题相对于传统的制备、分析实验更能考查学生的“科学探究”以及“证据推理”两大素养。同时容易在试题设计的过程中，设置实验方案以设计此类开放性问题，考查学生的创造性思维，体现创新意识。

三、高考化学实验题的特征

基于上文的统计可以看出，核心素养导向下的高考化学实验题有以下特点。

（一）注重化学实验基础知识与基本技能的考查

高考化学实验题很注重学生化学实验基础知识与基本技能的考查，例如，高考内容对实验的基本操作，仪器及实验操作，试剂的存放，物质的分离提纯、蒸馏、萃取等操作考查得较多。作为化学学习中的基本技能，这些实验操作都是以选择、填空的方式进行命题的，要求学生用文字表达平时所做的操作；考查的知识点大部分来源于教科书，内容大多是化学实验基础知识。

（二）关注学生社会责任感的培养

“科学态度与社会责任”是高中化学核心素养之一，从近三年的高考化学实验题可以看出，除了考查学生的“双基”，高考化学十分强调并鼓励学生应用化学知识去解决社会相关问题，关注学生科学态度与社会责任感的养成。这些主题都强调了环境保护、节约资源的重要性，很大程度上增强了学生的社会责任感。

（三）重视科学探究能力的养成

科学探究既是化学核心素养的重要内容，也是新高考化学命题的趋向。为了考查学生的探究能力，命题人员设计化学实验题常见的思路是：要求学生根据题目给出的信息，提出假设与猜想，并根据探究的目的，设计出合理的实验方案，运用简单的实验仪器与药品完成实验，验证提出的假设与猜想是否正确。通过探究实验，既能提高学生的实验能力和操作能力、信息处理能力、综合分析能力，又能促进化学实验的教学功能由单纯的知识传递转化为学生核心素养的培养。

四、启示与建议

随着高考改革的深入与普通高中化学课程标准的修订与实施，考试评价将更加注重对学生学科核心素养的考查与培养。高考化学实验题除了关注基础知识与基本技能的综合应用,更注重学生科学探究能力与社会责任感的养成;除了要求学生具备实验探究能力,更注重学生全面、可持续发展意识的培养。

(一)夯实"双基",重视科学素养的教育

学生无论是体验科学探究过程、掌握科学方法,还是形成科学态度和价值观,都离不开化学学科的基础知识和基本技能。而学生一旦掌握了科学方法,形成了科学探究方法与技能后,又可以促进化学学科基础知识与基础技能的形成。

在以往的化学教学中,实验教学常游离于"双基"教学之外,其多停留在少数演示实验的简单展示或分组实验的机械模仿上,学生多习惯于验证性实验,对基础知识和基本技能没有形成系统性的认识。基于繁杂的知识点和技能操作要求,我们将实验进行分类,进行单元教学,共分为实验基本操作、物质制备、分析实验、探究实验四个大单元,将化学实验各个知识点和操作要求串联起来,依据化学核心素养的要求,帮助学生构建化学实验知识和技能体系。

(二)联系实际,重视化学的学科价值

《普通高中化学课程标准(2017 年版 2020 年修订)》明确提出:化学教学要使学生体验科学探究的乐趣,教育学生珍惜资源、爱护环境,关注与现代社会有关的化学问题,增强对自然和社会的责任感。基于此,化学实验教学应该渗透 STSE 教育理念,提高学生对科学相关社会问题的判断力,培养学生节约资源、保护环境、低碳生活等可持续发展意识。

我们在实验课程素材的选择上关注社会热点问题,并与化学实验结合起来,鼓励学生从已有的经验和认知的角度去解决与化学有关的社会问题,如碘盐中碘元素存在形式的判断、肥皂的制备、水中溶解氧的测定、新型电池的组装、天然化合物的提取等。引导学生了解化学在日常生活中的重要性,学会利用化学知识去解决社会生活中的一些问题,感受化学的实用性和价值,提高实验教学的实践性与应用性。

(三)侧重创新,重视探究能力的考查

探究能力和创新能力是化学实验教学不可忽视的内容。作为近年高考化学实验题考查的热点,实验探究和创新能力的养成并非一蹴而就,需要在日常的实验教学中有意识增加探究性实验的教学内容。因此我们课程中全部实验

都以项目式学习的形式呈现，都不是直接给出实验方案，而是需要学生通过资料研读、分析讨论后设计出实验方案并交流展示，在教师的指导以及确认实验方案的可行性后再进行实验。让学生自己设计实验、动手实验、观察现象、分析数据，在化学实验中探寻现象的本质和问题的解决方案，提高学生化学实验操作的积极性。

参考文献

[1]欧阳志斌，张贤金.将教科书习题转化成实验探究活动的设计与实施[J].现代中小学教育.2022(3)：42-47.

[2]黄国清，潘祥泰，张贤金，等.高中化学实验教学现状分析、模式创新及改进建议[J].中小学实验与装备.2021(5)：19-21.

[3]宋心琦.化学实验教学改革建议之一.化学教学[J].2012(4)：2-4.

[4]李吉林.情境教学实验与研究[M]，成都：四川教育出版社，1990.

[5]解凯彬.生物课程与教学研究[M].南京：南京师范大学出版社，2013.

[6]刘知新，王祖浩.化学教学系统论[M].南宁：广西教育出版社，1988.

[7]毛会娟.高中生物课堂中情境教学的实践研究[D].南京：南京师范大学，2011.

[8]罗蒂固.情境教学在中学化学教学中的实践研究[D].广西师范大学，2013.

[9]吴星.对高中化学核心素养的认识[J].化学教学，2017(5)：3-7.

[10]孙同明，李广洲.问题解决教学与中学化学实验[J].中学化学教学参考，2003(Z1)：10-12.

[11]王磊、胡久华.中学化学实验问题解决心理机制的初步研究[J].化学教育，2000(5)：11-13.

[12]惠海涛.化学课堂教学中驱动性问题的设计策略[J].化学教学，2018(10)：57-60.

[13]王伟，王后雄.《普通高中化学课程标准(2017年版)》中“情境素材建议”内容特点及使用建议[J].化学教学，2018(10)：15-19，26.

[14]黄恭福，邹海龙.学科核心素养视域下的中学化学实验教学研究综述[J].化学教学，2020(2)：25-29.

[15]崔鹏，王祖浩.化学实验项目式学习的设计与实施：以“探究深、浅呼吸呼出气体中氧气含量的差异”为例[J].化学教学，2020(6)：30-35.

[16]朱立峰.谈谈化学实验技能的培养[J].化学教育，2002(Z1)：66-67，82.

[17]范杰.化学教育学[M].杭州:浙江教育出版社,1992.

[18]康午生.中学生化学实验技能的形成与训练的研究[D].西南师范大学,2000.

[19]秦瑾若,傅钢善.STEM 教育:基于真实问题情景的跨学科式教育[J].中国电化教育,2017(4):67-74.

[20]余胜泉,胡翔.STEM 教育理念与跨学科整合模式[J].开放教育研究,2015,21(4):13-22.

[21]卢苗苗,郑雅君,占小红.STEM 教育理念在高中有机化学教学重点饿渗透—以“柠檬精油的提取工艺”为例[J].化学教学,2018(7):45-50.

[22]董志强,吕银云,任艳平.对“硫酸亚铁铵制备”实验的再认识—批判性思维教育的最好案例之一[J].大学化学,2018,(9):88-94.

[23]余丽琼.乙醇-水-硫酸亚铁铵三元体系相图研究[J].太原师范学院学报(自然科学版),2008,(3):119-120.

[24]曾昭琼.有机化学:下[M].4 版.北京:高等教育出版社,2004.

[25]王海勋,薛德兴.乙酸乙酯制备中催化剂的探讨[J].化学教学,2009(10):106-108

[26]王磊.普通高中教科书.化学必修第二册[M].济南:山东科学技术出版社,2019.12:57-58.

[27]中华人民共和国教育部.普通高中化学课程标准(2017 年版 2020 年修订)[S].北京:人民教育出版社,2020:32.

[28]郑益哈.优化整合实验 提高课堂效率——“化学反应速率”高三复习课及反思[J].化学教学,2014,(3):41-43.

[29]王春.基于手持技术的草酸与高锰酸钾反应实验再探究[J].中学化学教学参考,2020,(4):74-76.

[30]王磊.普通高中课程标准实验教科书.实验化学(选修)[M].济南:山东科学技术出版社,2007.7:94-95.

[31]李晓明.认知模型的修正与重构——以高三复习课“电解食盐水的再探究”为例[J].化学教学,2020(11):23-28.

[32]石守稳.燃料电池用全氟磺酸质子交换膜构效关系研究[D].天津:天津大学,2017.

[33]张晓红.鱼浮灵增氧原理的实验探究[J].化学教学,2017(11):74-76.

[34]JOSEPH S K,CHARLENE M C,CARL F B.中小学科学教学—基于项目的方法与策略[M].王磊,等译.北京:高等教育出版社,2004:9-13.

[35]王磊，支瑶.化学学科能力及其表现研究[J].教育学报.2016(8)：46-55.

[36]林敏.硫酸铜晶体结晶水含量的测定实验的改进[J].化学教学，2020(1)：13-14.

[37]何文，英华，康宁，等.化学“科学探究与创新意识”的评价与思考：以2020年天津市高中学业水平等级性考试化学学科为样本[J].考试研究，2021(3)：3-13.

后　记

实现新时期创新人才培养，落实《普通高中化学课程标准（2017 年版 2020 年修订）》中提出的教师在教学活动中要开展以化学实验为主的多种探究活动，使化学通过实验教学更加贴近生活、社会实际，充分调动学生学习化学的热情，激发学生主动参与课堂学习，实现学习方式的重大转变，不断实现核心素养的培养目标，促进创新精神和实践能力的较大提升，一直是我们努力的方向。本书是我们开展研究和实践的结晶，希望能起到抛砖引玉的作用。

全书由理论论述和实践案例两大部分构成。本书的编写分工如下：袁红霞编写第一章第二节及项目 7；王延编写第一章第三节及项目 2、项目 11、项目 14；李香艳、邱燕珠、陈素婕、洪英灵编写第三章第二节，李香艳编写项目 6 和项目 10，邱燕珠编写项目 8，陈素婕编写项目 3；韩晓编写第四章第一节及项目 9 和项目 16；林伟编写第四章第二节及项目 5、项目 12、项目 13；廖宗信编写项目 15；张建阳、王朝晖完成其余部分编写及全书的统稿工作。书中呈现的研究成果是厦门第六中学化学组全体成员的智慧结晶，历经十余年的教学实践，汇集了“高中新课程化学实验教学策略研究”（2015 年结题）、“提升中学生化学实验素养的策略研究”（2017 年结题）、“基于项目式学习的高中化学实验校本课程开发”（2021 年结题）、“学科大概念视域下的化学实验单元整体教学评一体化研究”（2021 年立项）等多个省级课题的研究成果。本书的教学案例基于真实情境下的实验项目式学习，试图展现化学实验素养落地方面的积极探索与实践，呈现的案例具有真实性、探究性、实践性、体验性的特点。通过教学实录和校本教材相结合的方式为一线师生提供了可操作、可评价、可复制的样本。其中研究的部分成果已于 2015 年经福建省普通教育教学研究室在全省推广，取得的相关教学经验于 2015 年 9 月在教育部基础教育二司举办的“中小学实验教学交流会”上得以分享和交流，并作为典型案例收入汇编。2021 年 11 月 22—28 日，由中国化学会化学教育委员会、北京师范大学化学学院化学教育所主办，厦门六中承办的“中国化学会第十五届全国基础教育化学新课程实施成果交流大会”在厦门成功举办，大会聚焦于以立德树人和发展学科核心素养为导向的教育教学实践、教学支持系统建设和教师专业发展模式，总结、分享新成果和新经验，共同面对新问题和新挑战，展示、交流促进学生化学学科核心素养发展的化学教育教学实践研究成果。在本届大会中，张建阳老师做专题讲座，向与会专家代表介绍厦门第六中学开展化学实验项目式教学的研究经验，王朝晖、林伟、韩晓、王延、李香艳五位老师在大会上展示研究相关成果。本书为有效培养高中生化学实验素养，实现育人目标的落地提供了新的思路，同时也是对新课标“建设具有特色的校本课程”要求的响应。

感谢所有对本书的撰写、出版给予过帮助与支持的化学同仁和各界朋友。感谢福建省厦门第六中学化学组全体成员的支持，感谢洪英灵博士及张悦为本书的图文编排做了大量的工作。特别感谢福建教育学院化学教育研究所吴新建教授，福建省普通教育教学研究室的黄丹青老师、陈启新老师，厦门市教育科学研究院的傅兴春副院长和江合佩老师给予项目研究和推广的指导，在此一并致谢。

限于时间和作者水平，书中还存在诸多不足之处，衷心希望广大化学教育研究专家、教研员、教师批评指正，以便修订时改正。

王朝晖

2023 年 5 月